Wozu Philosophie?

3

inhalt

Wozu Philosophie?

Seit Menschen über sich und ihr Verhältnis zur Welt nachdenken, sehen sie sich mit der Frage nach dem Nutzen des Philosophierens konfrontiert. Da mit Nutzen auch in der Antike ein geldwerter, ein ökonomischer Nutzen gemeint war, sah sich schon Aristoteles genötigt, das Beispiel des Thales von Milet anzuführen. Als dieser wegen seiner Armut verspottet worden war, pachtete er sämtliche Ölpressen und verdiente, als – wie von ihm vorhergesehen – plötzlich viele Pressen benötigt wurden, „einen Haufen Geld zum Beweis, dass es für die Philosophen ein Leichtes wäre, reich zu werden". Dass Denken allerdings auch hinderlich sein kann, beweist das Erfolgsrezept des besten Mittelstürmers der 1970er Jahre, Gerd Müller: „Wennst denkst, ist's eh zu spät." In der Tat kann man mit Philosophie keine Tore schießen! Unwidersprochen ist jedoch auch, dass weder die Wirtschaftswissenschaft noch der Sport die berühmten Fragen Immanuel Kants beantworten können: „Was kann ich wissen?", „Was soll ich tun?", „Was darf ich hoffen?" und „Was ist der Mensch?".

Der Geborgenheit des Mutterleibs entronnen, ist und bleibt der Mensch ein ungesichertes Wesen, das im beständigen Fragen nach sich selbst Orientierung sucht. Der Sturz ins Bewusstsein, der immer auch einen Absturz in die je eigenen Abgründe mit sich bringt, scheint ihn jedoch eher zu verunsichern, als ihm Halt zu geben. Seit Galileo Galilei der Sicherheit verlustig gegangen, der Mittelpunkt der Welt zu sein, um den sich alles dreht, seit Charles Darwin mit der Gewissheit behaftet, dass er „nur" vom Tier abstammt und sich seit Sigmund Freuds Entdeckung der Macht des Unterbewusstseins auch gewiss, nicht Herr des eigenen Ichs zu sein, steht sich der Mensch trotz der Erkenntnisse der modernen Wissenschaften selbst als offene Frage gegenüber.

Philosophiert wird zumeist erst dann, „wenn die Einheit einer Lebensform brüchig geworden ist und die bisherigen Gestalten des Zeitgeists ihre integrative Kraft eingebüßt haben", kurz, wenn die Einheit der wirklichen Welt zerbrochen ist, schreibt Hans-Klaus Keul im Beitrag Wozu „wozu"? In der modernen Frage nach dem Nutzen der Philosophie zeige sich, dass auch das philosophische Denken nicht vor der rastlosen Rationalisierung unserer Zeit gefeit ist. Natürlich wäre es töricht, wollte man „die Fragen unseres Bewußtseins, die Interessen der jetzigen Welt bei den Alten beantwortet" finden, zitiert er Georg Wilhelm Friedrich Hegel, doch, so gibt er zu bedenken, die einzelnen „Gestalten" der Philosophie leben aus ihrer „gemeinschaftlichen Wurzel". Während laut Keul die Entfernung vom Gegebenen eine Grundvoraussetzung des Philosophierens ist, forderten schon Hegels Nachfolger den Abstieg vom Denken der Unendlichkeit zur Kritik der endlichen Welt. Dementsprechend formulierte Karl Marx: „Die Philosophen haben die Welt nur verschieden interpretiert; es kommt aber darauf an, sie zu verändern."

Foto: Heinz Heiss

Doch schon die Aufklärer waren überzeugt, dass mithilfe von Wissenschaft, Technik und freier Wirtschaft die Moderne die kleinen und großen Lebensprobleme lösen und das „größte Glück für die größte Anzahl" realisieren könne. „Es scheint jedoch, dass das Kalkül nicht gänzlich aufgegangen ist, und der Optimismus, dass es jemals aufgehen wird, ist geschwunden", schreibt Wilhelm Schmid unter dem Titel Philosophie als Lebenskunst. Weniger die Welt als Ganzes zu verändern als vielmehr den Umgang mit sich selbst und der Welt so zu gestalten, dass das Leben als bejahenswert erscheint, ist denn auch Schmid zufolge Anliegen der modernen philosophischen Lebenskunst. Gerade die Bedingungen der modernen Freiheit, die so vieles zu einer Frage der Wahl machen, erforderten Die Sorge um das Selbst, so der Untertitel seines Beitrags, und lassen eine Selbstbefreundung zur Entstehung eines neuen „Wir" als unabdingbar erscheinen. Die Begrenztheit des Lebens, so Schmid, ist das finale Argument dafür, das eigene Leben nicht im bloßen Möglichkeitsfeld zu belassen. Die Philosophie der Lebenskunst eröffne Möglichkeitshorizonte, „um letztlich eine überlegte eigene Wahl zu ermöglichen", ohne jedoch Normen vorzuschreiben und neue Verbindlichkeiten zu schaffen.

Während Friedrich Dieckmann das Motiv des Philosophierens mit der Welt- und Selbstverwunderung eines Astronomen angesichts der Unendlichkeit des Weltalls zu beschreiben sucht, sieht Robert Spaemann in der Philosophie ein Krisensymptom. Da sich Probleme sozialer Praxis nicht auf der Ebene individueller Reflexion lösen ließen, leiste Philosophie Hilfestellung bei der Verständigung über unsere Handlungszwecke und über die einschränkenden Regeln, die wir bei der Verfolgung dieser Zwecke respektieren. Anspruch der Philosophie seit Platon sei es, so Spaemann, Wissen über richtige und falsche Ziele, richtige und falsche Prioritäten zu schaffen. Weil Philosophie ohne Wahrheit reine Unterhaltung sei, wie Vittorio Hösle einmal bemerkte, muss sie, wenn sie überhaupt einen Sinn haben soll, irgendwo ankommen, schreibt auch Spaemann im Beitrag Philosophie als institutionalisierte Naivität: „Sie muss dahin gelangen, bestimmte Ansichten für vernünftiger zu halten als andere und bestimmte Vorschläge für besser als andere. Und dies aufgrund von Maßstäben, die nicht ihrerseits wieder hinterfragbar sind."

Auch wenn Philosophie, wie Novalis schreibt, das Heimweh nach dem Ganzen ist, widerspricht Otto-Peter Obermeier vehement der Ansicht, dass Philosophie verbindliche Wahrheiten zutage fördern könne. Unter dem Titel *Philosophie, ein bunter Hund* schreibt er: "Philosophie ist, wenn sie nicht in die Verkündigungen letzter Wahrheiten, also in Glauben, mutiert, ehrlich. Jedes noch so schön zurechtgezimmerte System ist hinfällig. Das ist ja einer der Gründe für ihre Buntheit. Wer abgepackte letzte Wahrheiten will, soll dorthin gehen, wo sie verkündet werden. Er erbt jedoch die Schwierigkeit, dass es nämlich auch dort eine Unzahl Verkünder ‚anderer' letzter Wahrheiten gibt." Eine Philosophie, die zugestehe, dass auch noch die sogenannten letzten Fundamente wackelig sind, wird, so Obermeier, zur Bescheidenheit und Toleranz förmlich gestoßen und komme erst gar nicht in die Versuchung, dogmatisch zu werden.

Auch Jochen Hörisch ist der Überzeugung, dass es einen für alle verbindlichen Sinn, Letzt-Sinn, nicht geben könne: "Sinn ist, ebenso wie Gott, offenbar nicht offenbar." Aber auch wenn sich die Menschen unterschiedliche Reime auf Sinnfragen machen, ist es ihnen doch versagt, "*nicht* danach zu fragen, was all dies, was sie da sehen und hören, erleben und erfahren, berechnen und träumen, durchleiden und genießen, denn eigentlich bedeute". Tiere folgen ihren Instinkten, verarbeiten zwar Informationen über spezifische Umweltdaten und tauschen diese auch aus, fragen aber nicht nach Sinn, Bedeutung und Bedeutsamkeit. Demgegenüber vollziehe sich menschliches Leben, so Hörisch, im Raum der Bedeutsamkeit und des Sinns. Das größte Problem der Philosophie verortet er in der Ignoranz der heute tonangebenden analytischen Philosophie gegenüber dem "Potenzial an diskussionswerten Einsichten, das literarische Texte bereithalten". Als Erkenntnismittel empfiehlt er den Mut zur Lüge: "Dichter lügen, und sie dürfen lügen, weil Dichtung gar nicht die Verpflichtung hat, richtige, zutreffende und sachverhaltsadäquate Sätze aneinanderzureihen. Auch um das zu erkennen bedarf es der Philosophie – aber einer neuen, die sich nicht nur, aber eben auch der Erkenntnisformen der Literatur bedient!"

Als oft missverstandenen Grenzgänger zwischen wissenschaftlicher Philosophie und Literatur sieht sich auch Peter Sloterdijk. Im Interview erinnert er daran, dass unter anderen Arthur Schopenhauer, Friedrich Nietzsche, Albert Camus und Jean-Paul Sartre den Weltbegriff der Philosophie anreicherten, gleichwohl sie keine Philosophieprofessoren waren. Eine immer gleichbleibende Aufgabe der Philosophie kann er nicht erkennen. Philosophie müsse sich ihre Aufgaben in jeder Generation von Neuem suchen, so Sloterdijk. Während ein Philosoph aus antiker Sicht jemand ist, der sein Leben nach den Regeln des Kosmos einrichtet, ein Mönch der Vernunft, sei heute vielmehr die universale

Beratungskompetenz der Philosophen gefragt. Ist Dilettantismus bei Fragen der Erkenntnis ansonsten zu Recht verboten, so Sloterdijk, "wird er bei den Philosophen geradezu gefordert, nämlich als Bereitschaft, in alles hineinzureden ... Was mir vorschwebt, ist ein Forum für Philosophie als zivilisatorisches Pädagogicum. Sie muss lernen, die Rolle einer Moderatorin im Übergang zur Weltkultur zu spielen, ausgehend von der Einsicht, dass es keinen Zusammenstoß der Zivilisationen gibt, sondern den Zusammenstoß der lokalen Kulturen mit dem Zivilisationsprozess."

Seit Pythagoras dominiert ein Verständnis des mathematischen wie des philosophischen Denkens, als ein dem unmittelbaren Nutzen entzogenes, dessen Zweck allein in der Formulierung allgemeiner und wohlbegründeter Sätze liegt, buchstäblich von der Zeit und den Belangen der Lebenswelt befreit. Demgegenüber fordert Dieter Mersch, sich nicht von den kristallklaren Figuren der Vernunft fesseln zu lassen. *Philosophie als Askese*, so auch der Titel seines Beitrags, bedeute die Ekstase des Denkens im Wortsinne des "Aus-sich-Heraustretens". Denn, so Mersch: "Das Denken der Welt bedeutet, die Welt zu akzeptieren und zugleich eine Trennung zu vollziehen."

Die Vorstellung, dass Philosophie wie Mathematik bei einem Nullpunkt beginnen, quasi voraussetzungslos argumentieren könne, ist für Stefan Diebitz überaus merkwürdig. Unter dem Titel *Philosophie ist die Kunst des langsamen Denkens* schreibt er, dass die Begriffe der Mathematik gemacht seien und somit der Willkür unterliegen; jene der Philosophie dagegen "werden uns vom Leben gegeben und sind vom Leben geprägt. Die Begriffe der Mathematik lassen sich nur auf das tote Sein beziehen. Der Fall eines Steins lässt sich berechnen, nicht aber das Leben eines Menschen."

In der Tat, auch wenn das Gebäude des Denkens nie fertig gestellt werden kann, die Philosophie sich immer wieder hoffnungslos in sich selbst verstrickt und die Geschichte des Denkens lediglich die Geschichte eines unendlich oft wiederholten Scheiterns ist: Wichtiger als eine Antwort auf die Frage, *wozu* philosophiert wird, essenzieller als worüber und auf welche Weise nachgedacht wird, ist, *dass* philosophiert wird!

Dementsprechend beantwortet der Grenzgänger Reinhold Messner im Rahmen unserer *Umfrage unter Prominenten* die Frage nach dem Nutzen des Philosophierens mit der Gegenfrage: "Umgekehrt: Warum nicht? Seit sich der Mensch die Frage nach dem Woher und Wohin stellt, philosophiert er ... Wir horizontsüchtigen Seefahrer, Wanderer, Grenzgänger sind diesen Fragen rund um den Globus nachgegangen, ohne die Antwort zu finden, oder haben in geschlossenen Räumen nachgedacht, bis wir einschliefen oder verrückt wurden. Nur, wer zu philosophieren aufhört, ist weise oder tot."

S. [Unterschrift]

Dr. Siegfried Reusch, Chefredakteur

Otto-Peter Obermeier

Philosophie, ein bunter Hund

Philosophie ist ein bunter Hund. Häufig bewedelt sie das Vorhandene und singt Lobesgesänge für und auf ihre Herren. Mal jagt sie laut bellend durch das Dickicht unserer Kultur und bepinkelt liebgewordene Denkmäler, ein andermal sucht sie nach Fährten der Ewigkeit und will das Sinnliche mit dem Intellektuellen vermischen, versucht den Bock zu melken, während der gewichtige Kollege mit dem Sieb die virtuelle Milch beim Discounter verkauft. Mal preist sie die logische Analyse als Heilmittel aller philosophisch bedingten Malaisen an, mal bejubelt sie die Lust als Quelle des Glücks, mal predigt sie moralinsaure Askese. Nicht selten ist sie unförmig und Fast-Food-verfettet und trägt ein modisches Halsband, und manchmal streunt sie einsam und verlassen durch den Wald, künstlich produzierte Probleme ankeifend.

Philosophie als Berufung zu Höherem?

Philosophie zu definieren bringt wenig. Bestimmungen wie „Liebe zur Weisheit" bleiben Dekor, wenn wir uns nicht das vielstimmige Gebelle von Gestalten der Philosophie anhören und auf deren Rhetorik achten. Irgendwie scheint auf ihr der Fluch oder der Segen des „anything goes" zu liegen.

Beginnen wir einfach mit dem Geheul eines Repräsentanten der Philosophie, der, „süchtig nach dem alten himmlischen Kontakt", akademisch-philosophisches Licht den kulturell etwas abgedrifteten „anderen" Heulern zu bringen verspricht. Einem Menschentyp, von dem Allen Ginsberg dichtete: „die siebzig Stunden ununterbrochen redeten ... ein verlorener Haufen platonischer Schwafler, die von der Veranda sprangen, von Feuerleitern und Fenstersimsen, vom Empire State, vom Mond"[1]. Philosophie, meint dieser Repräsentant, sei einer der geistigen Ausbrüche, „zu denen auch die Prophetie, das Auftreten des Zoroaster, des Buddha ... zählen", und weiter: „Das Ereignis der Philosophie ist eines unter vielen, aber es konstituiert Geschichte auf besondere Weise ... in der philosophischen Erfahrung verwirklicht sich ewiges Sein nicht nur in der Zeit, sondern läßt damit auch den Logos der Verwirklichung durchsichtig werden...

Philosophie ist ehrlich.

Vor allem enthüllt die philosophische Erfahrung die Seele als den Ort der Spannung zwischen dem zeitlichen Sein des erfahrenden Menschen und dem ewigen Sein, dessen Verwirklichung erfahren wird."[2] Das klingt schon ziemlich imposant. Aber was ist gemeint mit „Ausbruch", „zeitliches/ewiges Sein", „Logos", „Seele als Sensorium der Spannung"?

Ausbruch erinnert an einen Vulkan, der in unserem Falle zwar nicht Feuer, aber doch irgendwie geartete Erkenntnis und das Verstehen, den Sinn dieser Erkenntnis signalisieren soll. Der Sturz ins Bewusstsein, der immer auch ein Absturz ist, dürfte eine der Folgen dieses Ausbruchs sein, das verlorene Glück der Geborgenheit, die verdammte insecuritas humana (die fundamentale Ungesichertheit des Menschen) eine andere, der Schrecken vor dem Sichselbsterkennen eine weitere. Irgendwann liegt es auch nahe, dieses Bewusstsein zu untersuchen, was dann auch im deutschen Idealismus bis fast ins Krankhafte vorangetrieben wurde. Philosophie wäre damit quasi ein kosmisches Ereignis und der Philosoph einer, der von einer „Transzendenzerfahrung" ergriffen wurde, einer, der am Nachthemd der Ewigkeit gerochen hat und versucht, diesen Geruch des Geistes (Logos) mit Hilfe philosophischer Begriffe zu kommunizieren.

Natürlich wird uns der nüchterne Zeitgenosse entgegenhalten, dass zwar Eitelkeit eine sehr verbreitete Eigenschaft sei – „in akademischen und Gelehrtenkreisen ist sie eine Art von Berufskrankheit"[3] –, aber muss Eitelkeit gleich in Größenwahn, Allmachtsfantasien und gigantische Selbstüberhöhung entarten? Philosophie ist, wenn es gut geht, ein Beruf wie jeder andere, und dass zumeist mittelmäßige, mit Professorentiteln dekorierte Beamte Spezialisten im Umgang mit der Ewigkeit sein sollen, scheint doch etwas weit hergeholt.

Und was ist ewiges Sein? Nun, ein Gegenstand, ein Ding unserer empirischen (sinnlich erfahrbaren) Welt kann es wohl nicht „sein", damit ist es auch kein Bewusstsein von etwas, das wir direkt in der Außenwelt beobachten können. Dieses merkwürdige Gebilde, genannt ewiges Sein, „wohnt" also im Bewusstsein des Philosophen, genauer in dem, was wir Psyche nennen, und die Psyche ist es, die nach dem ewigen Sein Ausschau hält. Entdeckt das Bewusstsein die Geliebte, genannt ewiges Sein, dann öffnet sich die Psyche in Liebe für diese Einsicht. Daher ist der Philosoph ein amator sapientiae, ein Liebhaber der Weisheit. Er räumt seiner Liebe, genannt Weisheit, in seiner Psyche nicht nur einen Platz ein, sondern antwortet auf diese Herausforderung „philosophierend", denn er will ja an dieser Weisheit teilhaben.

Damit wäre über diesen Drang, diese Art von Liebe, sprich Eros[4], nachzudenken. Worauf ist dieser Eros gerichtet, wo wohnt er, was bewirkt er? Eros ist ein Streben, eine Art von Energie, die nach dem Guten und dem Schönen strebt, eine Kraft, die nach etwas drängt, das man noch nicht hat, nach etwas, das man zwar nicht haben, sprich besitzen kann, an dem man aber zumindest partizipieren, sprich teilhaben kann. Dass wir Menschen sterblich sind, ist offensichtlich. Dass wir an der Unsterblichkeit, trotz dieser Sterblichkeit, zumindest teilhaben wollen, scheint den Vertretern dieser Philosophie ebenso offensichtlich. Eros ist so gesehen kein Gott, da das Streben nach etwas, etwa nach dem Guten und Schönen, nicht identisch ist mit dem Guten und Schönen, das ja ewig ist wie die Götter. Die Energie, welche das Männlein zum Weiblein treibt, ist

Freies Denken ist möglich.

nicht identisch mit dem Weiblein. Eros ist ein Mediator, ein Vermittler zwischen dem, was in uns sterblich, und dem, was unsterblich ist. Eros, dieser merkwürdige Dämon, ist in diesem Verständnis, sprich als philosophischer Eros, eine Erfindung des wohl einflussreichsten Brunfthirsches der alteuropäischen Philosophensippe, nämlich Platons. Eros ist, so Platons Märchen, quasi das Ergebnis eines „One-Night-Stands", das Kind eines Beischlafs zwischen dem besoffenen Gott des Überflusses und der Bedürftigkeit, sprich der Armut und dem Mangel. Und die Gene des Überflusses (poros) zeigen sich im Streben nach dem Unsterblichen, dem Ewigen, die Gene des Mangels (penia) schon darin, dass wir letztlich alle, nach bisheriger Erfahrung, zumindest im Hier und Jetzt, ins Gras beißen. Eros ist also der Mediator, der das, was sich im Reich der Unsterblichen, der Götter, des ewigen Seins abspielt, den Menschen vermittelt, und das, was sich bei den Menschen tut, den Göttern verpetzt. So gesehen ist der Mensch nicht einfach ein Sterblicher, sondern er kann auch an der Unsterblichkeit der Götter, mit Hilfe des Eros, teilhaben. Die Götter besitzen den Überfluss, sprich die Weisheit. Sie philosophieren nicht, genausowenig wie jene, die weise sind. Eros ist selbst ein Philosoph, da er zwischen dem Unwissen und der Weisheit steht, was auch für „den" Philosophen zutrifft.

Und nun beginnt sozusagen der Auszug des Philosophen hin zur Schau des ewigen Seins, und damit sein Aufstieg in die „wirkliche" Welt, welche wirklicher ist als die unmittelbar erfahrene. Der Philosoph steigt die Stufen hinauf, getrieben von der Kraft des Eros. Er schreitet, von dem Versprechen des Schönen angefeuert, von der Lust am schönen Körper hin zur Lust an der schönen Psyche. Und da alle Menschen, zumindest potenziell, zeugend und damit schwanger sind, und da dies sowohl für den Körper als auch für die Psyche zutrifft, erscheinen hier die Repräsentanten der Ewigkeit: unsere Kinder, welche die intergenerative Ewigkeit repräsentieren, geistige Produkte, Einsichten und Erkenntnisse sowie ruhmreiches Verhalten, welche die geistig-moralische Ewigkeit vertreten. Ganz oben auf dieser Himmelsleiter, genannt Eros, erblickt der Philosoph das Schöne selbst, die Idee des Schönen. Diese Idee ist auch der Grund dafür, dass Physis, dass Psyche, dass gewisses Verhalten, sprich Lebensweisen und das Erkennen an der Schönheit teilhaben und so überhaupt erst schön erscheinen können.

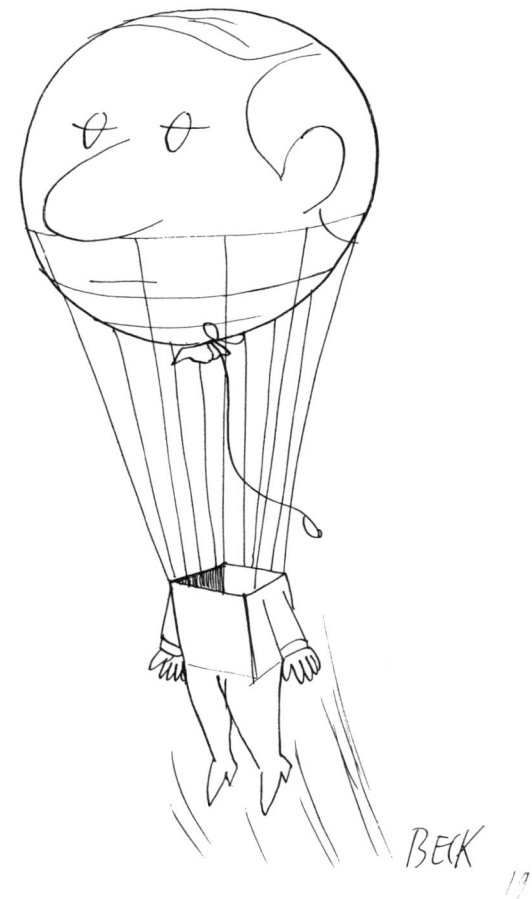

Zeichnung:
Ohne Titel
Hans Beck

Was hier von Platon versucht wurde, ist nichts Geringeres, als den Aufstieg in die Metaphysik, ins Übersinnliche zu skizzieren. Eros ist der Führer in die übersinnliche Welt. Das Ewige, zu dem er hinführt, ist nicht die „kleine Ewigkeit", das Zukünftige, das Fortleben in den Kindern, in den präsentierten Erkenntnissen, in ruhmreichen Taten und Werken. Es ist das, was jenseits der Zeit, die ja durch unsere Geschichte repräsentiert wird, das, was „ohne Wandel" ist, die „große Ewigkeit". Es ist die „eigentliche" Wirklichkeit, da von hier aus erst die sogenannte empirische Wirklichkeit bewirkt, sprich „gezeugt" wird. Es sind die platonischen Ideen, die Wesenheiten, die zwar in der Geschichte, sprich Zeit erscheinen können, in ihr präsent sind, sich zeigen, selbst aber jenseits der Zeit „existieren". Diese Art von Existieren, von Realsein, ist eine andere als die des „physischen Existierens", das wir mit unserer deskriptiven Sprache beschreiben.

Der Philosoph ist also einer der auszieht, angetrieben von der Liebe zum ewigen Sein. Er versucht dieses im Hier und Jetzt, also in der Zeit, sprich in der Geschichte, zu schauen und an ihm teilzuhaben, um daraus die Regeln für einen gelungenen Lebensstil abzuleiten. Aber, möchte man Platon zurufen: Das Begaffen des Ewigen verewigt nicht, noch lässt sich daraus „zwingend" ableiten, man solle lieber bescheiden leben und brav philosophieren, satt saufen, huren und fressen. Es bestehen auch keine Zweifel darüber, dass manch einer seiner Schüler diesen Höhenflug ins Metaphysische äußerst befremdlich fand. Warum sind wir nicht nüchtern genug, unsere Sterblichkeit anzuerkennen, und tapfer genug, diese Einsicht zu ertragen? Warum diese, vornehm ausgedrückt, metaphysische Träu-

7

thema

merei, oder weniger freundlich, jene aufgeblasene Spinnerei, jenes Lügenmärchen, das den Mangel des Daseins mit Ewigkeitsversprechen versüßt, wenn's denn überhaupt ein Mangel ist? Doch der Einfluss dieser „wüsten Spekulation", dieser elitären Bestimmung des Philosophen, war und ist ungeheuer. „Die Möglichkeit der Versöhnung des christlichen mit dem platonischen Jenseits hat den Siegeszug des Christentums im hellenistisch gebildeten Abendland erst ermöglicht und ist der Grund dafür, daß das Christentum nicht als das endete, als was es entstand: als kleine Sekte palästinensischer Fischer"[5], um einen in dieser Hinsicht wahrlich unverdächtigen Philosophen zu zitieren. Diese Art der Metaphysik hat die Welt gespalten in die wirkliche Wirklichkeit, die von den Ideen vertreten wird (allen voran die Idee des Guten und Schönen), und in die empirische Wirklichkeit, in res cogitans und res extensa (wie Descartes diese Spaltung bezeichnet), in mundus intelligibilis und mundus sensibilis (wie zum Beispiel Kant sie nennt). Sie hat der wirklichen Wirklichkeit die Ewigkeit, das Gute, das Schöne, das Absolute, den Gott, die Ideen, die Wesenheiten, das Geistige, den Logos zugeordnet und der banalen Wirklichkeit den Wandel, die Hinfälligkeit, den Mangel. Und die abendländische Philosophie ist im Großen und Ganzen ein dissonanter Abgesang auf die durch diese Spaltung erzeugten echten Probleme und die Pseudoprobleme. Eines ist klar, dass nicht jeder Prolet auserwählt ist, an diesen metaphysischen Höhenflügen teilzunehmen, dass Philosophie, in dieser Version, nur Berufung und nicht Beruf sein kann.

Philosophie als Säuberung von metaphysischem und repressivem Ballast?

Aber sollten wir nicht misstrauisch sein gegenüber diesen selbsternannten, metaphysischen Priestern der doppelten Welt, jenen wortgewandten, märchenerzählenden, elitären Ewigkeitshengsten? Reicht nicht diese unsere Welt aus, so wie sie über unsere Sinne vermittelt wird, in all ihrer Buntheit und Leiblichkeit? Sollten

wir nicht unsere Kräfte auf das konzentrieren, was sich im Diesseits abspielt, uns an irdischer Schönheit erfreuen, und unsere Energie in Lösungen und Lösungsversuche der zahlreichen irdischen Probleme stecken? Hans Hahn, ein Vertreter der „wissenschaftlichen Weltauffassung", favorisiert die „weltzugewandte Philosophie"[6], die es „verabscheut, außerhalb dieser Sinnenwelt nach andersgearteten Wesenheiten zu fahnden (etwa nach platonischen Ideen oder aristotelischen Substanzen und Wesenheiten oder den kantischen a priori)[6]. Er glaubt, die Gründe für diese Art des Philosophierens gefunden zu haben. Zum einen repräsentiere die weltabgewandte Philosophie einen gewissen Pessimismus. Wer sich in dieser Welt nicht zurechtfinde oder wer von dieser Gesellschaft ins Elend ausgespuckt werde, der nehme Zuflucht in eine Welt anders gearteter Wesenheiten. Zum anderen sei diese Art der Philosophie, samt ihren selbsternannten Hohepriestern, nichts anderes als ein Herrschaftsinstrument der Privilegierten, „um die Menge derer, die mit Recht nicht sehr zufrieden sind in dieser Welt, auf eine andere Welt zu vertrösten"[6]. Die Vorherrschaft dieser Philosophie über zwei Jahrtausende verdankt sie, nach Hahn, dieser politischen und ökonomischen Rolle.

Es liegt auf der Hand, dass wir unseren Sinnen nicht immer trauen können. Aber brauchen wir die Welt der Ideen, die angeblich die Welt des wahren Seins widerspiegelt? Brauchen wir die „Idee des Pferdes" oder den „Begriff des Pferdes", der, als Begriff, die entsprechende Idee repräsentiert? Genügen nicht die „leiblichen" Pferde der Sinnenwelt, die geboren werden, aufwachsen, älter werden und sterben, die fressen, trinken, traben, galoppieren und springen?

Gehören „Worte" wie „reines Sein" und „Nichts" oder so illustre Aussagen wie „Das Nichts selbst nichtet"[7] nicht „in ein Verbrecheralbum der philosophischen Terminologie, und Sätze, in denen diese Worte vorkommen, klingen zwar sehr tief, aber in Wirklichkeit sind sie meist völlig bodenlos"[8]? Wie Säubern wir die Welt von diesen „präpotenten", sprich übermächtigen Wesenheiten und Ideen? Ist nicht eine „Wende der Philosophie"[9] angebracht? Besteht nicht der Irrtum der

Zeichnung:
Ohne Titel
Hans Beck

Metaphysik darin, „den Inhalt reiner Qualitäten (das „Wesen" der Dinge) durch Erkenntnis auszudrücken, also das Unsagbare zu sagen"[9]? Qualitäten lassen sich nicht „sagen", sie müssen mit den ihnen entsprechenden Operationen ausgetestet werden.

Natürlich gibt es eine Anarchie philosophischer Meinungen, daher ihr „Bunter-Hund-Charakter". Selbstredend existiert ein wirres Vielerlei und eine Kakophonie, ein gewaltiger Missklang philosophischer Aussagen und Systeme. Aber es gibt auch ein Prinzip der Säuberung, ein Prinzip, das fähig ist, die alten Bärte der Ewigkeitsfundamentalisten und Seinsfetischisten abzurasieren. Dass dieses Prinzip ausgerechnet von einem abtrünnigen Vertreter dieses Lagers stammt, belegt nicht nur die eigenständige Kraft der Philosophie. Es ist auch ein Beweis dafür, dass freies Denken, trotz institutioneller und vor allem religiöser Ketten, möglich ist. Es ist dies, meint Hans Hahn, das berühmt-berüchtigte occamsche Rasiermesser: „Entia non sunt multiplicanda praeter necessitatem" („Man soll nicht mehr Wesenheiten annehmen, als unbedingt nötig ist"). Sind denn die „hinterweltlichen Wesenheiten der Metaphysik"[6] nötig, zum Beispiel die Ideen Platons, der erste Beweger des Aristoteles, die Götter und Dämonen der Religionen, die Könige und Fürsten auf Erden, die alle eine Schicksalsgemeinschaft bilden und die immer der physischen wie geistigen Unterdrückung dienten?

Metaphysik ist ein Grundbedürfnis des Menschen.

Wir brauchen diese Wesenheiten nicht, „sufficiunt singularia". Die Einzeldinge genügen, und die Ideen repräsentierenden Begriffe werden „gänzlich und überflüssigerweise angenommen" („et ita tales res universales omnio frustra ponuntur"). Allgemeinbegriffe sind Namen, quasi Zettelchen, die für die Etikettierung der konkreten Gegenstände praktischerweise nötig sind. Sie sind, ausgesprochen, doch nicht mehr als „Fürze unserer Sprache". Klar doch, dass dann die metaphysischen Hinterwelten davonschmelzen, dass Philosophie nicht mehr der Steinbruch der Theologen und der von Gottes Gnaden berufenen Herrscher ist. Aus ist es mit der Instrumentalisierung der Philosophie, die zur Magd der Theologie degradiert wurde und wird. Die Philosophie kann die Existenz Gottes, die Dogmen der Kirche, die Ideologie des Gottesgnadentums weltlicher Herrscher nicht rechtfertigen, so Wilhelm von Occam im 14. Jahrhundert.

Aber was sollen wir alles Abrasieren, und ist das Gesicht der Philosophie nach einer allzu gründlichen Rasur nicht blutig, zerkratzt und zerschnitten? Wir greifen noch einmal auf die Vertreter des Wiener Kreises zurück, die es selbst zu einflussreichen, vielgestaltigen Schulen brachten, etwa der Sprachphilosophie, der Wissenschaftstheorie, der analytischen Philosophie. Da existiert neben der bereits erwähnten spekulativen Seuche, die permanent im reinen Sein mit Hilfe des reinen Denkens, nach der Meinung dieser Philosophen, reinen Unsinn produziert, vor allem unsere Sprache als wesentliche Fallgrube allzu tiefgründigen Denkens. Ohne Zweifel ist es korrekt, dass unsere Welt nicht die einfache Subjekt-Prädikat-Struktur aufweist, wie sie die Struktur unserer Sprache vortäuscht. Nehmen wir die Aussagen: „es regnet", „es schneit", „es donnert". Wo ein Subjekt, da eine Wesenheit, eine ewige Idee. Müssten wir nicht eine Philosophie der Idee, der Wesenheit „Es" erfinden und das regnende „Es", das schneiende „Es", das donnernde „Es" im reinen Sein aufspüren? Sollten wir nicht unseren ganzen Scharfsinn darauf konzentrieren, ob es sich bei diesen Wesenheiten um die gleichen handelt oder um verschiedene? Scheinprobleme nannten Vertreter des Wiener Kreises solch tiefsinnige Erörterungen jener, die in Sprachfallen getappt waren. Sie hatten doch tatsächlich den sprachlichen Bock geschossen und gemolken. Jetzt präsentieren sie dem staunenden Publikum mit stolz geschwellter Brust das „nichtende Nichts" als genial erzeugte metaphysische Milch. Und ihr bärtiges, auserwähltes Gesicht läuft voll Zornesröte an, wenn die dahergelaufenen Rotznasen des Wiener Kreises oder der sprachanalytisch ausgerichteten Philo-

9

sophie den unverschämten, ordnungszerstörenden, ketzerischen Einwurf machen, dass unter normalen Umständen ein Bock leider keine Milch gibt. Aber kann die Menschheit auf all die schönen und herrschaftsrelevanten Illusionen, welche die metaphysische Philosophie händchenhaltend mit der Theologie hervorgezaubert hat, verzichten, sich auf die Verbesserung des irdischen Lebens konzentrieren, auf wirkliche Probleme, so dass, wie Sigmund Freud meinte, „das Leben für alle erträglich wird und die Kultur keinen mehr erdrückt?"[10] Keiner hat, wohl unfreiwillig, das Programm der weltzugewandten Philosophie besser ausgedrückt, wie ebendieser Außenseiter der Philosophie:

Philosophie: weil der Steuerzahler Planstellen finanziert.

> *Den Himmel überlassen wir*
> *Den Engeln und den Spatzen.*[10]

In welch harmlosem Kleide kommt die Philosophie mitunter daher und welch ungeheure religiöse, weltliche und politische Brisanz besitzt sowohl die weltabgewandte als auch die weltzugewandte Philosophie. Das hat schon einer der bescheidensten Philosophen zu spüren bekommen, der ewig fragende Sokrates, der immerhin wusste, dass er nichts wusste, als er von seinen denunziatorischen lieben Mitbürgern in den Tod geschickt wurde. Auf dem Marktplatz der Philosophie wimmelt es zwar von Vertretern aus angepassten, konformistischen und speichelleckenden Ideologiefabrikanten für weltliche, religiöse und politische Belange. Aber auf diesem Marktplatz drängen sich auch unzählige stolze, freiheitsliebende, kritische und kreative Denker, zu denen übrigens Platon genauso gehört wie Occam, wie Baruch de Spinoza, wie Immanuel Kant, wie John Stuart Mill, wie Vertreter des Wiener Kreises oder der Kritischen Theorie, um nur einige willkürlich herauszugreifen. Zu diesen Prachtexemplaren gehören auch Pardiesvögel – bei entgegengesetzter Betrachtungsweise Höllenhunde – wie der ewige „Knasti" Marquis de Sade, der einen Großteil seines Lebens in Irrenhäusern, Gefängnissen und Armenhäusern verbrachte mit seiner reichlich „perversen" *La Philosophie dans le Boudoir ou Les instituteurs libertins (Die Philosophie im Boudoir oder Die lasterhaften Lehrmeister)*. De Sades Verherrlichung des Atheismus, der Blasphemie, der Besitzgier, der Rache, der ungezügelten Promiskuität, des Inzest und der Sodomie ist aber dennoch nicht so wirklichkeits-

Philosophie: weil Theologen Rechtfertigungsstrategien benötigen.

fremd in einer Gesellschaft, in der beispielsweise Besitzgier unter gewissen Eliten zur Seuche geworden ist, das Puffgehen und das sich Halten von Mätressen von den Aktionären unfreiwillig bezahlt wird und das Internet massenhaft das bereithält, von dem Sade nur träumte. Oder um einen erneuten „Höllenhund" zu nennen, den Psychoanalytiker Freud, der sich gar auf

das „Perverse" spezialisierte, der es wagte, Militär und Religion in die Ecke der Massenverdummung zu stellen und als Beleg für das kollektiv Perverse anzusehen.

Vergessen dürfen wir auch nicht die poetisierenden Philosophen, die Sprachzauberer, die uns mit der Magie ihrer Worte verführen. Um nur zwei überaus potente Exemplare zu nennen: Michel de Montaigne und Friedrich Nietzsche. Montaigne meint: „Es ist ungeheuerlich, wie die Dinge in unserem Jahrhundert so weit verkommen sind, daß der Name Philosophie sogar von anständigen Menschen bloß noch als Schall und Rauch empfunden wird, ja daß sie nicht nur nach der vorherrschenden Meinung, sondern tatsächlich keinerlei Wert und Nutzen mehr hat. Ich glaube, Schuld daran trägt das ständige Ergo-Gekrähe ihrer Adepten, das vor jeder Annäherung zurückschrecken läßt ... Wer hat sie (die Philosophie) mir nur mit dieser fahlen, abscheulichen Fratze verlarvt und verschandelt? In Wahrheit ist nichts fröhlicher und frohgemuter als sie, nichts spielfreudiger und, fast hätte ich gesagt, überschäumender. Nur Lust und Wonne predigt sie. Wer eine saure Trauermiene aufsetzt, verrät damit, daß sie bei ihm keine Wohnstatt hat."[11] Nun ja, Montaigne suchte das Glück in der Skepsis, und was das Jahrhundert anbelangt, so hat sich der Zustand der Philosophie seit dem 16. Jahrhundert offensichtlich kaum geändert. Spricht dies nicht, auf etwas düstere Weise, für die oben herbeizitierte „kleine Ewigkeit", zumindest für die ewig gleichen Probleme des Menschen?

Die Ergo-Kräher, sprich jene „Deshalb-" und „Umwillen-von"-Spezialisten philosophieren in etwa wie folgt: Das wahre Recht ist das Recht der Natur. Aber Natur ist Geist, und Geist ist Vernunft: Ergo, sprich deshalb, ist das wahre Naturrecht nicht das Recht der Natur, sondern das des Geistes, ergo der Vernunft, ergo Vernunftrecht. Der Geist ist ewig, ergo ist das Naturrecht nicht nur Vernunftrecht, sondern auch transhistorisch und göttlich, da Ewigkeit nur Gott oder den Göttern zukommt. Ergo ist Gott bewiesen, denn er ist Geist und Geist ist der Schöpfer der Natur, die ja ihrerseits ewig ist, und so weiter und so fort, bis einem vor lauter Ergo-Gekrähe und Im-Kreise-Argumentieren schwindlig geworden ist. Montaigne hat recht, dass einem so jegliche Lust am fröhlichen Denken verleidet wird. Wozu also Philosophie?

Philosophie wozu?

Philosophen wären keine Philosophen, hätten sie nicht auch hier einen Sack voll Lösungen inklusive dazugehöriger Zweifel parat. Wir können die Welt mit der Warum-Frage und der Wozu-Frage durchforsten. Die Warum-Frage führt, richtig gestellt, zu Ursache-Wirkungs-Ketten oder zumindest zu in der Praxis nutzbaren Korrelationen, zu Naturgesetzen, zu den Naturwissenschaften, zu Tatsachenerklärungen. Ausdruck dieses in Teilbereichen der Wissenschaften überaus erfolgreichen Fragestils war der Versuch gewisser Philosophen, alles und jedes, auch in der Philosophie, mit

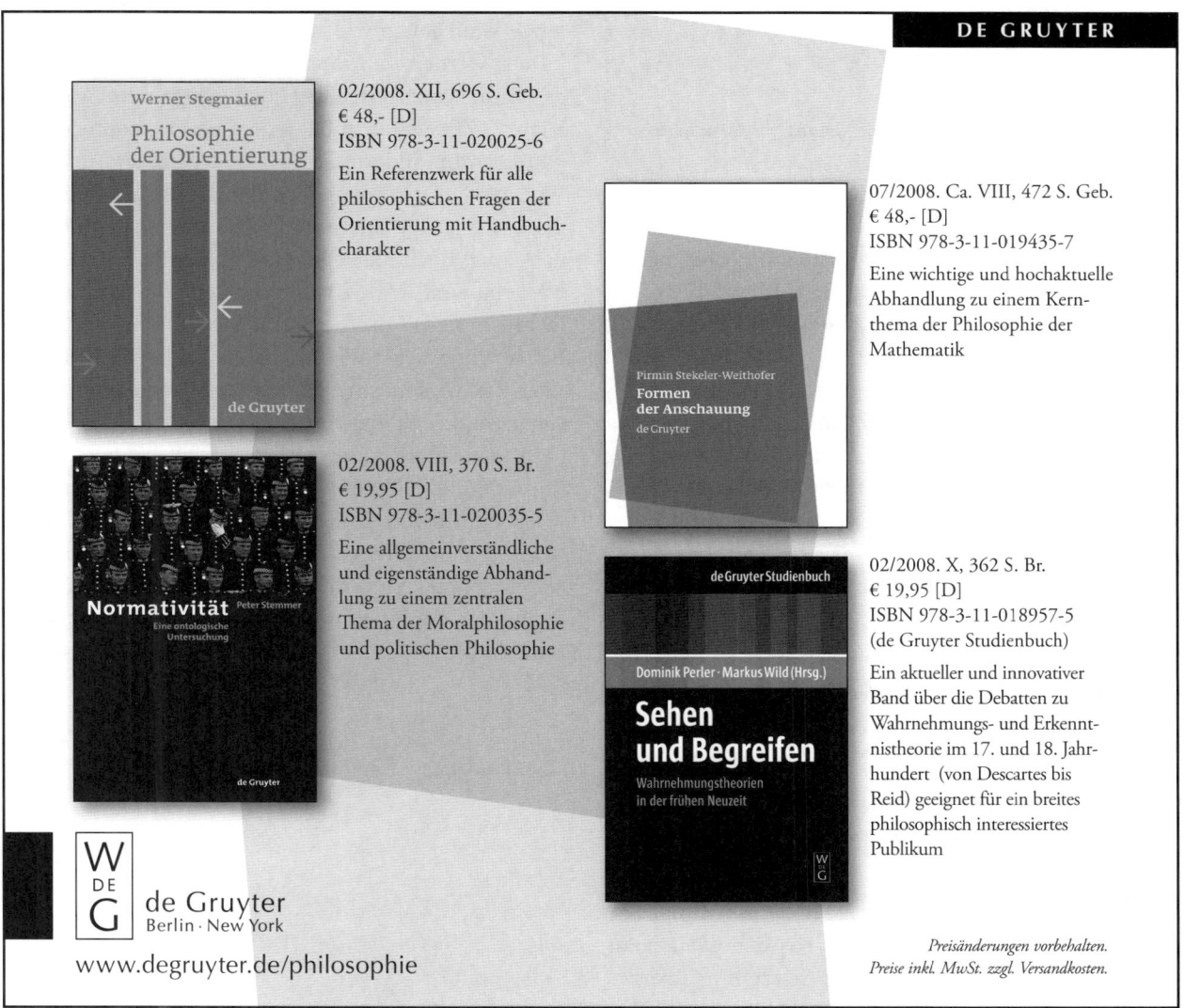
„einem" Erklärungsmodell aufzuschlüsseln, das auf Jacopo Zabarella (1533–1589) zurückgeht, der es in seiner Schrift *De regressu* (*Über den Rückgang*) in herausragender Weise präsentierte. Und obwohl Zabarella ein glühender Aristoteliker war, fegte er mit seinem auf naturwissenschaftliche Erkenntnis ausgerichteten Such- und Erklärungsmodell die auf Zwecke der Natur basierende, vorherrschende aristotelische Naturphilosophie hinweg. Die Wirkungsgeschichte philosophischer Konzepte ist krumm und mitunter makaber.

Philosophie: weil es Menschen gibt, die Lust und Freude am Nachdenken haben.

Die Wozu-Fragetechnik ist die alteuropäische, wir könnten sie auch als teleologisches Fragen bezeichnen, und sie ist es, die voller metaphysischer und logischer Fallstricke steckt. Denn es war der andere Übervater aller Philosophen, nämlich Aristoteles, der festlegte: „Die Natur aber ist Ende, Zweck."[12] Damit sind wir natürlich rasend schnell bei einem Geist der Natur, und bei jenen Ergo-Krähern, die blitzschnell hieraus im wörtlichen Sinne Gott und die Welt beweisen.

Was ist denn nun das berühmt-berüchtigte „um dessentwillen wir Philosophie betreiben"? Denn ganz so schräg lag Aristoteles nicht mit seinem Credo, dass „um dessentwillen, was ihnen ein Gut zu sein scheint, alle alles tun"[12]. Bleiben wir nüchtern, so drängt sich

folgende Antwort auf: Philosophie wird vorwiegend deshalb betrieben, weil der Steuerzahler Planstellen hierfür finanziert, weil Theologen Rechtfertigungsstrategien benötigen, weil herrschende oder unterprivilegierte Schichten ihre Ideologien benötigen und weil es Menschen gibt, die Lust und Freude am Nachdenken haben. All das Genannte scheint, um bei Aristoteles zu bleiben, „ein Gut". Auch müssen die Feuilletons gefüllt werden, die Verleger Bücher auf den Markt bringen und Menschen sich einen intellektuellen und gebildeten Anstrich verpassen. Das ist alles so richtig wie es banal ist. Dennoch ist es ratsam, bei der über Jahrtausende andauernden Überlebensfähigkeit dieser Disziplin, genannt Philosophie, weiter zu suchen. Es ist offensichtlich, dass Philosophie, auch außerhalb der Universitäten, überleben kann und immer überlebt hat. Stammen doch unendliche Prachtexemplare dieser Gattung wie Spinoza, Mill oder Marx gerade nicht aus diesem institutionellen Stall.

Es ist schwer zu bestreiten, dass es Grundbedürfnisse gibt und nahezu all unsere Aktivitäten, die wir Kultur nennen, um die Befriedigung dieser Grundbedürfnisse kreisen. Natürlich können sich diese Grundbedürfnisse verkleiden und veredeln. Sie erscheinen als Wünsche verwandelt und getarnt. Aber so, wie es physische Grundbedürfnisse gibt, die sich in dem derben, aber dennoch korrekten

Philosophie: weil Ideologien benötigt werden.

11

Wozu Philosophie?

Umfrage für *der blaue reiter – Journal für Philosophie*

Die Geschichte der Philosophie birgt einen reichen Schatz an existenziellen Erfahrungen. Sie helfen mir, eigene Antworten über den Sinn meines Daseins zu finden. Die Philosophie bietet überdies Kategorien an, nach der man die Welt (immer vorläufig!) verstehen und sich mit anderen verständigen kann. Wenn wir uns in Konflikten frei vereinbaren wollen, hilft es, Ebenen der Gemeinsamkeit zu finden, von denen her wir uns dann über Unterschiede einigen können. Das bietet die Chance für ein gewaltfreies freiheitliches Zusammenleben. Und für reichen Austausch.

Gesine Schwan
Präsidentin der Europa-Universität
Viadrina in Frankfurt (Oder).
Kandidatin für das Amt des
Bundespräsidenten.

letzte Wahrheiten will, soll dorthin gehen, wo sie verkündet werden. Er erbt jedoch die Schwierigkeit, dass es nämlich auch dort eine Unzahl Verkünder „anderer" letzter Wahrheiten gibt. Jeder dieser Propheten behauptet vom anderen, dieser hätte nur die vorletzten Wahrheiten in seinem Warenkorb. Die sind selbstredend immer die falschen. Philosophie, die zugesteht, dass auch noch die sogenannten letzten Fundamente wackelig sind, wird zur Bescheidenheit und Toleranz förmlich gestoßen. Die diesseits- und leibfeindlichen Finsterlinge dieser Welt, die wissen, dass sie alleine die Wahrheit wissen, sind die Blutrünstigen dieser Erde – sie sind die Prediger der Freund-Feind-Ideologien. „Mir, der ich stets der Erde verhaftet bleibe, ist jene menschenfeindliche Weisheit zuwider, die uns die Körperkultur verächtlich und verhaßt machen will. Ich finde es gleichermaßen abwegig, die natürlichen Lüste dem Herzen zu verleiden, wie es allzusehr an sie zu hängen"[11], meinte einst ein gewisser Herr Michel de Montaigne.

Prof. Dr. phil., Dr. med. vet., Dipl. sc. pol. Otto-Peter Obermeier ist Honorarprofessor an der Universität Ulm.

Spruch spiegeln, dass zuerst das Fressen sowie der Sex und erst dann die Moral kommen, so existiert auch ein metaphysisches Grundbedürfnis. Seitdem es überlieferte Geschichte gibt, seit des Menschen Sturz und Absturz ins Bewusstsein, existieren diverse Formen der Befriedigung dieses Bedürfnisses. Dazu gehören die unzähligen Mythen über Götter genauso wie der Versuch, diese zu überwinden, die theologisch orientierte Philosophie genauso wie der Kampf gegen sie, die Aufklärer wie die Verbreiter des Aberglaubens und metaphysischer Fabelwesen, die weltabgewandte wie die weltzugewandte Philosophie. Das ist es, „wozu" Philosophie existiert: Sie beschäftigt sich direkt oder indirekt mit der Spannung in unserer Psyche, für die man früher den Begriff der insecuritas humana reservierte, mit der, trotz aller Gesichertheit, omnipräsenten universellen Ungesichertheit des Menschen. Auch sie versucht die daraus resultierenden gewollten und ungewollten Wirkungen und Nebenwirkungen abzumildern oder auch zu verstärken, und zwar, im Gegensatz zum Glau-

> „Ich finde es gleichermaßen abwegig, die natürlichen Lüste dem Herzen zu verleiden, wie es allzusehr an sie zu hängen."
>
> Michel de Montaigne

ben, mit dem Wissen, dass wir, trotz alledem, nichts wissen, obwohl wir Vieles wissen. Philosophie ist, wenn sie nicht in die Verkündigungen letzter Wahrheiten, also in Glauben, mutiert, ehrlich. Jedes noch so schön zurechtgezimmerte System ist hinfällig. Das ist ja einer der Gründe für ihre Buntheit. Wer abgepackte

Anmerkungen:

1. Ginsberg, Allen: Howl / Geheul. Hamburg 2004, Seite 16
2. Voegelin, Eric: Ewiges Sein in der Zeit. In: Voegelin, Eric: Anamnesis. Zur Theorie der Geschichte und Politik. München 1966, Seite 257, Seite 262, Seite 263
3. Vergleiche Weber, Max: Politik als Beruf. In: Weber, Max: Gesammelte politische Schriften. Tübingen 1980, Seite 546
4. Vergleiche hierzu Platons Symposion, besonders die Rede Platons, sprich Sokrates', sprich der Seherin Diotima, mit deren Hilfe Platon seine Meinung kundtut.
5. Bröker, Walter: Platons Gespräche. Frankfurt am Main 1985, Seite 162
6. Hahn, Hans: Überflüssige Wesenheiten (Occams Rasiermesser). In: Schleichert, H. (Hrsg.): Logischer Empirismus – der Wiener Kreis. München 1975. Seite 95–116; Seite 95; Seite 96; Seite 99; Seite 160
7. Heidegger, Martin: Was ist Metaphysik? Frankfurt am Main 1969, Seite 34
8. Siehe hierzu auch R. Carnap, der in seinem Aufsatz „Überwindung der Metaphysik durch logische Analyse der Sprache" den heideggerschen Satz „Das Nichts nichtet" als doppelt sinnlos erklärt. Zum einen sei das Nichts kein Subjekt, hinter dem etwa ein Gegenstand stehe, sondern bedeute „nicht etwas", zum anderen sei seine Verbalisierung (das Nichts „nichtet") völlig unsinnig. Vergleiche auch: Obermeier, O.-P.: Ernst Tugendhats Kritik an Heidegger. In: Wisser, Richard (Hrsg.): Martin Heidegger – Unterwegs im Denken. Freiburg/München 1987, Seite 293–326, (314 ff.)
9. So der Titel eines programmatischen Aufsatzes eines Vertreters des Wiener Kreises, nämlich Moritz Schlick. In: Erkenntnis. Band 1, 1930/31. Seite 4–11; Seite 9
10. Freud, Sigmund: „Die Zukunft einer Illusion" (gemeint ist damit die Religion). Frankfurt am Main 1993, Seite 152
11. Montaigne, Michel de: Essais. Übersetzung Hans Stilett. Frankfurt am Main 1998. Seite 88; Seite 559
12. Aristoteles: Politik. 1252 b 33; 1252 a 3 ff.

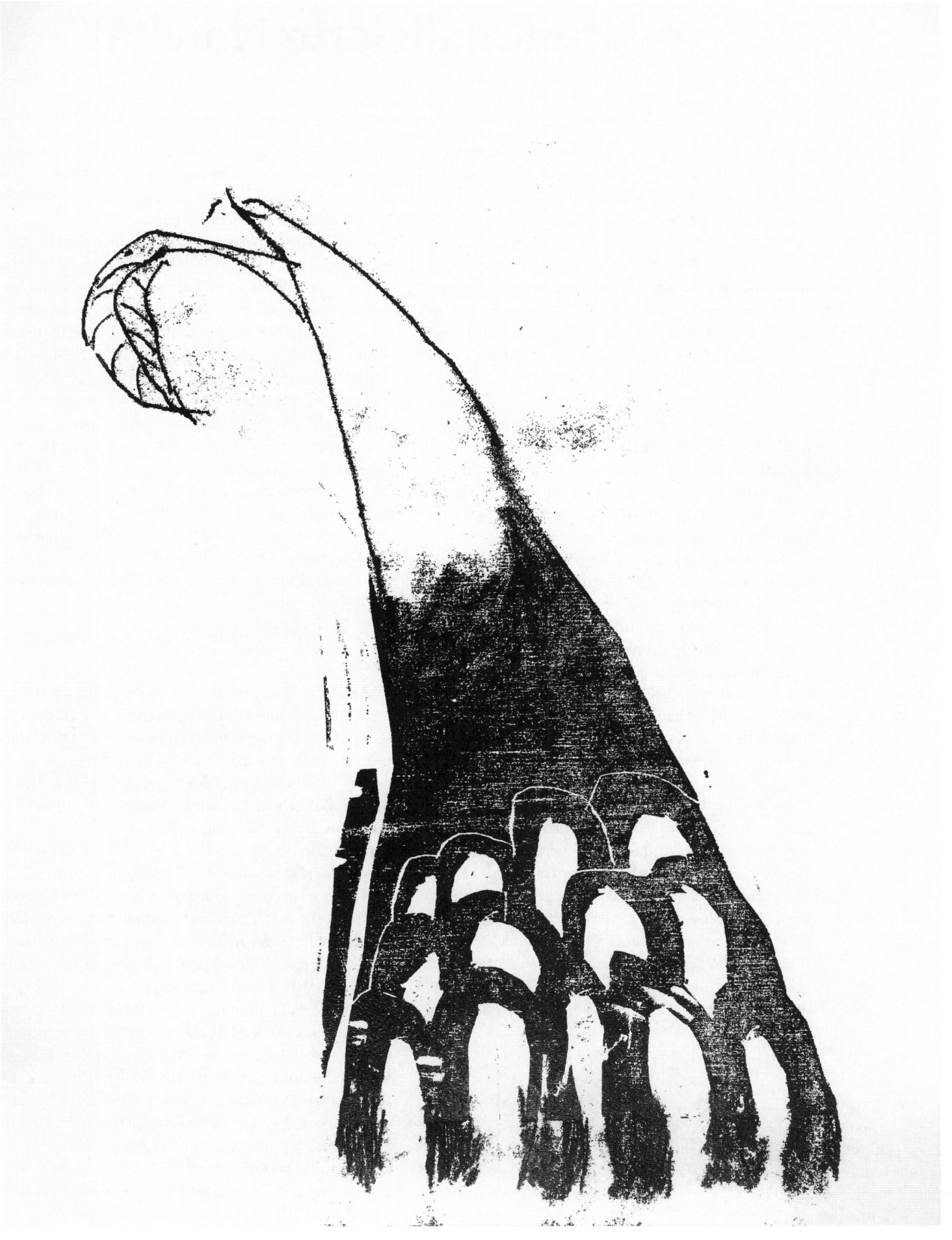

Robert Spaemann

Philosophie als institutionalisierte Naivität

Der Titel enthält, was man im 18. Jahrhundert ein Paradox nannte, das heißt eine der geläufigen entgegengesetzten Ansicht. Wir sind gewohnt, Philosophie als das genaue Gegenteil von Naivität anzusehen – naiv ist der Common Sense. Und in einem gewissen Grade sind auch die Wissenschaften naiv, weil sie gewisse theoretische und praktische Voraussetzungen ihrer selbst ungedacht lassen. „Die Wissenschaft denkt nicht", sagt Martin Heidegger. Philosophie hingegen thematisiert dieses Ungedachte. Sie ist absolute Reflexion. Sie hinterfragt alles noch einmal.

In den Wissenschaften wird auch hinterfragt. Das heißt, es wird versucht weniger allgemeine auf allgemeinere Gesetze zurückzuführen, Oberflächenstrukturen auf Tiefenstrukturen, Bewusstes auf Unbewusstes, Meinungen auf Vorurteile und Interessen, Interessen auf gesellschaftliche Stellungen.

Wozu ist dieses Hinterfragen gut? Es vermehrt unsere Kenntnis von der Wirklichkeit und damit unsere Möglichkeit, die Wirklichkeit unseren Zwecken entsprechend zu benutzen und für solche Benutzung zu verändern. Die Philosophie vermehrt diese Kenntnisse nicht. Was man hingegen von ihr erwartet, was diejenigen erwarten, die öffentliche Mittel für philosophische Institute bereitstellen, ist, dass die Philosophie Hilfestellung leistet bei der Verständigung über unsere Handlungszwecke und über die einschränkenden Regeln, die wir bei der Verfolgung dieser Zwecke respektieren. Und dies ist ja in der Tat seit Platon der Anspruch der Philosophie: Wissen über richtige und falsche Ziele, richtige und falsche Prioritäten zu sein. Aus diesem Anspruch folgte konsequent die These Platons, das Problem der Lebensqualität ließe sich nur lösen, wenn die Philosophen, die davon etwas verstehen, es zu sagen haben. Immanuel Kants Meinung in dieser Frage war von der Platons gar nicht weit entfernt. Nur glaubte Kant, bei der Personalunion von Philosoph und Machthaber sei das Risiko zu groß, dass die Philosophie korrumpiert werde durch die notwendigerweise taktischen Gesichtspunkte des Machthabers. Es sei deshalb besser, den Philosophen einen maßgeblichen Beraterstatus einzuräumen.

Beraten der Regierenden setzt freilich voraus, dass man Gesichtspunkte hat, die es wert sind, mitgeteilt zu werden. Gesichtspunkte, die, wenn sie einmal ausgesprochen sind, von sich aus für andere etwas Einleuchtendes haben. Vor allem aber Gesichtspunkte, deren Hinterfragung in psychologischer oder soziologischer Absicht zwar vielleicht möglich, aber weniger ergiebig und interessant ist als die Gesichtspunkte selbst. Solche Gesichtspunkte könnte man vernünftige Gesichtspunkte nennen. Alles sogenannte Hinterfragen, alle sogenannte kritische Reflexion muss ja, wenn es sich nicht um die Befriedigung eines krankhaften Dranges handelt, von irgendeiner Vorstellung darüber getragen sein, wozu sie gut sein soll. An sich selbst ist sie kein für den Menschen besonders befriedigender Zustand. Das Gute kann nicht in der Frage selbst, sondern muss

Philosophie ist ein Krisensymptom.

in der Antwort liegen. Das war wiederum schon Platons These. Dialektik, das kritische Hinterfragen, so schreibt er, betreiben vor allem junge Leute gern. Man muss aber damit vorsichtig sein, denn wenn am Ende bei der Dialektik nur ein Trümmerhaufen übrig bleibt, hat das Ganze nicht gelohnt. Es kommt dann der Tyrann, der die Aufräumungsarbeit macht und, wo vorher viele kleine Häuser waren, ein großes Gefängnis errichtet. Entweder also, die Philosophie kommt bei ihrem Fragen bei einem Anhypotheton, das heißt, einem letzten nicht hinterfragbaren Grund an, oder es wäre besser, sie finge gar nicht an. Es sei denn, sie behauptete, das kritische Reflektieren als solches sei bereits das Gute. Aber dann ist mindestens dies ein Anhypotheton, das nicht mehr hinterfragt werden soll. Spätestens hier ist der Defektprotz genötigt, zum Substanzprotz zu werden – um eine Unterscheidung des jungen Odo Marquard zu zitieren. Aber er ist dazu schlecht ausgestattet. Denn dass der Zustand der Dauerreflexion sich sozusagen aus sich selbst als letztes Umwillen empfiehlt, wird man kaum behaupten können. Er ist ja doch offenbar ein Zustand der Unzufriedenheit. Wären wir nun gerade mit dieser Unzufriedenheit zufrieden, dann würde sie und also die Reflexion erlöschen. Die Philosophie muss also, wenn sie überhaupt einen Sinn haben soll, irgendwo ankommen. Sie muss dahin gelangen, bestimmte Ansichten für vernünftiger zu

Sophistik

Bezeichnung für die Lehre der Sophisten, die sich im fünften und vierten Jahrhundert v. Chr. als professionelle Wanderlehrer vor allem mit Fragen der Ethik und der Sprachtheorie befassten. Zentrale Bedeutung hatte für sie das politische Handeln; Letztbegründungen sowohl in erkenntnistheoretischer wie in ethischer Hinsicht wurden von ihnen verworfen. Von Platon werden sie häufig als Wortverdreher charakterisiert, deren Ziel nicht die Überzeugung durch vernünftige Argumente sei, sondern die Überredung durch rhetorische Mittel.

halten als andere und bestimmte Vorschläge für besser als andere. Und dies aufgrund von Maßstäben, die nicht ihrerseits wieder hinterfragbar sind, denn sonst würde der ganze Aufwand nicht gelohnt haben.

Ich sagte, die Philosophie muss, wenn sie einen Sinn haben soll. Aber ob sie überhaupt einen Sinn hat, ob sie heute noch einen Sinn hat, das ist damit noch nicht gesagt. Man kann dies bestreiten mit dem Hinweis darauf, dass die Philosophie sowohl als skeptische Reflexion wie auch als spekulative Theorie ein unzeit-

„Und warum soll ich auf die Warumfrage verzichten?"

gemäßes Residuum der Naivität sei. Dies erschien übrigens schon einem energischen Gesprächspartner des platonischen Sokrates so. Philosophie als geistiges Training für junge Leute will Kallikles wohl gelten lassen. Wer aber als erwachsener Mensch mit seinen Maßstäben noch immer nicht ins Reine gekommen ist, sondern allen Ernstes nach so etwas wie richtigen Maßstäben fragt, und wenn er sie gefunden zu haben glaubt, andere davon zu überzeugen sucht, statt praktische Politik zu machen, der hat, so meint Kallikles, Schläge verdient. Ein gebildeter Mensch bietet nicht den „Wachtturm" feil. Philosophie erscheint in dieser Sicht als Resultat einer nicht überwundenen Pubertätsphase, für die ja radikale Skepsis ebenso bezeichnend ist wie eifernder Dogmatismus. Philosophen sind, so könnte man den Gedanken fortspinnen, Leute, die ihr Identitätsproblem nicht gelöst haben und aus dieser Not eine Tugend machen. Fehlende Handlungsorientierung kompensieren sie durch deren permanente Thematisierung. Und mangels hinreichender Sicherheit ihrer eigenen Identität müssen sie sich entweder – wie in der Metaphysik – des Seins im Ganzen oder aber – wie in der neueren Philosophie – eines imaginären Konsenses aller vergewissern, um leben zu können. Aber was dann in solchem Begriff Gottes oder eines Konsenses aller denkenden Wesen vorgestellt wird – das war von Kallikles bis Friedrich Nietzsche der Einwand –, ist doch stets nur die Projektion der schwächlichen Individualität, der ihre Partikularität zum Problem wird. Philosophie lebt von der Resistenz gegen die Zerstörung ihrer Naivität durch psychologische Aufklärung.

Nun gilt heute allerdings Psychologie selbst als aufklärungsbedürftig, nämlich einerseits durch Neurowissenschaft, andererseits durch Soziologie. Der Prozess der Individuation ist von dem der Sozialisation nicht trennbar, und sein Misslingen ist zugleich ein soziales Phänomen. Der Prozess kann nur gelingen mittels einer Vorgabe kollektiver verbindlicher Weltorientierung. Die philosophische Frage nach einer schlechthin allgemeingültigen Weltorientierung, nach so etwas wie absoluten Maßstäben für wahr und falsch, besser und schlechter, wichtiger und unwichtiger, erscheint so als Ausdruck eines sozialen Defekts, einer sozialen Desintegration und begleitender Erschütterung kultureller Normen. Entzweiung ist der Grund

15

Wozu Philosophie?

Umfrage für *der blaue reiter – Journal für Philosophie*

Intelligenz ist das, was ein Intelligenztest misst; Philosophie ist das, was für Philosophie gehalten wird – was die Unterscheidung zwischen „akademischer" und sonstiger Philosophie in gewissem Sinn obsolet macht. Auf die Frage nach dem Nutzen gibt es die üblichen Antworten: Pflege der Tradition und der alten, erhaltenswerten Einsichten. Oder, etwas moderner: Philosophie sei Klärung der logischen Form von Sätzen, sei Zeichen- und Interpretationskunst, grundbegriffliche Klärung, sei Analyse der Semantik und der Vielfalt der Bedeutungen von Begriffen und der Sprache, die wir verwenden. Zugegeben: All das ist wichtig, manchmal entscheidend. Aber eben nur manchmal.

Es reicht eben nicht, Sätze immer wieder bis ins Atomare der Sprache aufzudröseln. Den Nutzen der Philosophie macht vor allem etwas anderes aus – nämlich das, was in ihrem Namen steckt: Sophia, Weisheit.

Wenn Weisheit ebendies ist – das angemessene Verständnis und der angemessene Umgang mit der realen Komplexität der Welt – und Philosophie als Fach an den Universitäten genau damit zu tun hat, dann reicht das vollkommen. Sie muss es nur tun, das heißt: muss sich nur wirklich damit befassen. Vielleicht, indem sie selbst wieder komplexer wird, um das Sprechen über die Komplexität der Welt nicht denen zu überlassen, die nichts anderes im Sinn haben, als sie zu reduzieren und uns vorzumachen, wir würden etwas wissen. Wir wissen, wenn überhaupt, nur sehr, sehr wenig. Deshalb brauchen wir die Philosophie – im Plural.

Gert Scobel
Moderator der
Fernsehsendungen
Kulturzeit und *delta*

Warum nicht? Weil Probleme sozialer Praxis sich nicht auf der Ebene individueller Reflexion lösen lassen. Auch hier ist Philosophie der Versuch, aus der Not eine Tugend zu machen, die erschütterte Selbstverständlichkeit sozialer Weltorientierung durch eine individuelle Orientierung zu ersetzen, welche die soziale an Verbindlichkeit übertreffen will, indem sie sich als vernünftige versteht, das heißt sich statt auf den faktischen Konsens einer Gruppe auf den imaginären Konsens aller denkenden Wesen beruft. Gegenüber soziologischer Aufklärung von Auguste Comte bis Niklas Luhmann erscheint aber dieser Standpunkt philosophischer Vernunft als naiv, zugehörig einem Jugendstadium der Menschheit. Menschliche Handlungen, so werden wir belehrt, sind nur als Funktionen ihres Kontextes verstehbar. Es ist aber sinnlos, an das System, durch das die Funktionen definiert werden, noch einmal Sinnfragen richten zu wollen. Es ist naiv, sozialen Systemen Rechtfertigungen vor der Vernunft handelnder Individuen abzuverlangen und gar dem individuellen Raisonnement in Gestalt der Gottesidee ein imaginäres Tribunal zu verschaffen. Legitimationsfragen sind philosophische, also naive Fragen. Sie können nicht beantwortet, sie können nur zum Schweigen gebracht werden, sei es durch Gewalt, sei es durch Bereitstellung von Alternativbefriedigungen, sei es durch die Utopie einer künftigen legitimationsunbedürftigen, weil herrschaftsfreien Gesellschaft. Philosophieren heißt: Legitimationsfragen, Warumfragen stellen, sei es an das Universum, sei es an menschliches Handeln, sei es an soziale Systeme. Philosophieren heißt, die Warumfragen, die wir als Kinder stellten, nicht durch Wiefragen verdrängen lassen, sondern gegenüber dieser Zumutung ungerührt fragen: „Und warum soll ich auf die Warumfrage verzichten?" Die Antwort hierauf muss wohl oder übel eine philosophische sein.

René Descartes hatte beklagt, dass wir als Kinder zur Welt kommen und infolgedessen zeitlebens die Vorurteile unserer Kindheit nicht gänzlich loswerden. Was Descartes noch nicht sah, ist dies, dass Vernunft und Freiheit selbst Vorurteile unserer Kindheit sind und also Fremdkörper in einer erwachsen werdenden und ihre natürliche Herkunft verwischenden Welt. Ein kluger Mann wie Burrhus F. Skinner ermahnt uns denn ja auch, uns dieser naiven Begriffe endlich zu entledigen, um einer perfekteren Bedürfnisbefriedigung willen solche nicht homogenisierbaren Bedürfnisse abzustreifen und den Schritt *beyond freedom and dignity* (weg von Begriffen wie Freiheit und Würde) zu tun. Wenn wir diesem Rat folgen, werden wir vor allem zunächst den Schritt weg von Philosophie tun. Denn so kindliche Motive wie *freedom* und *dignity* sind das einzige Interesse, das uns zur Philosophie motiviert. Und wenn ich Philosophie eine naive Denkweise nenne, dann erstens, weil sie in der Tat auf einer Art von Unmittelbarkeit besteht, die in der modernen Welt überholt ist. Angesichts einer sich ständig mehr verwissenschaftlichenden Welt ist sie Denken im gewöhnlichsten Sinne des Wortes und verzichtet auf jene überaus ergiebige Denkersparnis, die wir Methode nennen. Da Methoden zu ihren Gegenständen gehören, kann

für das Bedürfnis nach Philosophie, sagt Georg Wilhelm Friedrich Hegel. Die Naivität der Philosophie scheint nur darin zu liegen, dass sie sich für eine Therapie der Krise hält – für „Orientierungskrisenmanagement", um einen Ausdruck von Hermann Lübbe zu gebrauchen –, während sie doch selbst nur ein Krisensymptom ist. Sie kann die Fragen nicht lösen, die sie stellt, weil das Stellen solcher Fragen selbst das Problem ist. Gelöst wäre es, so meinte Wittgenstein, wenn das Bedürfnis, sie zu stellen, erloschen wäre. Aber dieses Erlöschen herbeizuführen ist Philosophie nicht das geeignete Mittel.

sie sich auf keinen apriorischen Methodenkonsens abstützen. Deshalb kann sie zweitens nicht teilnehmen an der wissenschaftlichen Arbeitsteilung. Auf gesicherte Arbeitsergebnisse eines andern könnte man sich nur verlassen, wenn die Methode ihre Zuverlässigkeit verbürgte. So aber muss jeder Philosophierende gewissermaßen alles noch einmal selbst denken. Das ist geradezu lächerlich unökonomisch und erinnert wiederum an Kinder, die alles selber machen wollen. Drittens schließlich besteht die Naivität philosophischen Denkens in seinem kindlichen Ernst. Die Wissenschaften behaupten alles, was sie behaupten, mehr oder weniger hypothetisch, vorläufig und bis auf Weiteres. Sie haben Zeit. Ars longa, vita brevis (Die Kunst währt lang, das Leben kurz). Die Philosophie hat es mit der vita brevis zu tun.

Philosophen sind Leute, die ihr Identitätsproblem nicht gelöst haben.

Was für den Mediziner ein interessanter Fall ist, ist für den Kranken eine Lebensfrage. Auch dies kann man zwar wieder zum Gegenstand einer Wissenschaft machen, nämlich der Psychologie von Kranken, aber dann wird die Frage wieder entschärft zu einem Problemkreis für Hypothesen. In Bezug auf das Ganze der Wirklichkeit gibt es eigentlich keine Hypothesen, denn wie sollten diese verifiziert oder falsifiziert werden?

So bleiben der Philosophie nur apodiktische Behauptungen. Und in ihnen steht meistens der Begriff von Philosophie selbst auf dem Spiel – so, dass Philosophen einander oft bestreiten, dass das, was sie treiben, überhaupt Philosophie oder überhaupt sinnvoll sei. Gerade weil es ihnen um einen universellen Konsens aller denkenden Wesen geht, bringen sie keinen realen Konsens aller Philosophen auch nur darüber zustande, was Philosophie sei. Und ihre Auseinandersetzungen haben mehr Ähnlichkeit mit Kriegen als mit gelehrten Kontroversen. Denn es steht ja ihre Identität auf dem Spiel und nicht partikulare Inhalte. Aber eben diese allen Neutralisierungsversuchen widerstehende Weigerung oder Unfähigkeit, Form und Inhalt oder das Denken vom Denkenden zu trennen, ist das, was ich die Naivität der Philosophie nenne. Max Horkheimer hat im letzten Interview kurz vor seinem Tod ausdrücklich die Frage bejaht, ob nicht an seiner Philosophie etwas Kindliches, etwas Naives sei. Er hat diese Naivität als Fremdkörper in einer „vollautomatisierten Gesellschaft" verstanden, „einer Gesellschaft ohne Moral, ohne Geist". Auf die Frage, ob eine Gesellschaft ohne Religion und Philosophie möglich sei, hat er allerdings auch mit Ja geantwortet und gesagt: „Der Geist ist eine Übergangserscheinung. Er gehört zur Kindheitsepoche der Menschheit, wenngleich er die realistischen Voraussagen der Experten nicht selten relativiert. Wir können", so fuhr er fort, „allenfalls hoffen, dass die künftige Menschheit etwas von Religion und Philosophie bewahrt, so wie der wahrhaft erwachsene Mensch ein Stück seiner Kindheit."

Ist diese Hoffnung wider alle Hoffnung Horkheimers begründet? Nun, sie kann nur so begründet sein, wie eine self fulfilling prophecy begründet ist. Selbstsein und Vernunft haben in der Welt keine objektiv garantierte Existenz. Niemand kann die Menschen hindern, sich selbst als Gegenstände zu verstehen. Als Student saß ich einmal in einer Wahlversammlung, in welcher der Redner eine faustdicke Lüge auftischte. Ich war

Phänomenologie
Von Edmund Husserl (1859–1938) entwickelte philosophische Lehre von den Erscheinungen (ihrer Form, ihrer Struktur, ihrem Aufbau) als Gegenständen des Bewusstseins. Dabei wird die Wirklichkeit nur insofern als „wirklich" aufgefasst, als sie sich einem wahrnehmenden, erfahrenden, sich erinnernden Bewusstsein zeigt. Umgekehrt gibt es auch kein „reines", von der Welt unabhängiges Bewusstsein: Bewusstsein ist immer Bewusstsein von etwas.

17

der blaue reiter

darüber empört und entschlossen, den Mann allein schon aus diesem Grunde nicht zu wählen. Zwei Kommilitonen suchten mir das als Naivität auszureden. Es komme schließlich auf die Richtigkeit oder Falschheit der Tendenz an. Schließlich könne man dem Volk, wenn man die Mehrheit gewinnen wolle, nicht immer die Wahrheit sagen. „Gut", sagte ich, „das mag sein wie es will. Aber wer ist das Volk? Offenbar besteht es aus lauter Leuten, die zum Volk alle anderen außer sich selbst rechnen und die deshalb so naive Gefühle wie Empörung darüber, belogen zu werden, weit von sich weisen." Ich meinte damals, dass die Freiheit eines Volkes daran hängt, dass jeder auf seinem Recht besteht, empört zu sein, wenn man ihn belügt und beleidigt oder wenn man ihn beschimpft. An diese Geschichte musste ich denken, als ich Horkheimers ebenso naive Bemerkung las, dass ihm das überfreundliche Zeremoniell bei Begegnungen demokratischer Staatsmänner mit nicht demokratischen missfalle. „Die Würde des Menschen ist unantastbar" – dieser Satz unserer Verfassung besagt nicht, dass

Philosophie ist die Weigerung, das Denken vom Denkenden zu trennen.

man die Würde nicht antasten könne, sondern dass wir ihre Verletzung im Geltungsbereich des Grundgesetzes verhindern wollen. Wodurch wird sie denn verletzt? Um dies zu beantworten, müssten wir schon einen Begriff von ihr haben. Die Behauptung eines solchen Begriffs gegenüber allen Versuchen seiner psychologischen Überwindung oder systemfunktionalen Domestizierung ist Sache der Philosophie. Sie hat dabei im Grunde nichts anderes zu tun als das, was die Gemüsefrau schon immer wusste, in Schutz zu nehmen gegen den fortgesetzten Versuch einer gigantischen Sophistik (siehe Erläuterung), es ihr auszureden. Bei der Verwissenschaftlichung unserer Alltagswelt genügt es dafür nicht, auf eine gar nicht mehr existierende ordinary language (natürliche Sprache; Umgangssprache) zu rekurrieren. Die Naivität, von der hier die Rede ist, bedarf vielmehr der sokratischen Rekonstruktion durch Philosophie. Dass es Farben „an sich" nicht gibt, weiß ja heute schon jedes Kind. Es bedarf philosophischer Phänomenologie (siehe Erläuterung), um zu begreifen, dass es sie sehr wohl gibt. – Philosophie wird deshalb genauso lange da sein, wie wir eine Grenze unserer eigenen Vergegenständlichung wollen. Damit aber dieser Wille gegenüber den totalitären Tendenzen der Gesellschaft und der Wissenschaft nicht zum ohnmächtigen Unbehagen wird, bedarf es der Institutionalisierung des philosophischen Gesprächs im Rahmen des organisierten Wissenschaftsbetriebs selbst. Es ist ein Kennzeichen freiheitlicher Staaten, dass sie Institutionen bereitstellen für ein solches freies, durch keinen Systembedarf definiertes, durch keine gesellschaftliche Relevanz ausgewiesenes, durch keinen Methodenkonsens abgesichertes, also ein freies, seine Naivität reflektierend behauptendes Denken.

Prof. Dr. Robert Spaemann studierte Philosophie, Geschichte, Romanistik und Theologie in Münster, München, Fribourg und Paris. Er lehrte bis zu seiner Emeritierung (1992) Philosophie an den Universitäten Stuttgart, Heidelberg und München.

Auf die Anfrage der Redaktion an Herrn Professor Spaemann um einen Beitrag zur vorliegenden Jubiläumsausgabe des *blauen reiters* mit dem Titel *Wozu Philosophie?* erhielten wir folgende Antwort: „Falls Sie den kleinen beiliegenden Beitrag über ‚Philosophie als institutionalisierte Naivität' in Ihrer Ausgabe über Philosophie abdrucken wollen, können Sie das gerne tun. Der Aufsatz erschien 1974 im *Philosophischen Jahrbuch* unter ‚Berichte und Diskussionen', also ziemlich unter Ausschluss der Öffentlichkeit. Andererseits hat er an Aktualität meines Erachtens nichts eingebüßt."
Die Redaktion schließt sich dieser Einschätzung des Autors an.

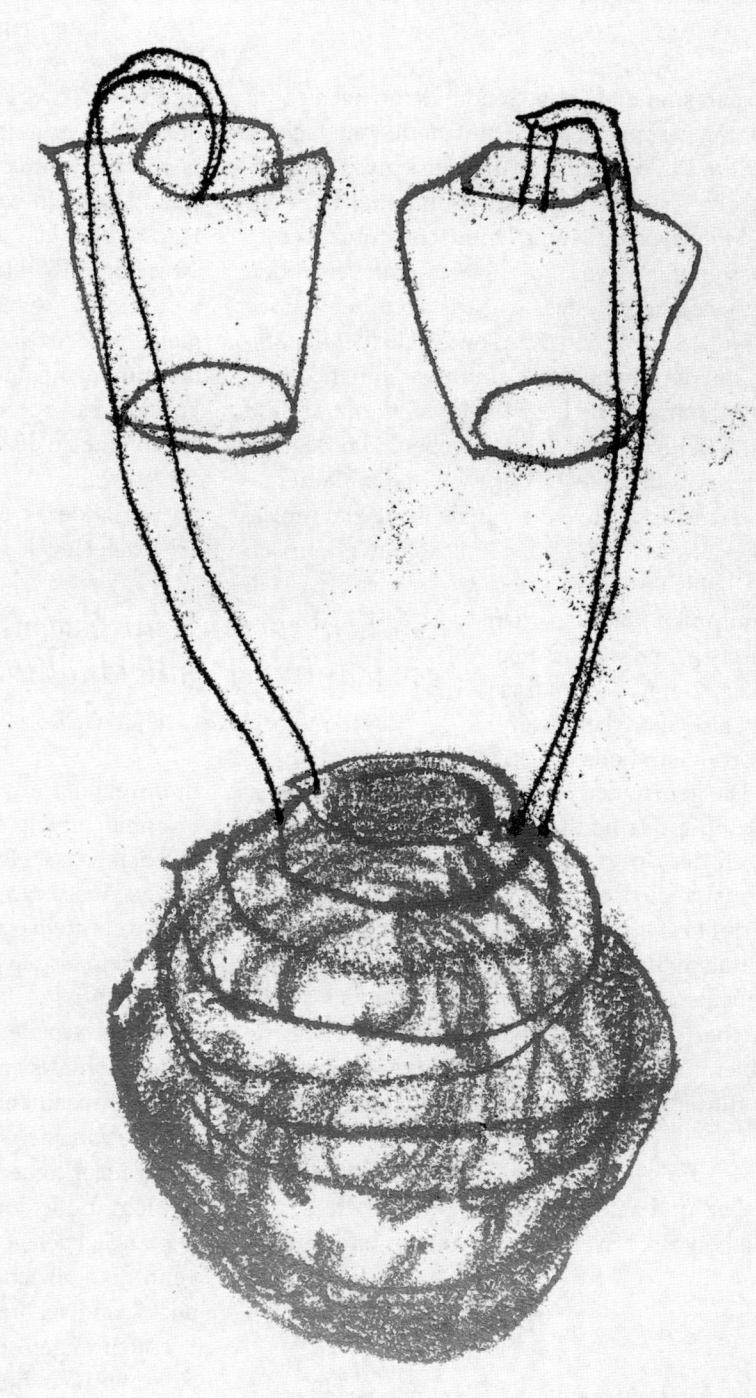

Stefan Diebitz

Philosophie ist die Kunst des langsamen Denkens

Was ist Philosophie? Worin unterscheidet sie sich von den Wissenschaften, insbesondere von den mathematischen?

Diese Fragen sind nicht neu. Schon Platon hat sich im sechsten Buch seiner *Politeia* mit dem Unterschied zwischen der Philosophie und den Wissenschaften beschäftigt. Aber es ist klüger, auf Immanuel Kant zurückzugreifen, weil dieser die Unterscheidung in einer so voraussetzungslosen und zugleich einleuchtenden Weise vorgetragen hat, dass wir uns auch heute noch daran orientieren können. Kant unterscheidet die Philosophie von der Mathematik, und zwar anhand eines einzigen Merkmals: Die Begriffe der Mathematik sind gemacht, jene der Philosophie gegeben. Die Begriffe der Mathematik unterliegen der Willkür des Mathematikers und sind deshalb in ihrer Bedeutung klar umrissen, wogegen die Begriffe der Philosophie empirisch sind, das heißt der Erfahrungswelt entnommen – sie begegnen den Menschen, und so muss man sie so akzeptieren, wie man sie vorfindet, also auch dann, wenn sie verworren[1] sind oder unvollständig. Die gemachten Begriffe der Mathematik werden verknüpft, das heißt der Umgang mit ihnen ist synthetisch; der Umgang mit den gegebenen Begriffen hingegen ist analytisch, sprich sie werden zergliedert und interpretiert. Die Begriffe der Mathematik sind im Zeichen und in ihrer Definition anwesend und symbolisieren nichts, sie stehen für nichts als für sich selbst, wogegen bei der Analyse philosophischer Begriffe das Problem besteht, dass wir sie uns „jederzeit vor Augen"[1] führen, sie also mit Anschaulichkeit tränken müssen.

Die Begriffe der Philosophie werden uns vom Leben gegeben und sind vom Leben geprägt, die Begriffe der Mathematik lassen sich nur auf das tote Sein beziehen. Der Fall eines Steins lässt sich berechnen, nicht aber das Leben eines Menschen.

Was unter gegebenen Begriffen zu verstehen ist, das müsste man also am besten erkennen, wenn man in die Werke wirklich großer Philosophen schaut – in die Werke derjenigen, die sich mit dem alltäglichen Leben um uns herum wie mit dem Leben des Geistes beschäftigen. Ein wunderbares Beispiel bietet die *Nikomachische Ethik* des Aristoteles, in der er moralische Grundbegriffe wie zum Beispiel Gewissen, Dankbarkeit und so weiter diskutiert, ohne diese Diskussion gleich einer Lösung zuzuführen. Seine Argumentation mündet nicht in eine Definition, sondern seine Diskussion ist „aporetisch", das heißt sie ist die Kunst, „Probleme zu diskutieren, ohne sie um jeden Preis lösen zu wollen"[2].

Ein anderes Buch dieser Art ist Georg Wilhelm Friedrich Hegels *Phänomenologie des Geistes*. Es beginnt mit der Analyse sinnlicher Erfahrung – der sinnlichen Gewissheit – und geht dann allmählich und in aufsteigender Reihe alle Wissensgebiete durch, bis seine Darstellung in der absoluten Vernunftreligion, im Grunde also in der hegelschen Philosophie, gipfelt. In unserem Zusammenhang ist wesentlich, dass Hegel von der Betrachtung der Welt seinen Ausgang nimmt: „Das Wissen, welches zuerst oder unmittelbar unser Gegenstand ist, kann kein anderes sein als dasjenige, welches selbst unmittelbares Wissen, Wissen des Unmittelbaren oder Seienden ist."[3]

Hegel arbeitet nicht mit ausgedachten Begriffen, sondern analysiert die Erfahrung, indem er sie buchstäblich auseinandernimmt, ihre Elemente ausbreitet und sie von allen Seiten betrachtet, wobei er ihnen immer wieder neue Perspektiven abgewinnt. Dabei wird er nicht müde, auf die Länge des Wegs zu verweisen, der zurückgelegt werden muss: Philosophische Erkenntnis vollzieht sich keinesfalls in einem Augenblick, sondern braucht Zeit.

Auch wegen seiner Unerschöpflichkeit werden wir einen empirischen Begriff niemals klar umschreiben können, sondern etwas wird immer fehlen oder unklar und nebelhaft bleiben. Das gilt sogar für die Grundbegriffe der Physik wie Materie oder Energie – sie lassen sich nicht exakt definieren, ebensowenig wie die Grundbegriffe der Philosophie. Der Unerschöpflichkeit der empirischen Begriffe wegen sind Definitionen in der Philosophie von größtem Übel; falls es sie überhaupt geben kann, so gehören sie an das Ende einer Abhandlung, aber keinesfalls an deren Beginn, wie

Sittlichkeit muss ihr Gegengewicht in der Individualität eines Menschen finden.

Analytische Philosophie
In der analytischen Philosophie steht die Analyse der Sprache im Vordergrund. Unter Analyse ist in diesem Zusammenhang die schrittweise Zerlegung komplexer sprachlicher Gebilde in einfachere Formen zu verstehen. Hierbei spielt die Entwicklung der modernen Logik, insbesondere durch Gottlob Frege (1848–1925), eine große Rolle. Fragen nach den letzten Fundamenten und allgemeinsten Strukturen des Gegebenen (Metaphysik), wie sie sich zum Beispiel im Zusammenhang mit Begriffen wie Gott, Sein, Seele oder Absolutem stellen, rücken demgegenüber in den Hintergrund.

Kant schreibt: „Allein ihr wollt durchaus eine Definition haben; gleichwohl seid ihr nicht sicher, daß ihr alles wißt, was dazu erfordert wird, und da ihr sie dessen ungeachtet wagt, so gerathet ihr in Irrthümer. Daher ist es möglich, den Irrthümern zu entgehen, wenn man gewisse und deutliche Erkenntnisse aufsucht, ohne gleichwohl sich der Definitionen so leicht anzumaßen."[1]

An anderer Stelle, nämlich in der *Methodenlehre* der *Kritik der reinen Vernunft*, hat Kant diese Warnung wiederholt und unter dem Stichwort „Von den Definitionen" darauf hingewiesen, dass ein empirischer Begriff niemals abschließend definiert, das heißt „innerhalb seiner Grenzen ursprünglich" (B 755) dargestellt werden kann. Es hört sich vielleicht etwas äußerlich an, dass er immer und immer wieder auf die Unerschöpflichkeit der Bestimmungen beziehungsweise die Vollständigkeit der Merkmale hinweist, aber das ist wirklich der entscheidende Punkt, wenn man verstehen will, warum Definitionen gegebener Begriffe nicht möglich sind. Kants Beispiel ist das Gold, bei dem ein Chemiker unserer Tage vielleicht auf seine Stellung in der Periodentafel der Elemente hinweisen würde, aber Kant hätte ihm trotzdem entgegnet, dass eine solche Definition ganz willkürlich wäre:

„So kann der eine im Begriffe vom Golde sich außer dem Gewichte, der Farbe, der Zähigkeit noch die Eigenschaft, daß es nicht rostet, denken, der andere davon vielleicht nichts wissen. Man bedient sich gewisser Merkmale nur so lange, als sie zum Unterscheiden hinreichend sind; neue Bemerkungen dagegen nehmen welche weg und setzen einige hinzu, der Begriff steht also niemals zwischen sicheren Grenzen."

Ein Beispiel, warum man empirische Begriffe in der Philosophie nicht definieren sollte, gibt Georg Meggle, Professor für Philosophische Anthropologie an der Universität Leipzig, zu Beginn eines Aufsatzes über den Terror:

„Der Täter erwartet, dass der durch seinen Terror induzierte Horror Dinge bewirken wird, die ohne diesen Horror nicht bewirkt würden. Der Terror-Kalkül basiert auf der erwarteten Horror-Funktion."[4]

Mit dieser Definition von Terror, gleich zu Beginn seines Aufsatzes eingeführt, hat Meggle sich allen weitergehenden Einsichten verschlossen – er hat mit seiner Definition nur einen Erpressungsakt geschildert, reitet darauf herum und wird so niemals herausfinden, was Terror eigentlich ist.

Die Ablehnung der Definition gilt zunächst für empirische Begriffe. Es gibt daneben aber noch die Grundbegriffe der Philosophie wie zum Beispiel Wahrheit oder Schönheit, Recht oder Gerechtigkeit, die genauso wenig zu definieren sind – und zwar, wie es scheint, aus eben denselben Gründen, denn sie sind ebenfalls gegeben, der Lebenswelt entnommen und keinesfalls gemacht. Man kann fast sagen, dass sie vom Himmel gefallen sind.

Empirische Begriffe lassen sich nicht erschöpfend definieren, weil immer die Gefahr besteht, dass wir in der Definition etwas Wichtiges vergessen. Das gilt aber auch für die nicht empirischen Grundbegriffe wie zum

Beispiel Wahrheit oder Gerechtigkeit, bei denen wir niemals sicher sein können, „daß die deutliche Vorstellung eines ... gegebenen Begriffs ausführlich entwickelt worden, als wenn ich weiß, daß dieselbe dem Gegenstande adäquat sei" (B 756). Kant schlägt deshalb vor, statt von Definition von Exposition eines Begriffs zu sprechen, ihn gewissermaßen auseinanderzulegen und auszubreiten, ihn umzuwenden und von allen Seiten zu betrachten, ihn also undefiniert in die Diskussion einzuführen und einfach zu benutzen. Martin Heidegger hat in genau demselben Sinne das philosophische Durchdenken eines Begriffs das Durchsprechen genannt.

Ein wirklicher Philosoph ist ein überströmender, sich niemals erschöpfender Geist – etwa wie Aristoteles oder wie Hegel. Ein Philosoph ist imstande, das gesamte Gebiet des menschlichen Wissens zu durchschreiten und immer wieder neu anzusetzen, weil er neue Beispiele findet oder andere Argumentationen, aber auch neue Fragen oder Probleme. Die Schriften der Philosophie sind deshalb nicht kurz, sondern lang, weil sie die Welt in sich versammeln, und es ist bezeichnend für die Philosophie, dass sie Schritt für Schritt vorwärtsgeht, etwa so, wie es Hegel in der *Phänomenologie des Geistes* demonstriert.

Jeder wirkliche Philosoph geht langsam vor: Die Philosophie ist die Kunst des langsamen Denkens. Sie schreitet langsam voran, weil es in ihr auf das rechte Fragen ankommt, und der Philosoph kann und muss sich Zeit lassen, weil er ein reicher Geist ist, der nicht nur ein Beispiel weiß, sondern noch ein zweites und ein drittes und ein viertes dazu; weil er die Argumentation variieren kann und seinen Gedankengang auf die Probe stellt, indem er vom Ergebnis noch einmal zurückgeht. Das Durchsprechen dauert. Ein Philosoph wohnt nicht in einem Elfenbeinturm, sondern mitten im Leben und ist voll von Welt; er treibt sich auf dem Marktplatz herum wie Sokrates und fließt von Wissen über wie Aristoteles oder Hegel, und er konstruiert deshalb nicht und denkt sich nichts aus, sondern sein Fragen wie sein Denken nimmt seinen Ausgang von den gegebenen Begriffen, die er ausbreitet und hin und her wendet, wobei er auch vor Banalitäten nicht zurückschreckt, ja gerade dort das richtige Fragen entdeckt, so wie es etwa Hegel am Beginn der *Phänomenologie des Geistes* demonstriert („Jetzt ist Nacht", „Dies ist ein Baum") oder wie es Heidegger in *Die Frage nach dem Ding* vorführt.

Definitionen sind von größtem Übel.

Erkenntnis kann sich blitzartig vollziehen, aber nicht das Denken. Denken braucht Zeit. Eine philosophische Argumentation braucht Zeit, um ihre Relevanz bei der Interpretation und Erklärung der Welt zu beweisen, um sich Schritt für Schritt auszubreiten, sich mal in den Einzelzügen zu verlieren, mal in einer Betrachtung aus der Entfernung zu versuchen und auf diese Weise ihre Bedeutung allmählich zu entfalten, indem sie sich der Wirklichkeit mit Vergleichen und Metaphern zu bemächtigen versucht, verschiedene Begriffe in einem dialektischen Prozess miteinander ins Gespräch bringt oder ihre theoretischen Sätze mit konkurrierenden Deutungsmodellen konfrontiert: „Einesteils ist die Länge dieses Weges zu ertragen, denn jedes Moment ist notwendig; – andernteils ist bei jedem sich zu verweilen."[3]

Es gibt hier eine interessante Parallele, nämlich jene zwischen Philosophie und Bildung auf der einen Seite und Mathematik und Ausbildung auf der anderen. Dass die Länge des Weges ertragen werden muss, gilt nämlich nicht allein für die Philosophie, sondern auch für den Bildungsgang eines Menschen, zu dem auch Irrwege und Sackgassen gehören. Fußpfleger oder Versicherungsvertreter kann man notfalls an einem einzigen Wochenende werden, indem man nämlich beschult wird, aber auf dem Weg zum Abitur sollte man lieber den Turbo ausgeschaltet lassen: Ein junger Mensch braucht Zeit, bis er sich gebildet und geformt hat.

Die wesentlichen Begriffe lassen sich nicht definieren.

Die Abkürzungen, mit denen die Mathematik arbeitet, können als die Stellvertreter der gemachten Begriffe niemals die gegebenen Begriffe ersetzen, wie es uns die analytische Philosophie (siehe Erläuterung) weismachen will. Die Algebra, die ja auch erst in den letzten hundert Jahren Einzug in die Philosophie gehalten und deren Niedergang in den letzten Jahrzehnten begleitet hat, ist für deren Zwecke absolut ungeeignet. Einer, der von Mathematik viel verstand, nämlich Edmund Husserl, hat auf diese Zusammenhänge hin-

Wozu Philosophie?
Umfrage für *der blaue reiter – Journal für Philosophie*

Philosophie ist der Versuch, das vielfältige Wissen, das wir haben, in einen Ordnungszusammenhang zu bringen und auf seine Prinzipien zurückzuführen und damit auch einen Sinn in unseren mannigfachen Erfahrungen zu finden.
Entscheidend ist dabei, die Welt als Platz für moralische Entscheidungen verständlich machen zu können.

Vittorio Hösle
Professor für
Philosophie an der
University of Notre
Dame in Indiana (USA)

gewiesen und die Mode, algebraische Zeichen in der Philosophie zu benutzen, eine „verhängnisvolle"[5] genannt. Er forderte „die naive Sprechweise des Lebens"[5] ausdrücklich auch in der Philosophie, und das bedeutet nichts anderes als die Herrschaft der gegebenen Begriffe.

Kant argumentiert bei den Grundbegriffen der Philosophie wie bei den empirischen Begriffen, und daraus wird deutlich, dass sie für ihn mit den empirischen Begriffen gleichgestellt sind, wenngleich sie noch reicher und deshalb noch weniger zu erschöpfen sind. Es sind in jedem Fall gegebene Begriffe, und deshalb ist auch bei ihnen die „Ausführlichkeit" nicht zu erreichen. Es ist grundsätzlich unmöglich, einen Grundbegriff der Philosophie wie zum Beispiel Gerechtigkeit zu definieren. Kann man aber beweisen, warum das unmöglich sein soll?

Kant versucht seinen Beweis so: Es lassen sich nur Begriffe definieren, die „eine willkürliche Synthesis enthalten, welche a priori construirt werden kann" (B 757; Synthesis: Vereinigung verschiedener geistiger Elemente. A priori: im reinen Denken/ vor der „Verunreinigung" des Denkens durch Erfahrung), und solche gemachten Begriffe enthalte nur die Mathematik, ja das Mathematische der Mathematik sei ebendies, dass sie auf konstruierten Begriffen aufbaut. Im Grunde enthält dieser Beweis einen Zirkel, denn er setzt voraus, was er begründen und beweisen will, nämlich den Unterschied zwischen gemachten und gegebenen Begriffen. Oder er formuliert das Selbstverständnis des Philosophen, der eben kein Mathematiker sein möchte. Vielleicht möchte mancher deshalb polemisch einwenden, dass dieser Unterschied selbst ein gemachter sei, aber in Wahrheit ist es doch so, dass uns Begriffe begegnen – nämlich in unserem Leben, in unserem Alltag wie bei der Lektüre oder in einer Diskussion, und dass wir sie selbstverständlich benutzen, variieren und uns mit ihnen beschäftigen.

Der Unterschied zwischen gemachten und gegebenen Begriffen ist elementar, aber er ist vergessen, und es ist nicht zuletzt die Vorherrschaft der analytischen Philosophie, der wir diesen Umstand zu verdanken haben. Es gilt als eine Stärke dieser philosophischen Schule, dass sie sich um die drängenden Probleme kümmert, dass sie nicht in einem Elfenbeinturm zu sitzen scheint, sondern Kontakt hält zum wirklichen Leben; und es ist vielleicht auch deshalb die analytische Philosophie, die in den Diskussionen über die Menschenwürde, über das Klonen, über Terror oder anderes die Meinungsführerschaft besitzt. Sie scheint nicht abgehoben. Und doch fordert einer ihrer prominentesten Vertreter, Georg Meggle, die Gründung eines Elfenbeinturms, nämlich eines Instituts für praktische Ethik, und begründet diesen Vorschlag wie folgt: „Daß eine Wissenschaft der praktischen Ethik in unserer Republik nicht existiert, wäre dann nicht weiter schlimm, wenn der öffentliche Prozeß ethischen Deliberierens (= Beratschlagens) auch ohne sie befriedigend liefe. Das aber ist nicht der Fall." Und setzt in Klammern hinzu: „Und kann es vielleicht auch gar nicht sein: Denn wo sollten die Argumente und Methoden herkommen? Vom Himmel fallen sie selbst in der Ethik nicht."[6]

Doch! Sie fallen vom Himmel! Sie begegnen uns und werden gegeben! Man kann an diesem Abschnitt erkennen, wie wenig deutsche Universitätsphilosophen sich des Unterschieds von Philosophie und mathematischer Wissenschaft bewusst sind. Was Meggle fordert – und worin ja das Wesen der analytischen Philosophie besteht, von der Husserl gesagt hat, sie „enthauptet sozusagen die Philosophie"[5] –, ist die Mathematisierung der Philosophie: Sie soll, fern des Lebens, mit gemachten Begriffen arbeiten und die Algebra „bei der unumgänglichen Präzisierung der Zielvorstellungen" benutzen, damit es nicht länger bei der offenbar unerträglichen „Vagheit"[6] der Begriffe bleibt.

Solche Verkürzungen und Abkürzungen sind vor allem die algebraischen Symbole, die zu benutzen zuletzt Mode geworden ist. Aber algebraische Symbole sehen nicht nur aus wie Mathematik, sie sind es auch, es sind gemachte, nicht gegebene Begriffe und deshalb für die Philosophie gänzlich ungeeignet. Wer gegen die Vagheit der philosophischen Grundbegriffe angeht, weiß offenbar nicht, dass in den Geisteswissenschaften die „Vagheit der Begriffe, der Umstand, daß sie fließende Sphären der Anwendung haben, kein ihnen anzuheftender Makel"[7] ist und deshalb „alle Wissenschaften vom Lebendigen, gerade um streng zu bleiben, notwendig unexakt sein"[8] müssen. Eine gewisse Undeutlichkeit, Unschärfe und Vagheit gehört zum Wesen des Denkens. Nicht allein zum Wesen der Philosophie, sondern zum Denken eines jeden von uns. Viele Begriffe, und vor allem die wesentlichen Begriffe, lassen sich nicht definieren und müssen eine gewisse Unschärfe behalten. Die Philosophie ist die Kunst des unscharfen Denkens! Es ist das Wesen des Denkens – allen Denkens –, dass seine Genauigkeit nie-

Erkenntnis kann sich blitzartig vollziehen, aber nicht das Denken.

mals die Genauigkeit der Mathematik erreicht. Es war wahrscheinlich Kant, der zuerst den Unterschied zwischen gemachten und gegebenen Begriffen in aller Schärfe herausgearbeitet und gezeigt hat, dass die Philosophie sich um die gegebenen Begriffe kümmern sollte, nicht um die gemachten. Aber er selbst weicht von seinen Erkenntnissen ab, wenn er in seiner *Logik* die Moral ausnimmt und von ihr sagt, sie arbeite mit gemachten Begriffen: „In Sachen der Moral müssen immer Real-Definitionen gesucht werden, dahin muß alles unser Bestreben gerichtet sein. Real-Definitionen giebt es in der Mathematik, denn die Definition eines willkürlichen Begriffs ist immer real."[9]

Die merkwürdige Vorstellung, die Philosophie beginne von einem Nullpunkt, sie argumentiere voraussetzungslos, bestimmt wesentlich auch die ethische Diskussion unserer Tage, bei der eigentlich immer zuerst Tabula rasa gemacht wird, um sodann eigene Begriffe und Regeln zu installieren. Es werden einige abstrakte Bestimmungen aneinandergereiht, sodann wird aus ihnen ein wenig geschlussfolgert – man achtet ängstlich darauf, „rein rational" zu begründen wie weiland Christian Wolff, der ja auch nur „vernünftige Gedanken" äußern mochte –, und schon hat man ein Argument. Aber wir leben immer in einer Welt, und zu einer Welt gehört eine

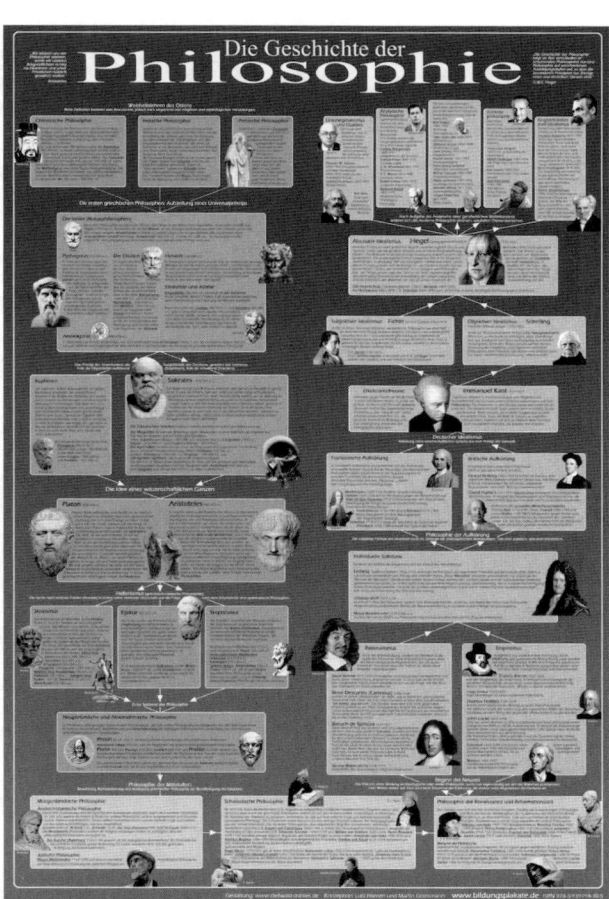
23

Sitte – also ein fragloser Kanon von Werten, Regeln, Bestimmungen: „Die sittliche Bestimmung besteht eben darin, unverrückt in dem fest zu beharren, was das Rechte ist, und sich alles Bewegens, Rüttelns und Zurückführens desselben zu enthalten."[3]

Das hört sich ziemlich konservativ an und ist es wohl auch. Wie wir alle wissen, besteht die Losung des Tages in unseren reformfreudigen Zeiten im genauen Gegenteil: Bewegung an sich wird gefordert, man soll sich also irgendwohin bewegen, auch wenn ein Ziel nicht zu erkennen ist, man soll sich verändern, man soll alles anders machen. Zum Beispiel ändert unsere Zeit die Rechtschreibung einfach nur deshalb, weil sie es anders machen will. Die Sitte dagegen besteht darin, es so zu machen, wie es immer gemacht wurde, und auch keinesfalls nach den Gründen zu fragen, warum man es so macht, wie man es macht: Man soll nicht zurückführen, so lautet ausdrücklich die Anweisung Hegels, der sich mit ungleich größerem Recht als unsere Zeitgenossen einen Philosophen nannte. Hegel übersetzt eine Stelle aus der *Antigone* – die zitierte Stelle entstammt seiner berühmten Interpretation des sophlokeischen Dramas –, welche die Sitte umschreibt:

*„nicht etwa jetzt und gestern, sondern immerdar
lebt es, und keiner weiß, von wannen es erschien."*[3]

Die ethische Diskussion unserer Tage besteht im genauen Gegenteil, sie akzeptiert keine Traditionen, kennt keine Sitte und hört nicht auf das Gegebene, sondern sie zieht sich zurück – idealerweise in ein Institut für praktische Ethik, das uns, wenn schon nicht die Weisheit, dann doch die Sparsamkeit unserer Politiker hoffentlich noch lange vorenthalten wird –, und dort führt sie zurück, indem sie sich „vernünftige Gedanken" ausdenkt.

Natürlich erschöpft sich die Moral nicht darin, der Sitte zu genügen und es so zu treiben, wie es unsere Vorväter schon getan haben. Moralisches Verhalten besteht in einem Mittleren zwischen Selbst- und Fremdbestimmung, zwischen moralischer Autonomie (Unabhängigkeit) und moralischer Heteronomie (Fremdbestimmtheit). Man handelt vielleicht der Sitte entsprechend, aber keinesfalls sittlich, wenn man sich allein und in furchtbarer Starrheit an das Überkommene hält, sondern diese Sittlichkeit muss ihr Gegengewicht in der Individualität eines Menschen finden, die ihm eigene Wege zu gehen erlaubt, ja diese Wege sogar erfordert.

Dass gemachte Regeln keine Moral begründen können, lässt sich besonders deutlich an der Scham erkennen. Gemachte Begriffe und Regeln können nämlich keinesfalls, wenn wir sie überschreiten, zu Schamgefühlen führen, sondern zu deren Voraussetzungen

der blaue reiter

zählt unsere moralische Fremdbestimmtheit: Wir schämen uns, weil wir die Gesetze der Moral nicht etwa aus uns selbst heraus gebären, sondern weil wir die überlieferten und überkommenen Regeln unserer Umgebung anerkennen und die Gesetze unserer Welt so weit verinnerlicht haben, dass deren Eigenwilligkeit, die einen Gegensatz zur Sitte bilden könnte, verschwunden ist. Hat man für sich selbst eigene, vielleicht gar sehr strenge Regeln aufgebaut (definiert) und übertritt diese, so ist die Folge davon keinesfalls Scham, sondern man ist nur böse auf sich selbst oder unzufrieden. Aber schämen wird man sich nicht, sondern nur (aber auch immer!) dann, wenn es verinnerlichte *fremde* Regeln sind.[10] Diese Regeln dürfen nicht abstrakt sein wie etwa die Paragrafen des Bürgerlichen Gesetzbuchs, sondern sie müssen dem vollen Leben entstammen: Es muss eine anschaulich erfahrbare und erfahrene Sitte sein, eine Moral, ein Ethos, etwas, in dem ein Gewissen wurzeln kann; ein Kanon von Regeln, denen wir täglich Respekt zollen und die wir deshalb zu unseren eigenen erklärt haben. „Das Moralische versteht sich von selbst", hat Friedrich Theodor Vischer in seinem Roman *Auch Einer* geschrieben, und dieser Satz bezieht sich auf die moralische Lebenswelt, der wir entstammen, auf Sitte und Ethos. Wir haben uns an die Sitte gewöhnt und wohnen nun gewissermaßen in ihr, und deshalb können wir uns nicht von ihr als einem Teil unseres Selbst trennen, können uns sogar nur schwer vorstellen, zukünftig anderen Regeln zu gehorchen, und brauchen, so man uns in älteren Jahren verpflanzt, meist lange Zeit, um eine neue Moral zu akzeptieren. Oft auch gelingt es nie. Hegel sprach deshalb im Paragrafen 151 seiner *Rechtsphilosophie* davon, dass das Sittliche mit den Menschen identisch sei, es erscheine „als die allgemeine Handlungsweise derselben, als Sitte, – die Gewohnheit desselben als eine zweite Natur, die an die Stelle des ersten bloß natürlichen Willens gesetzt und die durchdringende Seele, Bedeutung und Wirklichkeit ihres Daseins ist, der als eine Welt lebendige und vorhandene Geist, dessen Substanz so erst als Geist ist".[11]

> *Philosophie ist die Kunst des langsamen Denkens.*

> *Die Philosophie ist die Kunst des unscharfen Denkens!*

Stefan Diebitz ist freier Autor. Zuletzt erschien von ihm das Buch *Glanz und Elend der Philosophie* (omega verlag, Stuttgart 2007).

3. Hegel, Georg Wilhelm Friedrich: Phänomenologie des Geistes. Nach dem Text der Originalausgabe herausgegeben von Johannes Hoffmeister. Hamburg 1952, Seite 79; Seite 27; Seite 311

4. Meggle, Georg: Terror & Gegen-Terror. Erste ethische Reflexionen. In: Deutsche Zeitschrift für Philosophie. Heft 50, 2002, Seite 149–162, Seite 151. Vergleiche vom selben Autor: Terror und der Krieg gegen ihn. Meine Zwischenbilanz. In: Dialektik. Zeitschrift für Kulturphilosophie. 2003, Seite 95–112

5. Husserl, Edmund: Die Krisis der europäischen Wissenschaften und die transzendentale Phänomenologie. Eine Einleitung in die phänomenologische Philosophie. Herausgegeben, eingeleitet und mit Registern versehen von Elisabeth Ströker. Hamburg 1977, Seite 46; Seite 64; Seite 8

6. Fehige, Christoph; Meggle, Georg: Gut, besser, Praktische Ethik. In: Universitas. Band 11, 1989, Seite 1093–1102, Seite 1097; Seite 1093

7. Husserl, Edmund: Ideen zu einer reinen Phänomenologie und phänomenologischen Philosophie. Erstes Buch: Allgemeine Einführung in die reine Phänomenologie. Herausgeben von Karl Schuhmann. In: Husserliana. Band III/1. Den Haag 1976, Seite 155

8. Heidegger, Martin: Die Zeit des Weltbildes. In: Holzwege. Frankfurt am Main 1960, Seite 73–110, Seite 73

9. Kant, Immanuel: Logik. Ein Handbuch zu Vorlesungen. In: Werke. Akademie-Ausgabe, Band 9. Berlin 1923, Seite 3–155, Seite 144. Kant nennt eine Real-Definition, was wir eine Nominaldefinition nennen.

10. Vergleiche Diebitz, Stefan: Seelenkleid. Beiträge zu Phänomenologie und Theorie von Angst und Scham. Münster 2005, Seite 161 f.

11. Hegel, Georg Wilhelm Friedrich: Grundlinien der Philosophie des Rechts oder Naturrecht und Staatswissenschaft im Grundrisse. Stuttgart 1938, Seite 233

25

Anmerkungen:

1. Kant, Immanuel: Untersuchung über die Deutlichkeit der Grundsätze der natürlichen Theologie und der Moral. In: Werke. Akademie-Ausgabe, Band 2. Berlin 1900, Seite 273–301, Seite 276; Seite 291 f.; Seite 292 f.

2. Hartmann, Nicolai: Gründzüge einer Metaphysik der Erkenntnis. Berlin 1965, Seite 8

Zur Vertiefung empfohlen:

– Diebitz, Stefan: Glanz und Elend der Philosophie. omega verlag, Stuttgart 2007

Wilhelm Schmid

Philosophie als Lebenskunst

Die Sorge um das Selbst

Was hat Philosophie mit Lebenskunst zu tun? In der Tat, so weit ist es gekommen, dass man diese Frage stellen muss. Wer Philosophie studiert, um mit ihrer Hilfe Lebensfragen für sich zu klären, dem kann es passieren, dass er aufgefordert wird, „mal eine Psychotherapie zu machen". Dabei stammt der Begriff der Lebenskunst aus der antiken Philosophie, ist also von vornherein philosophisch: griechisch *téchne tou bíou*, *téchne perì bion*, lateinisch *ars vitae*, *ars vivendi*.

Das Anliegen der Philosophie

Die Philosophie selbst trägt die Verantwortung dafür, dass sie eines ihrer vornehmsten Gebiete aus den Augen verloren hat. Dies geschah im Gefolge der Konzeption der Epoche namens Moderne durch diejenigen Philosophen, die Aufklärer waren: Mithilfe von Wissenschaft, Technik und freier Wirtschaft sollte die Moderne die kleinen und großen Lebensprobleme lösen und das „größte Glück für die größte Anzahl" realisieren; die Philosophie fand ihre Aufgabe fortan darin, den Wissenschaften theoretisch zuzuarbeiten. Wo alle Lebensprobleme gelöst sind, ist eine Lebenskunst überflüssig. Es scheint jedoch, dass das Kalkül nicht gänzlich aufgegangen ist, und der Optimismus, dass es jemals aufgehen wird, ist geschwunden. Konsequenterweise kommt es zur Rückkehr der Lebenskunst.

Philosophie meint zunächst nichts anderes als ein Innehalten und Nachdenken – das ist eine bescheidene Definition, aber Philosophie beginnt seit jeher mit diesem Moment. Sie ist die Eröffnung eines geistigen Raums, innerhalb dessen Lebensfragen gestellt und erörtert werden können, ohne dass es hierfür eines pathologischen Hintergrunds bedürfte. Wer Fragen an das Leben hat, ist nicht notwendigerweise krank, auch nicht „gestört", und nicht unbedingt therapiebedürftig. Aber was für eine Art von Lebenshilfe bietet die Philosophie?

Dass der Philosoph im Krankenhaus ein säkularer Seelsorger ist, mag fragwürdig erscheinen, aber der christlichen Seelsorge ging nun mal schon bei Sokrates und Platon die „Sorge um die Seele" (*epiméleia tes psyches*) voraus, die unter modernen Bedingungen wiederzuentdecken ist. Mit der vielleicht einzigen Differenz zur theologischen Seelsorge, dass die Philosophie lediglich mit Ideen arbeitet, während die Theologie auch in Bildern und Geschichten sprechen kann. Entscheidend sind die Gespräche, dieses *gemeinsame* Innehalten und Nachdenken, wie es abstrakt in Büchern geschieht. Im Krankenhaus sind es konkrete Gespräche, von Person zu Person, im Grunde mit jedem: Im Unterschied zum therapeutischen Gespräch also nicht nur mit Patienten und nicht nur aus Anlass eines sich stellenden Problems, auch nicht zielführend im Hinblick auf eine zu findende Lösung, sondern als Versuch, das je eigene Denken zu formulieren, alte Ideen zu überprüfen und neue Anregungen aufzunehmen. Was viele suchen, ist das Gespräch über das Leben, um

> „Wozu also lebst du, wenn du dich nicht darum sorgst, schön zu leben?"
>
> Diogenes

sich über sich klarer zu werden. Das Gespräch wird zum Lebensgespräch und betrifft alles, was eine Rolle für das Leben spielt. Beide Seiten kommen zu Einsichten und auf neue Gedanken, beide können gleichermaßen lernen in diesem Lebensgespräch. Wichtig ist, dem Gegenüber die Möglichkeit zu bieten, sich in Bezug auf das, was ist und was möglich ist, neu zu orientieren und eine tragfähige Lebenswahrheit für sich zu gewinnen. Dazu dient die philosophische Frage: „Was ist das eigentlich?" Dazu dient es, Ideen zu klären, etwa die, die ein Mensch vom „Leben", vom „Glück", vom „Sinn" hat, um klarer zu sehen, was sie beinhalten, sie sodann beizubehalten oder zu verändern und nach ihrer Umsetzung in die Praxis zu fragen. Wie die Erfahrung zeigt, kann das bloße Gespräch schon hilfreich sein. Das Selbst erfährt im Gespräch die Aufmerksamkeit, die ihm fehlte, die Zuwendung, die es entbehrte. Die bloße Aufmerksamkeit eines Anderen kann die Kräfte eines Menschen in außerordentlichem Maße aktivieren. Beflügelt hierdurch, wird das Gespräch zum Anlass für eine neue Selbstaufmerksamkeit. So wird es zum Ereignis, in dem ein Selbst sich von selbst wieder findet.

Das philosophische Gespräch ist seit der Zeit des Sokrates ein maieutisches Verfahren, das heißt Geburtshilfe: Dem Anderen wird dazu verholfen, seine Gedanken zu gebären. Denn nur diese Gedanken wird

---

Stoa
Richtung der griechisch-römischen Philosophie (ca. 300 v. Chr. – ca. 200 n. Chr.), benannt nach ihrem ursprünglichen Versammlungsort, einer Säulenhalle (griechisch: stoa) in Athen. Für die Stoiker war Freiheit nur in völliger Unabhängigkeit von äußeren Ursachen zu erlangen. Als weise galt derjenige, welcher durch seine Vernunft alle Leidenschaften und Triebe beherrscht.

er als seine eigenen anerkennen, und das ist wesentlich für die Lebenskunst, denn nur den eigenen Einsichten wird ein Mensch, wenn überhaupt, auch folgen. Philosophie der Lebenskunst meint das Innehalten und Nachdenken über die Grundlagen und möglichen Formen eines bewusst geführten Lebens, und dieses „bewusst geführte Leben", das ist Lebenskunst. Was darunter zu verstehen ist, war in der Tradition oft sehr genau festgelegt, vor allem in der stoischen Philosophie (siehe Erläuterung): Man hatte leidenschaftslos und unantastbar zu sein, eben „stoisch". Unter Bedingungen moderner Freiheit wird aber vieles im Leben zu einer Frage der Wahl, daher verfährt die erneuerte Philosophie der Lebenskunst optativ: Optionen, Möglichkeiten eröffnend, sie vor den Augen des Individuums ausbreitend, auch für und gegen die unterschiedlichen Optionen im Gespräch argumentierend, ohne jeden Anspruch auf alleinige Wahrheit oder gar Vollständigkeit, um letztlich eine überlegte eigene Wahl zu ermöglichen; nicht jedoch Normen vorschreibend, neue Verbindlichkeiten schaffend. Zu den Bedingungen moderner Freiheit gehört die Notwendigkeit der Selbstsorge und Selbstverantwortung des jeweiligen Individuums. Die Philosophie kann gleichwohl eine Reihe von konkreten Vorschlägen machen, die zur Gestaltung des Lebens und zum Gewinn von Selbstmächtigkeit dienen können, immer ausgehend von der Frage: Was ist grundlegend für das Leben, welche Möglichkeiten des Umgangs damit gibt es? Offenkundig hat menschliches Leben immer mit Gewohnheiten, Lüsten, Schmerzen und Tod zu tun sowie mit Fragen des Umgangs damit. Und vorweg mit dem Selbst selbst.

Grundlegend für die Lebenskunst: Das Selbst – oder das Wir?

Auffällig häufig ist in der philosophischen Lebenskunst vom Einzelnen, vom Selbst, vom „Ich" die Rede. Ein Schlüsselproblem unserer Zeit scheint allerdings darin zu liegen, dass dieses „Ich", das von der Zeit der Moderne freigesetzt wurde, gar keine Selbstbeziehung gewinnt oder sie stets aufs Neue verfehlt, und dies nach zwei Seiten hin: als Selbstverlust, der keine gewählte, souveräne Selbstlosigkeit ist, und als Selbstsucht, die keine gewählte, souveräne Selbstbeziehung ist. Daher geht es in der Lebenskunst zuallererst um die Beziehung des Einzelnen zu sich selbst. Deren Verfehlung würde zur Folge haben, dass auch die Beziehungen zu anderen nicht mehr zustande kommen. Lebenskunst ist die Sorge um ein maßvolles Selbstverhältnis, das in der Lage ist, das Selbst zu festigen und zu anderen hin zu öffnen.

Die grundlegende Aufgabe der Selbstbeziehung ist die Begründung eines „Wir" – zunächst jedoch nicht in der Beziehung zu anderen, sondern innerhalb des Individuums selbst. Denn ein „Ungeteiltes", wie das Wort glauben macht, ist das Individuum schon lange nicht mehr, daher die Arbeit am Wir im Selbst. Insofern das Ich selbst bereits eine Vielheit ist, finden sich in ihm alle Fragen und Probleme einer Gemeinschaft

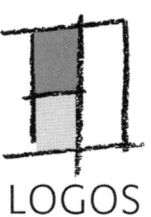

27

und Gesellschaft, die der Integration in einer Art von Wir bedürfen, einer Selbstbefreundung, um das Leben und Zusammenleben mit sich zu ermöglichen. Die kunstvolle Gestaltung des Selbst und seiner Existenz setzt mit der Gestaltung der inneren Bindungen und Beziehungen ein, und das ist die eigentliche Herausforderung. Damit gibt das Selbst sich selbst Struktur und Form und macht sich und sein Leben zum Kunstwerk. Mit dem Zustandekommen des inneren Wir wird die Arbeit an einem äußeren Wir neu begründet. Erst auf der Grundlage einer Einsicht in dessen Bedeutung wächst die Bereitschaft zu seiner Herstellung und Pflege. Zwar lässt sich weiterhin behaupten, der Mensch sei nun mal „von Natur aus" ein soziales Wesen, aber dies kann in moderner Zeit negiert, ignoriert

Lebenskunst heißt, sein Leben bewusst zu führen.

und destruiert werden, alle Beschwörungen ändern daran nichts. Das Zerbrechen von Gemeinschaft geschieht überall dort, wo Individuen Gründe dafür sehen, sich aktiv von Bindungen und Beziehungen zu befreien oder sie passiv durch mangelnde Pflege schwinden zu lassen.

Der Anfang für eine neues, inneres und äußeres Wir ist die Selbstbeziehung. Denn nicht über andere, nur über sich kann das Individuum im Zweifelsfall selbst verfügen. Aus guten Gründen galt in der antiken Philosophie das Erlernen des Umgangs mit sich selbst als Grundlage für den Umgang mit anderen: Denn nur der, der den Umgang mit sich selbst zu gestalten weiß, wird ein umgänglicher Mensch auch für andere. Im selben Maße, in dem ein Selbst die Beziehung zu sich gestaltet, wird es fähig zur freien Gestaltung der Beziehung zu anderen, und darum geht es bei der Arbeit an sich selbst, soll sie nicht bloßer Selbstzweck bleiben. Man sollte sich davon lösen, dies für unverantwortlichen Egoismus zu halten. Dass eine sinnvolle Selbstbeziehung entsteht, ist der Kern aller denkbaren Weitungen des inneren „Wir" zum Paar, zur Familie, zum Freundeskreis, zur sozialen Gruppierung, zur Gesellschaft, zur Menschheit, zur Wesenheit.

Die Kenntnis des gegebenen Selbst ist die Voraussetzung für die Selbstgestaltung, eine Arbeit an sich, die dem Selbst eine innere Festigkeit, eine „Integrität" gibt. Was das Selbst „eigentlich" ist: Diese Frage muss offenbleiben. Es sind sieben Eckpunkte, die diesen inneren Kern bestimmen, und nur das Selbst kann sie für sich definieren:

1. Die wichtigsten Beziehungen der Liebe und der Freundschaft.

2. Die wenigen Erfahrungen, die fester Bestandteil des Selbst bleiben sollen.

3. Die Idee, der Traum, der Glaube, der besondere Weg und vielleicht das (selbst-)bestimmte Ziel des Lebens; die Sehnsucht, aus der das Selbst fast allein bestehen kann.

4. Die bestimmten Werte, die besonders geschätzt werden sollen.

5. Die bestimmten Charakterzüge und Gewohnheiten, die sorgsam zu pflegen sind.

6. Auch die spezifische Angst, die Verletzung, das Trauma, wodurch das Selbst sich im Kern definiert.

7. Vor allem aber „das Schöne", an dem das Selbst sich orientieren kann: Wie immer es individuell und inhaltlich definiert wird, allgemein und formal kann es als Bejahenswertes gelten, als das, wozu das Selbst Ja sagen kann, auch bezogen auf sich und die eigene Gestalt. Schön ist etwas, das Sinn ergibt, eine Arbeit, eine Lust, ein Schmerz, ein Gedanke – all das, was besonders bejaht und somit zur Quelle des Lebens wird, die es ermöglicht, mühelos auch größte Schwierigkeiten zu bewältigen.

Konkrete Möglichkeiten der Lebenskunst

Von Bedeutung sind die Gewohnheiten: Sie sind nicht etwa nebensächlich, denn ein großer Teil unseres Lebens spielt sich in Gewohnheiten ab, und das kann wohl auch kaum anders sein, denn sonst hätten wir in jeder Minute Entscheidungen darüber zu treffen, was wir tun sollen. Die regelmäßige Wiederholung und die Dauerhaftigkeit des immer gleichen Vollzugs (eine Geste zu machen, eine Handlung auszuführen, eine Perspektive einzunehmen, einen bestimmten Gedanken zu denken ...) dienen dazu, etwas zur Gewohnheit werden zu lassen, sodass es sich von selbst versteht und ohne Mühe, ohne weiteres Nachdenken abläuft und in der Zeit verankert wird. Aufgrund von Wiederholung und Regelmäßigkeit der Ausübung bringt die Gewohnheit eine Entlastung von der Wahl mit sich. Aus dem Prozess der Gewöhnung geht zudem jene Vertrautheit mit einer Umgebung hervor, die man im engeren, unmittelbaren und im weiteren, übertragenen Sinne Wohnung nennen kann. Das Leben kann sich einrichten, wenn Gewohnheiten für Vertrautheit sorgen. Die innige Verflochtenheit von Gewohnheit und Wohnung charakterisiert den Raum, der bewohnt wird. Bei jedem Wechsel einer Wohnung, bei jedem Verlust eines persönlichen Umgangs, bei jeder Auflösung einer Beziehung ist das eigentliche Problem die Entwöhnung von Gewohnheiten.

Eudaimonia heißt dem Wortsinn nach, einen „guten Dämon" in sich zu haben – „Dämon" verstanden als Mittler zwischen Gott und Mensch, wobei mit Gott kein personaler Gott, sondern eher ein kosmisches Prinzip gemeint ist. Man wählt dieses „Glück", indem man diesem Prinzip in sich selbst Raum gibt, sein Leben also durchdringen lässt von einer Kraft, die umfassender ist als die des Individuums selbst. Eine Wohlgestimmtheit, eine abgründige Heiterkeit ist damit verbunden – abgründig, da sie nicht nur im Angenehmen und Positiven gründet.

Mit **beatitudo** ist etwa bei Seneca (ca. 4 v. Chr. – 65 n. Chr.) ein erfülltes Leben gemeint, das nicht mit dem Zufallsglück (**fortuna**) zu verwechseln ist und auch nicht unbedingt die Höhe des göttlichen Glücks (**felicitas**) erreichen muss. Der wahre Genuss dieses erfüllten Lebens ist Muße, „Otium", denn es bedeutet, sich um das Wachstum der eigenen Seele zu kümmern und daran zu arbeiten. Wer sich dessen befleißigt, hat zum Lebensneid, zum Ressentiment anderen gegenüber, keinen Anlass mehr.

Grundlegend und eine Herausforderung für das Leben und somit für die Lebenskunst ist der Umgang mit Lüsten: Wenn Lebenskunst auch der Sorge bedarf, so doch ebenso der Sorglosigkeit, wie sie der Genuss der Lüste verspricht, die genießerische Form der Existenz, die ohnehin im Begriff der Lebenskunst immer vermutet, hier aber optionalisiert wird. Gegenüber der Anspannung der Sorge, der ängstlichen wie auch der klugen Sorge, bürgt der Genuss für die erforderliche Entspannung, nicht um die Sorge völlig aufzuheben, sondern um sie erneut zu ermöglichen – ein Wechselspiel von Lust und Sorge. Das Kalkül beim bewussten Gebrauch der Lüste zielt darauf, sie im Maß zu halten. Die vorsätzliche Begrenzung der Lüste hält die Sehnsucht nach ihrem Genuss wach, denn Sehnsucht gilt nur einem Gut, das nicht beliebig verfügbar ist. Das richtige Maß ist dabei nicht von vornherein festgelegt, es kann gelegentlich auch der Exzess damit gemeint sein, etwa um sich allzu starr gewordener Gewohnheiten wieder zu entledigen. Vieles liegt an der wählerischen Haltung im Umgang mit den Lüsten, um selbst darüber zu befinden, welche Lust wann, wie lange, mit wem, in welcher Situation, in welchem Maße und bis zu welchem Punkt zu gebrauchen ist. Die Lebenskunst kann auch in einer Vervielfältigung der Lüste bestehen, um ihr Potenzial voll auszuschöpfen. Die Fülle der Lüste und der gekonnte Umgang mit ihnen ermöglicht ein Wohlfühlglück, ein Wohlgefühl in einzelnen Momenten. Es wäre allerdings überfordert, wenn ihm Dauerhaftigkeit abverlangt würde.

Neben den Lüsten sind es die Schmerzen, die von Bedeutung für das Leben und die Lebenskunst sind. Der Umgang mit Schmerzen zeigt vielleicht am deutlichsten, was die Rede vom „Optativen" meint. Keine Frage, dass es eine Schwelle der Erträglichkeit von Schmerz für jedes Individuum gibt, aber nicht jeder Schmerz muss geflohen, nicht jeder noch so kleine somatische Schmerz betäubt, nicht jedes psychische Leid schon im Ansatz erstickt werden. Medizin und Schmerztherapie verfügen zwar über ein ganzes Spektrum an Möglichkeiten, auf Schmerzen zu antworten, die aber nicht alle dem Konzept der Intervention folgen müssen, wonach Schmerzen zu bekämpfen und nach Möglichkeit aufzuheben sind; sie können vielmehr, wo immer dies möglich ist, dem alternativen Konzept der Integration folgen, wonach Schmerzen ebenso wie Lüste ins Leben aufzunehmen und der Integrität des Selbst einzugliedern sind. Was ist der Sinn von Schmerzen? Der Schmerz scheint das Eigenste zu sein, dessen das Selbst fähig ist, denn es ist *sein* Schmerz, sein Eigentum – ein Eigentum, das niemand sonst haben will, das einzige Eigentum, das keinen Neid auf sich zieht. Wie die Lust ist der Schmerz zu einer unerhörten Intensität in der Lage, aber im Unterschied zu ihr trifft er die Existenz tatsächlich in ihrem Kern, dort nämlich, wo sie von Auslöschung bedroht ist. So sorgt der Schmerz für die größte Intimität des Selbst mit sich selbst. Diejenigen,

Menschen folgen nur den eigenen Einsichten.

die durch den Schmerz gegangen sind, wollen gerade diese Erfahrung nicht missen, die ihnen das Leben auf neue Weise erschlossen hat. Der Schmerz zwingt die Sorge herbei, die das Selbst wieder auf den Weg zu bringen vermag. Er lässt nicht nach und lässt keine Gewöhnung zu, die das Selbst darüber hinwegtäuschen könnte, dass seine Sorge nun existenziell vonnöten ist. Der Schmerz erinnert uns auch frühzeitig an den Tod, den wir vielleicht aus unserem Leben, wenngleich vergebens, auszuklammern versuchen. Findet der Schmerz, das „Negative" überhaupt, noch in der eigenen Idee des Lebens Platz, dann ist ein dauerhaftes, umfassendes Glück möglich: das Glück der Fülle.

Die Begrenztheit des Lebens

Aber soll das nun die neue Norm sein: Sich und das Leben gestalten zu *müssen*? Keineswegs, auch dies obliegt grundsätzlich einer Wahl. Es gibt lediglich ein gutes Argument dafür: Die Begrenztheit des Lebens ist das finale Argument dafür, das eigene Leben nicht im bloßen Möglichkeitsfeld zu belassen, sondern als Element seiner Gestaltung die Auswahl einiger Möglichkeiten zu verstehen, deren Realisierung alle Energie gewidmet wird, mit Bezug auf jene Möglichkeit des Lebens, die der Tod ist, dem man offenkundig nicht entkommen kann, sodass der Umgang mit ihm grundlegend für das Leben ist. Tod bedeutet nicht zwangsläufig, dass

29

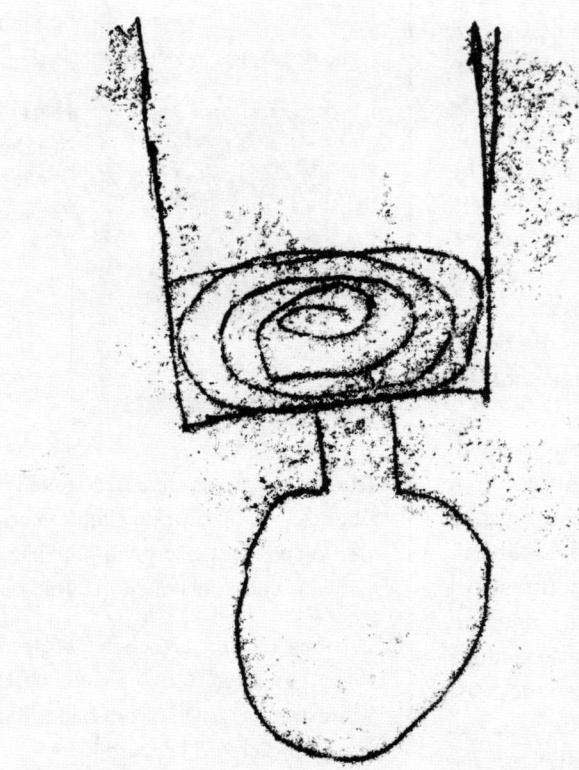

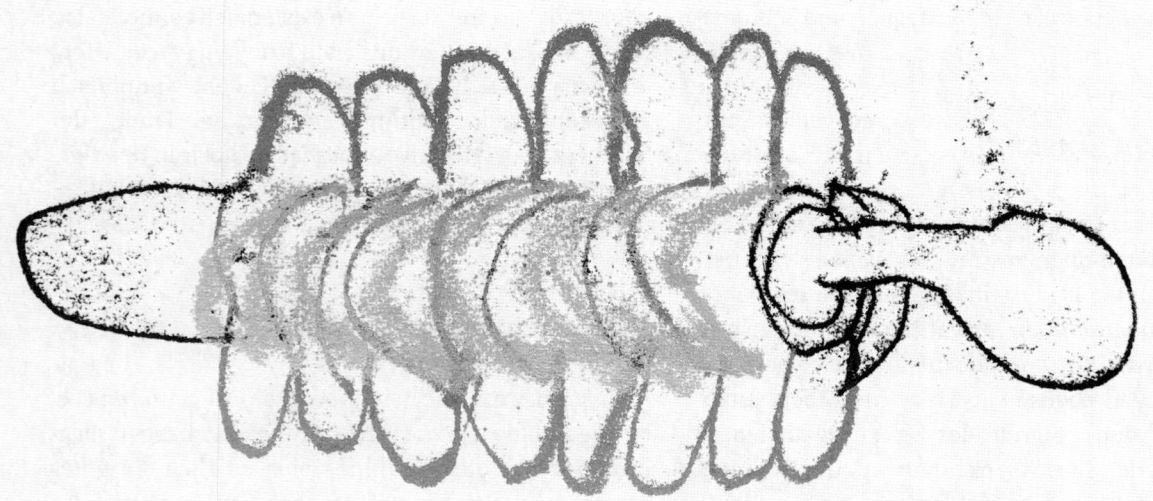

das Leben überhaupt, sondern dass es in dieser Form zu Ende ist. Der Tod ist eine Grenze, und die philosophische Lebenskunst gründet im Bewusstsein von der Begrenztheit des Lebens. Man kann sogar sagen, dass dem Tod die Begrenzung des Lebens zu verdanken ist, denn wenn es diese Grenze nicht gäbe, könnte das Leben in der Tat als gleichgültig erscheinen. Gäbe es den Tod nicht, müsste man ihn wohl erfinden, um nicht ein unsterblich langweiliges Leben zu führen, denn es gäbe keinen Grund, sich um ein schönes und erfülltes Leben zu sorgen. Der Tod als Grenze des Lebens fordert dazu auf, zu leben und auf erfüllte Weise zu leben. Die Grenze gibt dem Leben, unabhängig von den Formen, in denen es gelebt wird, die existenzielle Form, die es überhaupt Leben sein lässt.

Die Suche nach dem schönen Leben

Grundlegend für die Lebenskunst ist zuletzt jedoch, dem Leben ein Ziel und auf diese Weise Sinn zu geben. Erneut hat das Selbst für sich selbst eine Wahl zu treffen. Ein Vorschlag hierfür: In der antiken Philosophie wurde das Ziel der Lebenskunst gerne als das Schöne bezeichnet; ein ebenso faszinierender wie zerfließender Begriff. Sagte jemand, er tauge nicht zur Philosophie, erhielt er von Diogenes (der in der Tonne lebte) umgehend zur Antwort: „Wozu also lebst du, wenn du dich nicht darum sorgst, schön zu leben?" In der Tat ist es fraglich, ob ein Leben ohne Orientierung am Schönen überhaupt möglich ist. Daher erscheint es sinnvoll, „das Schöne" zu rehabilitieren und zugleich neu zu definieren, um dem Begriff einen fassbaren Inhalt zu geben: Schön ist das, was als bejahenswert erscheint. Als bejahenswert erscheint es in einer individuellen Perspektive, die keine Allgemeingültigkeit beanspruchen kann. Das Schöne sollte aber nicht zu einem ästhetizistischen Missverständnis führen: Bejahenswert kann keineswegs nur das Angenehme, Lustvolle, „Positive" sein, sondern ebenso das Unangenehme, Schmerzliche, „Negative" – weil es die tiefere Erfahrung sein kann, die weiterbringt. Das Schöne umfasst auch das Misslingen – entscheidend ist, ob das Leben insgesamt als bejahenswert erscheint.

Schön ist das, wozu das Individuum Ja sagen kann. Vor diesem Hintergrund kann der grundlegende Imperativ (Sollenssatz) der Lebenskunst formuliert werden, der jeden einzelnen Schritt des Individuums in den Horizont der Gesamtheit der Existenz stellt und nur vom Individuum selbst in Kraft gesetzt werden kann, ein einfach erscheinender existenzieller Imperativ: Gestalte dein Leben so, dass es bejahenswert ist. Das stellt den Prüfstein dar, an dem das eigene Leben immer wieder gemessen und beurteilt werden kann. Sollte das Leben so, wie es gelebt wird, nicht bejahenswert sein, dann wäre es zu ändern. Das schöne Leben ist auch politisch zum Argument zu wenden, um an gesellschaftlichen Verhältnissen zu arbeiten, die bejahenswerter sein könnten als die gegenwärtigen, und die im Gegenzug wiederum eine bejahenswertere Existenz ermöglichen würden. In keiner Weise ist mit der Rede von Bejahenswertem schon eine Aussage darüber gemacht, ob das Bestehende auch das Bejahenswerte ist.

So kann Lebenskunst tatsächlich heißen, sich ein schönes Leben zu machen, im Sinne von: das Leben bejahenswerter zu machen, und hierzu eine Arbeit an sich selbst, am eigenen Leben, am Leben mit Anderen und an den Verhältnissen, die dieses Leben bedingen, zu leisten. Jedenfalls meint das schöne Leben nicht das Wohlfühlglück allein, meist als angenehmer Dauerzustand vorgestellt, voller Lust, ohne Schmerz – ein Zustand, den die meisten nicht erreichen und darob unglücklich sind, während die, die ihn erreichen, auch nicht zu beneiden sind: Ihnen wird langweilig. Es war der Utilitarismus, der das „Glück" für die Moderne als Maximierung von Lust und Eliminierung von Schmerz definierte. Wenn für das schöne Leben der Begriff des Glücks eine Rolle spielt, dann eher der wiedergewonnene eines Glücks der Fülle, zurückzubeziehen auf die aristotelische und epikureische *eudaimonia* sowie die stoische *beatitudo* (siehe Erläuterung): Es beruht auf der Selbstaneignung und Selbstmächtigkeit des Individuums, das sein Leben bewusst führt. Es handelt sich nicht unbedingt um das, was man ein leichtes Leben nennt, eher um eines, das voller Schwierigkeiten ist, die zu bewältigen sind, voller Widerstände, Komplikationen, Entbehrungen, Konflikte, die ausgefochten oder ausgehalten werden – all das, was gemeinhin nicht zum Glücklichsein zählt. Ein Leben auch, das möglicherweise über seine Endlichkeit hinaus zu einer Transzendenz hin geöffnet ist. Dazu zu befähigen, das Leben unter Abwägung all der grundlegenden Aspekte richtig zu führen, ist das Anliegen einer philosophischen Lebenskunst.

Zu den Bedingungen moderner Freiheit gehört die Notwendigkeit der Selbstsorge.

31

Wilhelm Schmid ist außerplanmäßiger Professor für Philosophie. Er lebt als freier Philosoph in Berlin und lehrt an der Universität Erfurt. Zehn Jahre lang arbeitete er regelmäßig als philosophischer Seelsorger an einem Krankenhaus in der Schweiz. www.lebenskunstphilosophie.de

Zur Vertiefung empfohlen:

– Schmid, Wilhelm: Glück – Alles, was Sie darüber wissen müssen und warum es nicht das Wichtigste im Leben ist. Insel Verlag, Frankfurt am Main 2007
– Schmid, Wilhelm: Die Fülle des Lebens. 100 Fragmente des Glücks. Insel Taschenbuch, Frankfurt am Main 2006
– Schmid, Wilhelm: Die Kunst der Balance. 100 Facetten der Lebenskunst. Insel Taschenbuch, Frankfurt am Main 2005
– Schmid, Wilhelm: Mit sich selbst befreundet sein. Von der Lebenskunst im Umgang mit sich selbst. Suhrkamp Verlag, Reihe Bibliothek der Lebenskunst, Frankfurt am Main 2004

Robert Menasse

Hegels Gans
oder: Das Schmecken der Welt

Eine Anekdote über den Nutzen der Philosophie

Eines frühen Abends verließ Georg Wilhelm Friedrich Hegel sein Haus in Jena, hörte aus nahem Unterholz ein Rascheln und schweren Flügelschlag – eine Eule hatte ihren Flug begonnen. Man schrieb das Jahr 1806, Hegel befand sich im siebenunddreißigsten Lebensjahr. Er ging in die Hegelstraße 37 in das Restaurant Hegel und bestellte einen Schoppen Hegelwein. Ja, dachte er, die Welt ist mit sich identisch!

Die Wirtin, Frau Koch, fragte, ob er zu speisen wünsche. Die Eule der Minerva fliege, sagte Hegel, und er wünsche eine gebratene Taube.

Sie wisse nicht, wer diese Frau Minerva sei, sagte Frau Koch, aber wenn in ihrer Wirtschaft das Geflügel herumfliege, könne man wohl kaum von einer gepflegten Küche sprechen. Außerdem verbitte sie sich jede Anzüglichkeit (jedermann wusste, dass sie von ihrem Mann „mein Täubchen" genannt wurde). Versöhnlich, um sich kein Geschäft zu verderben, fügte sie hinzu: „Das Pferdefleisch ist sehr zu empfehlen, geschmort, mit einem Kloß."

Pferdefleisch, sagte Hegel, komme nicht in Frage, er habe an diesem Tag den Weltgeist zu Pferde gesehen, und einen Kloß habe er nun im Halse. Aber mit einer Taube und etwas französischem Weißbrot beginne der innere Friede und der Geschmack der Freiheit. „Der Geschmack der Freiheit", sagte die Wirtin, „so, so." „Und wie schaut sie aus, die Freiheit? Sieht sie

nicht jeder anders? Und wie riecht die Freiheit? Und wie greift sie sich an, Ihre Freiheit? Und wie tönt sie, Ihre unerhörte Freiheit? Sie wissen nur, wie sie schmeckt, Professor? Der Hungerleider spürt sie am Gaumen, der Taube hört die Fanfaren, der Blinde sieht die Zukunft, und wer nicht zupacken und greifen kann, der stellt sie sich als schöne junge Frau vor, schmecks!", sagte Frau Koch, „Ihre Freiheit ist eine Sättigungsbeilage für jene, die ihre fünf Sinne nicht beisammen haben!"

Hegel wurde blass. Natürlich war das Unsinn. Eine Raserei des Hausverstands, wie er es gerne nannte, noch ärger: Wirtshausverstand. Aber –

„Wollen Sie eine Roulade?", fragte Frau Koch, „eine Rinderroulade? Wird Ihnen gut tun, die Welt ist rund und verwickelt, Professor. Sie wird Ihnen schmecken, das sagt mir mein sechster Sinn!"

Hegel zuckte zusammen. Fünf. Sechs! Das konnte nicht sein. Er hatte die Welt erklärt, er hatte sein Hauptwerk, die *Phänomenologie*, abgeschlossen, die eindeutig zeigte, dass alles in der Welt im Dreischritt funktionierte, dass sich jedes Phänomen auf eines von dreien zurückführen ließ, dass alles sich zu einem zweiten in Beziehung setzte und ein drittes gebar, das wiederum nur ein Drittel war, genauso wie er, der Professor Hegel, nun in der Hegelstraße im Restaurant Hegel saß, und auch wenn Straße und Lokalität in Wirklichkeit erst später diesen Namen tragen sollten, so konnte es doch keinen Zweifel geben, dass in Wahrheit das Leben die fixe Idee hatte, diese Identität herzustellen; Wirklichkeit war eines, Wahrheit etwas anderes, die Identität erst das Dritte. Wie sehr er auch alles drehte und wendete, es war alles Mögliche, aber wirklich war nur die Zahl Drei. Und da stand nun diese Wirtin mit ihren zwei prallen Brüsten und höhnte, dass es fünf Sinne gebe, womöglich einen sechsten. Eine Bedrohung aus Zwei, eine Identität aus fünf, ein Ganzes aus sechs? Vielleicht zwei Mal drei? „Eine Feder! Bringen Sie mir eine Feder!", rief er.

„Nur die Feder, oder auch die Gans dazu?"

„Eine Feder! Und noch etwas Hegelwein! Dann meinetwegen die Gans!"

Eine Stunde später hatte er die Arbeit vollbracht: den Nachweis, dass der Mensch nur drei Sinne habe, nur drei. Riechen und schmecken seien eins, sinnig und sinnvoll nur ein Sinn, so wie die beiden Brüste der Wirtin: ein Busen, auch wenn er zwei Funktionen habe, als Milchdrüse und als sekundäres Geschlechtsorgan. Und der Tastsinn sei kein autonomer Sinn, sondern Ergänzung des Sehsinns, weshalb er diesen bei Blinden auch gänzlich ersetzen könne. Bleiben letztlich drei. Die Welt war gerettet. Es war alles eins. Durch drei. Wie sehr Hegel die Gans schmeckte. Nie mehr, sollte Hegel später seinem Freund Friedrich Immanuel Niethammer anvertrauen, habe ihm etwas so geschmeckt wie an jenem Abend, als ihm der Nachweis abgerungen wurde, dass das Schmecken ein Drittel und nicht ein Fünftel seiner Identität ausmache. Die wahre Gansheit, habe er gedacht – aber da sei er vielleicht schon etwas betrunken gewesen.

Wenige Tage später in diesem Jahr 1806 kamen die Franzosen und mit ihnen die französische Küche. Und die Sinne waren darauf vorbereitet.

Robert Menasse studierte Germanistik, Philosophie sowie Politikwissenschaft in Wien, Salzburg und Messina. Er lebt als freier Schriftsteller hauptsächlich in Wien. Zuletzt sind von ihm erschienen *Don Juan de La Mancha oder Die Erziehung der Lust* (Suhrkamp Verlag, Frankfurt 2007) und *Die Zerstörung der Welt als Wille und Vorstellung* (Suhrkamp Verlag, Frankfurt 2006).

Zur Vertiefung empfohlen:

– Menasse, Robert: Selige Zeiten, brüchige Welt. Suhrkamp Verlag, Frankfurt am Main 1994
– Menasse, Robert: Phänomenologie der Entgeisterung. Geschichte des verschwindenden Wissens. Suhrkamp Verlag, Frankfurt am Main 1994
– Menasse, Robert: Sinnliche Gewißheit. Suhrkamp Verlag, Frankfurt am Main 1996

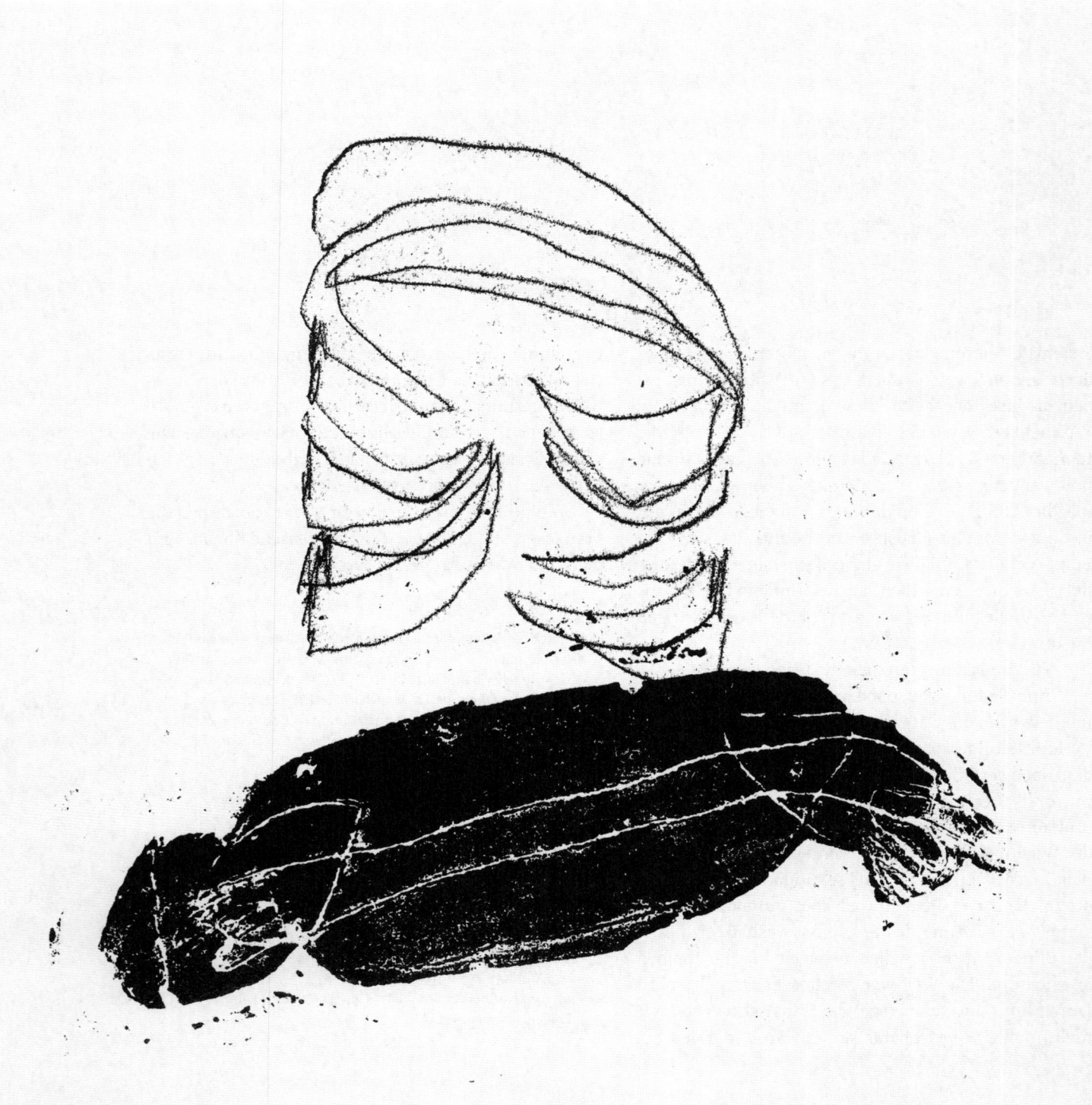

Hans-Klaus Keul

Wozu „wozu"?

Zeitgeist und Geist der Zeit

Vor der rastlosen Rationalisierung ist auch das philosophische Denken nicht gefeit. Konnte Hegel einst der Philosophie den Status eines ausgezeichneten Wissens zusprechen, in dessen Medium das Absolute zur angemessenen Selbsterkenntnis dringt, so stürzt sie nun in eine tiefgreifende und anhaltende Legitimationskrise. „Wozu noch Philosophie?" lautet denn auch die immer wieder strapazierte Frage einer an ihrem eigenen Selbstverständnis irre gewordenen Fachphilosophie. Der schöpferischen Kraft des philosophischen Gedankens verlustig gegangen, scheint ihr allein die Verwaltung des Verödungsprozesses des philosophischen Geistes übrig zu bleiben. Die um ihrer selbst willen betriebene, in der reflektierten Anschauung des Absoluten sich begründende Philosophie, die Bewährung allein in und durch sich selbst zu finden sucht, gilt dem modernen Bewusstsein als unwiederbringlich verloren.

„Philosophie, wie sie nach allem allein zu verantworten wäre, dürfte nicht länger des Absoluten sich mächtig dünken, ja müßte den Gedanken daran sich verbieten, um ihn nicht zu verraten, und doch vom emphatischen Begriff der Wahrheit nichts sich abmarkten lassen. Dieser Widerspruch ist ihr Element." (WnP, 14) Die Auskunft von Theodor W. Adorno, der die Autorschaft für die Frage nach dem „Wozu Philosophie" reklamiert, steht schon im Zeichen einer zur Kritik entzauberten Philosophie. Nachdem die Chancen ihrer Verwirklichung vertan seien, soll sie sich, selbst vom marxschen Postulat der praktischen Aufhebung noch geläutert, nur noch wider ihren Willen am Leben erhalten. Da eine unter dem Diktat der Beschleunigung stehende Moderne sich anschickt, alles Bestehende und Selbstständige zu zersetzen und in ihren Bann zu ziehen, kommt die vor einem immerwährenden Wesen erstaunte Philosophie hoffnungslos zu spät. Und weil die Zeit dem philosophischen Geist davonzueilen scheint, erhebt Adorno den Wahlspruch Arthur Rimbauds: „Il faut être absolument moderne" („Man muss unbedingt modern sein") zu dem, allerdings höchst missverständlichen, kategorischen Imperativ der Philosophie (siehe Erläuterung).

Dabei bringt schon die Frage „Wozu noch Philosophie?" die traditionelle Metaphysik (siehe Erläuterung) um ihren Geist, erkundigt sie sich doch gerade nach jenen lebenspraktischen, genauer pragmatischen Funktionen, die eine um die Würde ihres Selbstzwecks gewisse Theorie als Zumutung erfahren muss.

Philosophische Tradition und die Zeit der Philosophie

„Erst nachdem beinahe alles Notwendige ... und was zur Bequemlichkeit und zum Verkehr des Lebens gehört, vorhanden war, hat man angefangen, sich um philosophische Erkenntnis zu bemühen." Zustimmend zitiert Hegel diesen Passus aus der aristotelischen Metaphysik und kommentiert: Es ist „das Bedürfnis des schon befriedigten Bedürfnisses der Notwendigkeit, der Bedürfnislosigkeit", zu dem der Menschengeist sich erheben muss, um im „reinen Gedanken der Philosophie" sich nur mit sich selbst, mit dem von den menschlichen Interessen ungetrübten und von der alltäglichen Praxis geläuterten Denken zu beschäftigen. Denn in „den stillen Räumen des zu sich selbst gekommenen und nur in sich seienden Denkens schweigen die Interessen, welche das Leben der Völker und der Individuen bewegen" (WdL, 22 f.). Hier findet Hegels „Bedürfnis der Bedürfnislosigkeit" seine Erfüllung – jenen intellektuellen Genuss an Wissen und Weisheit, der jenseits aller praktischen Ambitionen in sich *Selbstzweck* ist. Darin besteht das eigentümliche Selbstverständnis der Philosophie: Sie versteht sich als Wissen in dem ausgezeichneten Sinne, dass sie Wissen des Absoluten, das Sich-Wissen des göttlichen Geistes sein will. Gegenüber den anderen Gestalten des „absoluten Geistes", gegenüber Kunst und Religion, deren Inhalt sie teilt, gebührt der Philosophie der Vorrang, da sie das Absolute nicht im Medium der Darstellung oder der Vorstellung, sondern in seiner „wahrhaftesten Form" und seinem „eigensten Element", in der „Form des Gedankens" erkennt, anerkennt und bejaht.

Zwar ist gerade für Hegel eine jede Gestalt der Philosophie an ihre Zeit gebunden und muss, als besondere, deren Beschränkungen auch teilen. Niemals vermag deshalb eine vergangene Philosophie den Geist der späteren Zeit zu befriedigen. So wäre es töricht, wollte man „die Fragen unseres Bewußtseins, die Interessen der jetzigen Welt bei den Alten beantwortet"

> *Philosophie ist das Bedürfnis der Bedürfnislosigkeit.*

35

Utilitarismus
(von lat. utilitas: Nutzen): Theorie, derzufolge der moralische Wert einer Handlung ausschließlich nach ihren Folgen bewertet wird. Bewertungskriterium ist der größtmögliche Nutzen für die größtmögliche Anzahl von Menschen.

(Vorl., 64) finden. Doch die einzelnen Gestalten leben aus ihrer „gemeinschaftlichen Wurzel", und es ist Hegels allmächtige Idee, die sich, durch ihren unbändigen Gestaltungstrieb gedrängt, zur Totalität eines Systems gestaltet und jene Gliederungen als einzelne Momente noch erhält. So gibt es bei all der Verschiedenheit geschichtlich entstandener Philosophien nur *eine* Wahrheit, die, unvergänglich und ewig zugleich, von ihnen mehr oder weniger angemessen erfasst wird, sie aber zu einem geschichtlichen Zusammenhang verklammert und zur philosophischen Tradition zusammenschließt. Denn das, „was wir in der Wissenschaft und näher in der Philosophie sind", das verdanken wir dieser Tradition, „die hindurch durch alles, was vergänglich ist und was daher vergangen ist, sich als ... eine *heilige Kette* schlingt und (das,) was die Vorwelt vor sich gebracht hat, uns erhalten und überliefert hat". (Vorl., 21) Ihre Erbschaft hat eine jede Generation von neuem anzutreten: Indem sie ihre Zeit begreift, streift sie die überkommene Form der Wahrheit ab, und durch die Geburt einer neuen Gestalt der Idee webt sie am Fortgang der philosophischen Entwicklung. So bleibt bei allem Wandel der einzelnen Momente das Medium der Philosophie in seiner Eigenart erhalten. Als Selbsterkenntnis des absoluten Geistes bewahrt sie in „Erinnerung", was sie einmal selbstmächtig vollbrachte.

Nachhaltig hat jene Reflexion Hegels junge Kritiker bewegt, mit der die Vorrede zur Rechtsphilosophie endet: Aus dem Verhältnis der Philosophie zu ihrer Zeit, genauer aus den Krisentendenzen der je gegenwärtigen Welt, wird die geschichtliche Bestimmung des philosophischen Denkens erschlossen. Wie nämlich jedes Individuum „*Sohn seiner Zeit*" ist, aus der es letzlich nicht auszusteigen vermag, „so ist auch die Philosophie *ihre Zeit in Gedanken erfaßt*", und es wäre naiv, wollte man fordern, sie solle den Boden, auf dem sie sich entfaltet, ihre gegenwärtige Wirklichkeit, überspringen. (RPh, 26) Als *Ausdruck ihrer Zeit* ist die Philosophie wesentlich und notwendig zeitgemäß, und als der *Gedanke ihrer Welt* steht es auch keineswegs in ihrem Belieben, sich zu dieser so oder so zu verhalten. Die Philosophie, die damit einen geschichtlich vergänglichen Zeitcharakter erhält, bildet nur eine Gestalt des Zeitgeists neben anderen und gehört zusammen mit der „politischen Geschichte, Staatsverfassung, Kunst, Religion" (Vorl., 74) zu dem gegliederten Reichtum seiner Wirklichkeit. Jede dieser Gestalten entfaltet sich entsprechend ihrer inneren Zweckmäßigkeit durchaus eigenständig, indem sie ihre jeweils eigensinnige Struktur ausbildet, und ist

doch von den anderen Gestalten der Zeit weder isoliert, noch tritt sie in ein kausales oder gar mechanisches Verhältnis von „Basis und Überbau" zu ihnen.

Vielmehr entsprechen sich alle Erscheinungen der Zeit aufs Genaueste; sie sind einander wahl-, genauer geistverwandt und bilden das organische „Leben" einer „Zeit", in dem mit dieser Religion allein *diese* Staatsform bestehen kann und in diesem Staat nur *diese* Philosophie und *diese* Kunst. Dank ihrer inneren Verwandtschaft erhält die durch sie gebildete Welt das gemeinschaftliche Gepräge einer homogenen Struktur, die es uns erlaubt, das etwa, was der Ausdruck „griechische Welt" meint, als einen in sich gegliederten Zusammenhang zu verstehen. Das Gemeinsame in diesen Gestalten, ihre „gemeinschaftliche Wurzel", nennt Hegel den „*Geist der Zeit*". Er ist das eigentümliche Prinzip, das den allgemeinen Charakter einer besonderen geschichtlichen Epoche prägt und sie von anderen Epochen mit ihrerseits spezifischen Prinzipien abgrenzt. – Was aber die Philosophie anbetrifft, so wird sie sich zutrauen müssen, diesen Geist der Zeit als deren bestimmendes Prinzip zu erkennen und das Ganze ihrer je geschichtlichen Welt gedanklich zu einer Einheit zu komponieren. Zwar ist sie nur eine Manifestationsform des Zeitgeists neben anderen, doch freilich eine von besonderer, ausgezeichneter Natur: „Der Geist der Zeit, als sich denkender Geist", der „einfache Brennpunkt", in dem das vielgestaltige Ganze im wissenden Begriff sich spiegelt. (Vorl., 73) Ja, indem die Philosophie ihre Zeit begrifflich erfasst, gelangt diese erst zum Bewusstsein ihrer selbst.

Obwohl zeitgemäß, tritt die Philosophie doch nicht gleichzeitig mit den anderen Gestalten der Wirklichkeit auf. Als das Denken des Ganzen einer geschichtlichen Welt „erscheint sie erst in der Zeit, nachdem die Wirklichkeit ihren Bildungsprozeß vollendet und sich fertig gemacht hat". (RPh, 28) Schon die allgemeine Struktur der Reflexion hält das Moment der Ungleichzeitigkeit in der Form der Differenz zwischen dem Wissen und dem, was Gegenstand des Wissens ist, fest; der Philosophie aber, die im allgemeinen Medium der Reflexion sich zu einer eigenständigen Gestalt des Geistes bildet, ist diese Entfernung vom Gegebenen, der *reflexive Bruch* mit der gestalteten Wirklichkeit wesentlich. Hegels Argument macht das plausibel und bezieht den eigenartigen Doppelcharakter philosophischen Denkens noch auf das geschichtliche Werden der Welt. Denn die Blüte der Philosophie fällt mit dem Unglück der realen Welt zusammen, und was für jene der Beginn, ist für diese die „Periode des Verderbens" und des Untergangs. Dann nämlich, wenn die Einheit einer Lebensform brüchig geworden ist und die bisherigen Gestalten des Zeitgeists ihre integrative Kraft eingebüßt haben, wenn die Unmittelbarkeit des sittlichen Lebens durch Eigensucht korrumpiert und die einfache Gewissheit des Glaubens durch Langeweile und Zynismus zersetzt ist, kurz, wenn die Einheit der wirklichen Welt zerbrochen

Indem die Philosophie ihre Zeit begrifflich erfasst, gelangt diese zum Bewusstsein ihrer selbst.

und das innere Streben des Geistes seiner äußeren Gestaltung nicht mehr entspricht – erst dann wird philosophiert.

Wozu wozu? Die Stellung der Philosophie in der modernen Kultur

Gegen ein solches Selbstverständnis der Philosophie sind schon die Junghegelianer Sturm gelaufen und warfen dabei die Frage nach dem „Wozu noch Philosophie?" erstmals radikal auf: Gegen die Selbstoffenbarung der göttlichen Idee, die ewig in sich selbst kreist, inszenieren sie den Abstieg vom Denken der Unendlichkeit zur Kritik der endlichen Welt. Die Widersprüchlichkeit des Daseins wird dabei keineswegs geleugnet; auch verpflichtet sie gerade ihr Pathos des Konkreten auf die Analyse der modernen Welt. Doch bietet ihnen die Einsicht in den Offenbarungsgang von Hegels „atomer Subjektivität" so wenig einen Ausweg aus den Nöten ihrer Zeit, wie ihnen die Deutung der endlichen Welt als die Sphäre des Widerspruchs schlechthin, die von sich aus auf das „wahrhaft Unendliche" verweist, auch schon genügt. Im Gegenteil: Gerade das, was Hegel als „Vernunft" begreift, genauer, die „Versöhnung der selbstbewußten Vernunft mit der seienden Vernunft", die er zum „höchsten Endzweck" der philosophischen Wissenschaft erhebt; gerade sein Anliegen

dem leidigen „Dualismus" der Aufklärung mit einem „konkret Allgemeinen" zu begegnen, das alle Unterschiede und Entgegensetzungen entfaltet *und* in sich zu einer gegliederten Einheit einer vernünftigen Weltordnung vereint – gerade das wird ihnen zur idealistischen *Verklärungstat*, mit ihrer einsinnigen Auflösung realer, gesellschaftlicher Widersprüche. Und diese können – darauf bezieht sich das marxsche Programm der „Aufhebung der Philosophie" – keineswegs durch die Blässe des Räsonnements besänftigt, sondern allein durch die weltverändernde Tat bewältigt werden. – Wozu dann noch Philosophie? Folgt man der Auskunft von Karl Marx, so ist die Antwort kurz und trocken: Als ideologischer Ausdruck gesellschaftlicher Widersprüche sind auch die philosophischen Systeme nichts als Schein, falsches und verkehrtes Bewusstsein der zerrissenen materiellen Verhältnisse, die mit deren Aufhebung auch in eine neue, zeitgemäße Form der wissenschaftlichen Theorie überführt werden.

Diese Antwort auf unsere Frage ist ebenso unbefriedigend wie die des Utilitarismus (siehe Erläuterung). Entspricht diese doch, einmal gehörig universalisiert, der Weltanschauung des Homo Faber (wörtlich: der Mensch als Macher/Hersteller) – jenes zähe, aber wirkungsmächtige Gemeinbewusstsein unserer Zeit, dem die menschlichen Bedürfnisse und Interessen zum alleinigen Maß der Welt werden, so dass sich alles und jedes zum Mittel der Globalzwecke von Erfolg

und Genuss instrumentalisieren lässt. Schon Hegel hat darin einen Strang der Aufklärung kritisiert und deren Resultat als das Reich der „endlichen Wahrheit" und des Diesseits gekennzeichnet, mit der „Nützlichkeit" als seinem universalen Prinzip. Denn hier ist alles „so sehr *an sich, als es für ein Anderes ist*". Dabei differenziert Hegel das Nützlichkeitsprinzip nach seiner dreifachen Gestalt, mit welcher der Mensch zugleich sein Wesen und seine Stellung in der endlichen Welt erhält: Als „das seiner bewußte Tier" ist er sich als einzelner „absolut", „Anderes ist *für ihn*"; in Bezug auf andere ist er nun seinerseits das „*bewußte* Ding", das anderen nützlich ist. Seine Bestimmung besteht darin, „sich zum gemeinnützlichen und allgemeinen brauchbaren Mitgliede des Trupps zu machen": Eine Hand wäscht die andere, „er nützt anderen und wird genützt". (PhG, 415 f.) Bei der Summe all dieser Nützlichkeiten und dem fein abgestimmten System der Vernutzungen ist die Vernunft als instrumentelle das Allgemeinnützlichste schlechthin, das allgemeine Werkzeug, das zur Verfertigung aller anderen Werkzeuge taugt, das „reine Organ der Zwecke", über deren Beschaffenheit und Güte sie allerdings nichts auszumachen weiß.

Ob Max Horkheimers *Kritik der instrumentellen Vernunft* oder Hannah Arendts Diagnose der Ausweglosigkeit des Utilitarismus – es sind Hegels Überlegungen, die der Kritik des modernen Bewusstseins Pate stehen, wenn sie den Sinn- und Freiheitsverlust im Prozess der Rationalisierung gleichermaßen diagnostizieren. Denn die Rationalität von Mittel und Zweck, genauer, die Angemessenheit der Mittel für je vorgegebene Zwecke, stellt sich als Kette ohne Ende dar, als ein „Zweckprogressus in infinitum", wenn jeder Zweck in einem anderen Zusammenhang sich seinerseits in ein Mittel für einen anderen auflöst. (Vita, 140) Dabei gilt die Kritik keineswegs der Zweckdienlichkeit als solcher, sondern deren Universalisierung und Verabsolutierung, in deren Verlauf die entscheidende Differenz von Nutzen und Sinn einer Sache verschwindet. Darin aber, dass im Strudel dieser generellen Relativierung ein jeder „Zweck an sich" zu einer Gebrauchsmasse für andere Zwecke verdampft; darin zudem, dass das Prinzip der Nützlichkeit auf sich selbst angewandt keine Rechenschaft von sich abzulegen vermag, besteht für Arendt die Widersprüchlichkeit des Utilitarismus, der am Sinnverlust der Moderne arbeitet. Hand in Hand damit geht der Verlust an Freiheit einher, jener Freiheit nämlich, den von der Vernunft beglaubigten Zwecken aus freien Stücken zu folgen. Kurz: Im Rahmen des utilitaristischen Bewusst-

Die Philosophie bildet nur eine Gestalt des Zeitgeists.

Kategorischer Imperativ
Unbedingt gültiges Pflichtgebot. Kategorischer Imperativ nach Kant: „Handle nur nach derjenigen Maxime, durch die du zugleich wollen kannst, daß sie ein allgemeines Gesetz werde." (Kant, Immanuel: Grundlegung zur Metaphysik der Sitten. BA 52)

Wozu Philosophie?
Umfrage für *der blaue reiter – Journal für Philosophie*

Ich bin ein wenig überrascht, dass Sie mich bitten, etwas zu diesem Thema zu sagen. Haben nicht schon weitaus größere Geister über dieses Thema erbittert gestritten? Es ist nicht gerade so, dass ich mich täglich mit so tiefschürfenden Themen beschäftige.
Philosophie bedeutet für mich, in meinem Handeln, im Umgang mit mir und mit anderen konsequent und geradlinig zu sein.
Fasziniert und beeinflusst hat mich Mahatma Gandhi mit seinen Aussagen:
– „Stärke entspringt nicht physischer Kraft, sondern aus einem unbeugsamen Willen."
– „Freude liegt im Kampf, im Wagnis, in der Leidensbereitschaft, nicht im Siege."
– „Der Mensch kann nicht in einem einzelnen Lebensbereich recht tun, während er in irgendeinem anderen unrecht tut. Das Leben ist ein unteilbares Ganzes."

Regina Halmich
Weltmeisterin
im Boxen

seins findet die Frage „Wozu Philosophie?" allenfalls eine beschränkte Antwort, und indem sie über diese ganze Sphäre hinausweist, drängt sie auf die ganz andere hin, wie denn der instrumentell verfahrende Verstand zur Vernunft zu bringen sei.

Wozu also Philosophie? Der volle Sinn der Frage verweist ein letztes Mal auf das Selbstverständnis der hegelschen Theorie, wenn sie sich nach dem Verhältnis von Philosophie zu ihrer Zeit erkundigt. Freilich aus einer anderen Perspektive, die sich ausdrücklich auf das diagnostische Zeitpotenzial beschränkt und dabei noch die Kritik im Sinne Kants integriert. So gesehen, lässt sich unsere Ausgangsfrage mit einer zumindest fünffachen Aufgabenstellung der Philosophie beantworten:

1.) Als Kritik der modernen Kultur, die sich, in Anschluss an Jürgen Habermas, durch die Ausdifferenzierung der Wertsphären von Wissenschaft, Moral und Recht, von Ästhetik und Religion auszeichnet, wird die Philosophie die Maßgaben aufklären, denen die einzelnen Kulturbereiche jeweils folgen und sie zudem zu begründen versuchen; oder sich doch zumindest über die Einsicht in die Grenzen möglicher Begründung Rechenschaft geben.

2.) Zudem gestattet gerade ihr Abstand zu den unterschiedlichen Kulturbereichen, sich an der Idee der Einheit der kulturellen Vernunft zu orientieren, indem sie deren Geltungsaspekte in ein reflexives Verhältnis setzt.

3.) Auch ist die Philosophie zwischen Wissenschaft und Lebenswelt lokalisiert, und wie sie den Absolutheitsanspruch der einen gerade dadurch zurückweist, dass sie kritisch deren lebensweltliche Voraussetzungen namhaft macht, so versteht sie sich als Medium der Vermittlung, indem sie zugleich die lebensweltlichen Ansprüche aufklärt und den Wissenschaften gegenüber zur Geltung bringt.

4.) Ja, gerade weil die großen und höchst ambivalenten Erfolge von Wissenschaft und Technik erhebliche Probleme in der Lebenspraxis zeitigen, ruft deren Fortschritt eine ganze Reihe von neuen Aufgabenstellungen auf den Plan, die in den unterschiedlichen Bereichsethiken ihren reflexiven Niederschlag finden: Ob in der Wirtschafts- oder Technikethik, ob in der ökologischen Ethik oder der Bioethik – es ist die Suche nach mittleren Prinzipien, welche die unterschiedlichen Ansprüche von Wissenschaft, Technik, Ethik und Lebenspraxis in ein vernünftiges Verhältnis setzen.

5.) Und nicht zuletzt wird die Philosophie dem naiven Fortschrittsglauben des modernen Bewusstseins gegenüber die Verluste im Fortschreiten einklagen, wenn sie die radikalen Entwertungsschübe im Modernisierungsprozess namhaft macht und im Anschluss an Hegel auf das geschichtliche Kontinuum auch der modernen Kultur insistiert.

Wozu Philosophie? – Gegenüber den Verselbstständigungen und Vereinseitigungen der modernen Kultur, gegenüber den zahlreichen Verdinglichungen und Entfremdungen durch den Glauben der Wissenschaften an ihre ausschließliche Geltung, der Transformation aller Lebensfragen in technische Problemlösungszusammenhänge und der Unterwerfung aller gesellschaftlichen Lebensäußerungen unter das Diktat von ökonomischem Erfolg und Effizienz bleibt die Philosophie dem Humanitätsideal verpflichtet und weiß sich damit als Wissen und Gewissen ihrer Zeit. Die Frage „Wozu ‚wozu‘?" aber bildet den Stachel, bei den Bemühungen um Selbstreflexion nicht zu erlahmen.

Dr. Hans-Klaus Keul koordiniert das Ethisch-Philosophische Grundlagenstudium am Humboldt-Studienzentrum der Universität Ulm.

Literatur:

– Adorno, Theodor W.: Wozu noch Philosophie? In: Eingriffe. Neun kritische Modelle. 6. Auflage. Frankfurt am Main 1970 **(Im Text abgekürzt mit: WnP, Seitenzahl)**
– Arendt, Hannah: Vita activa oder Vom tätigen Leben. München 1981 **(Im Text abgekürzt mit: Vita, Seitenzahl)**

Georg Wilhelm Friedrich Hegels Schriften werden nach der Theorie-Werkausgabe von Eva Moldenhauer und Karl M. Michel (Suhrkamp Verlag, Frankfurt am Main 1970) zitiert: Phänomenologie des Geistes. Band 3 **(Im Text abgekürzt mit: PhG, Seitenzahl)**. Wissenschaft der Logik I. Band 5 **(WdL, Seitenzahl)**. Grundlinien der Philosophie des Rechts. Band 7 **(RPh, Seitenzahl)**. Vorlesungen über die Geschichte der Philosophie I. Band 18 **(Vorl., Seitenzahl)**.

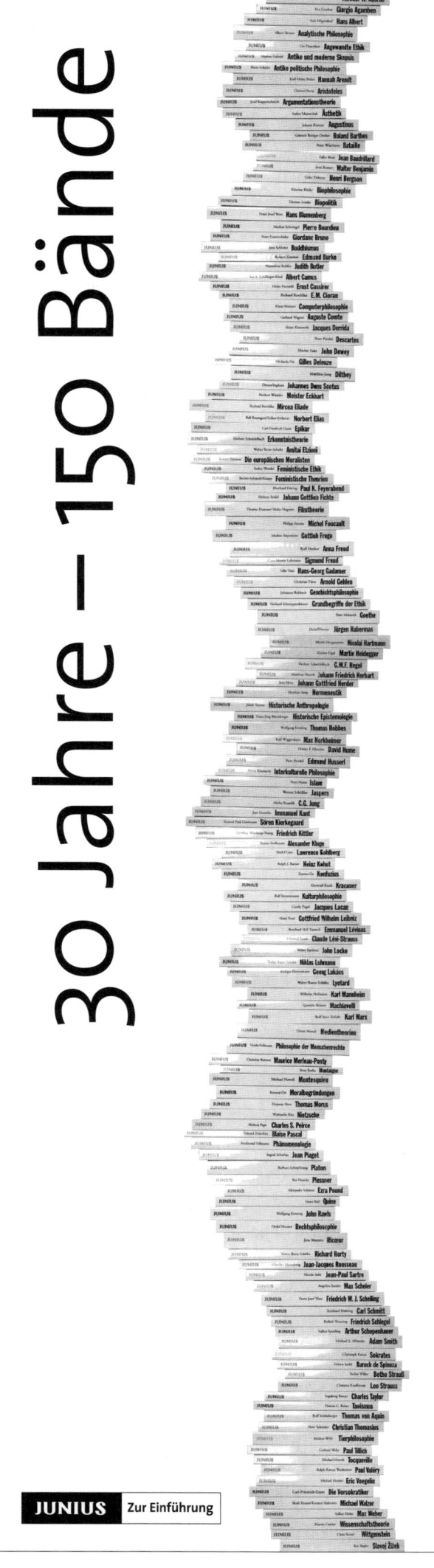

39

Jochen Hörisch

Mut zur Lüge

Das philosophische Tier

Menschen sind Wesen, die sich für bedeutend halten und die nach Bedeutung suchen. Menschen glauben, bedeutender als zum Beispiel Atome, Steine, Pflanzen und Tiere zu sein, weil sie allein sich im Medium der Bedeutsamkeit aufhalten, orientieren und bewegen. Menschliches Leben vollzieht sich im Raum der Bedeutsamkeit und des Sinns – mithin im Reich der Philosophie.

Tiere folgen, so die traditionsreiche Unterscheidung, Instinkten; sie mögen gar, wie die klassischen Beispiele der Kommunikation von Bienen, Ameisen oder Fledermäusen zeigen, Informationen über spezifische Umweltdaten verarbeiten und weitergeben, aber sie fragen nicht nach Sinn, Bedeutung und Bedeutsamkeit. Sie feiern nach allem, was wir über die Erlebnisweisen von Tieren zu wissen glauben, keine Gottesdienste, sie diskutieren nicht kontrovers über Sinnfragen, sie entwickeln keine Fantasien über ein Leben nach dem Tod, und sie schreiben keine Bücher, die sich mit letzten beziehungsweise vorletzten Fragen wie der nach dem Ursprung von Bedeutsamkeit beschäftigen. Unter den vielen Selbstdefinitionen von Menschen beziehungsweise *des* Menschen ist denn auch diejenige am prominentesten, die wohl auf den griechischen Heros Alkmaion, einen Enkel des Nestor, zurückgeht und die Aristoteles populär machte: Der Mensch und nur der Mensch sei ein Lebe-Wesen, das den Logos habe beziehungsweise (so das anspruchsvollere Verständnis der Formel) vom Logos besessen sei, zum und dem Logos gehöre („zoon logon echon").

Die gängigsten Übersetzungen des griechischen „logos" sind Sprache, Vernunft und Sinn. Das zum Hauptwort „logos" gehörige Verb ist „legein" und meint sagen, reden, aber auch versammeln, ernten, (auf)lesen – ein Doppelsinn, der sich vergleichsweise mühelos auch im Deutschen wiedergeben lässt. Sprechen wir doch von „Lese" (etwa in Weinlese oder Blütenlese) im Sinne von einsammeln, ernten, versammeln, zusammenlesen. Menschen tragen Ähren oder Trauben zusammen, um daraus etwas „Bedeutendes" zu machen: etwa Brot und Wein. Und dabei *denken* sie

Ohne Lüge gibt es keine Freiheit.

sich etwas, etwas Profanes und / oder Sakrales – was auch immer, offenbar aber Unterschiedliches. Zum Beispiel dies, dass man essen, trinken und arbeiten muss, um zu überleben, dass dieses Leben hier den Aufwand lohne, der erforderlich ist, um es zu erhalten, oder eben nicht; dass man einem einzigen oder einem unter vielen Göttern oder der Sonne oder der Natur für die geschenkten Gaben zu danken habe, ob es für einen solchen Dank überhaupt einen Adressaten gebe oder nicht und dergleichen mehr.

Wie „man" dann weitermacht, steht dahin. Eine wirkungsmächtige Option ist es zum Beispiel, in griechisch-christlicher Tradition Brot und Wein semantisch-religiös aufzuladen und in solchen schönen Handgreiflichkeiten mehr als nur Lebensmittel, nämlich Sinnspeicher und Sinnspender, also Logos-Inkarnationen, Elemente der Begegnung von Sein und Sinn, von Soma und Sema, von Immanenz und Transzendenz (siehe Erläuterung) zu sehen. Man kann das machen, man muss es aber nicht tun. Andere (Individuen, Kulturen, Religionen, Milieus) können auf diese spezifische Art und Weise, Sinn zu formieren und zu formatieren, irritiert, belustigt, provoziert oder provozierend reagieren und andere Formen ausprobieren und ausprägen, die Logos, die Bedeutsamkeit erfahrbar machen. Der Hinweis ist ebenso nüchtern wie schlagend: Man kann, durch Umwelt und vieles andere motiviert, statt Brot und Wein zum Beispiel auch Reis, Hirse oder Kokablätter in den Fokus kultischer Aufmerksamkeit stellen und zur Grundlage von Sinn-Erfahrungen machen. Verbindlichen Sinn, Letzt-Sinn, der normativ (wertsetzend), offenbarungsreligiös oder argumentativ für alle an allen Orten und zu allen Zeiten zwingend wäre, gibt es jedoch offenbar nicht. Sinn ist, ebenso wie Gott, offenbar nicht offenbar – wenn denn an den Sinn des Wortes „offenbar" Ansprüche gestellt werden, welche denen, die man mit dem Wort „evident" (selbsteinsichtig; keiner Erklärung bedürftig) verbindet, zumindest verwandt sein sollen. Denn es gilt die schlichte Beobachtung, dass die unterschiedlichsten Religionen, Philosophien und Weltanschauungen jeweils verschiedene Wege beschreiten, um das, was die Griechen „Logos" nannten, zu gestalten.

Menschen machen sich unterschiedliche Reime auf Sinnfragen – aber ebendies haben sie gemeinsam: Es ist Menschen versagt, *nicht* danach zu fragen, was all dies, was sie da sehen und hören, erleben und erfahren, berechnen und träumen, durchleiden und genießen, denn eigentlich bedeute.

Es gibt eine Sphäre, auf die Sinn und distinkte Bedeutung angewiesen sind – die der Bedeutsamkeit.

Naturalismus
Philosophische Position, wonach verlässliche Erkenntnisse über die Welt nur auf naturwissenschaftlichem Wege zu gewinnen sind.

der blaue reiter

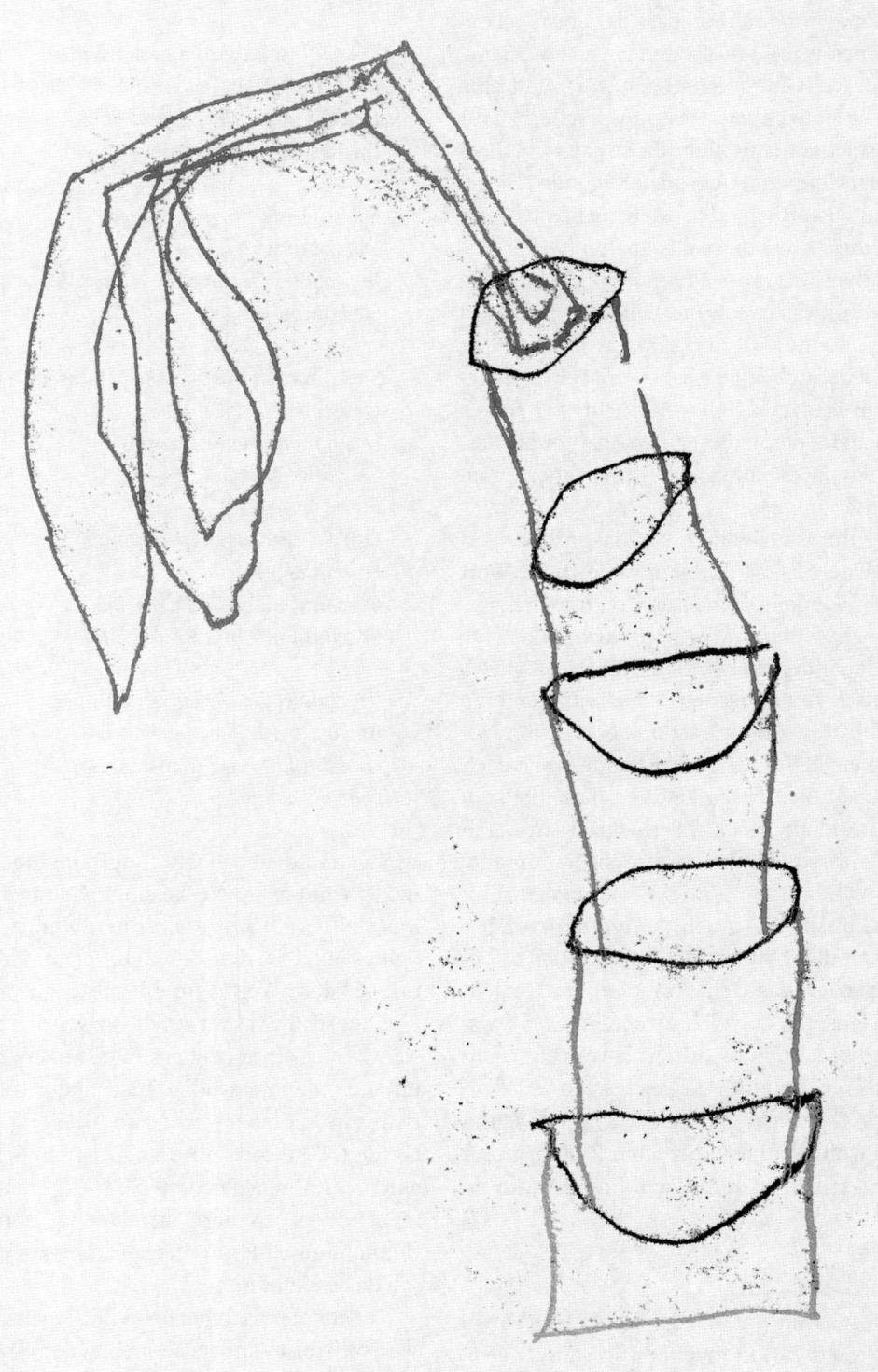

Bedeutsamkeit und Sinn lassen sich bedeutsam und sinnvoll unterscheiden. Bedeutsamkeit ist unspezifisch, Sinn ist spezifisch; Bedeutsamkeit ist ein Medium, Sinn ist eine Form. Bedeutsamkeit ist dem Sinn immer vorgängig, denn Bedeutsamkeit ist die Möglichkeitsbedingung von Sinn. Bedeutsam nennen wir das, wovon wir nicht recht wissen, was es genau bedeutet, von dem wir aber annehmen, dass es nun eben nicht einen konkreten Sinn habe, sondern überhaupt irgendwie bedeutsam sei, also nicht einfach nur da ist.

Es gehört nicht zu unseren alltäglichen, wohl aber zu unseren reizvollsten geistigen und emotionalen Erfahrungen, wenn wir gewahren, dass da „etwas" ebenso Unbestimmtes wie Weitreichendes ist (ein Klang, ein Bild, ein Blick, ein Ereignis, ein Verschwinden, eine Stimmung). Die neuzeitliche Theoriesprache hat für die Erfassung solcher Phänomene die so gar nicht theoretisch, sondern vielmehr suggestiv klingende Formel „Je ne sais quoi" (wörtlich: „Ich weiß nicht was") geprägt. Dies da, dieser Ton, diese rätselhaften Worte, dieses schwer zu identifizierende Phänomen, von dem ich nicht genau weiß, was es ist und bedeutet, fasziniert mich, verlangt meine Aufmerksamkeit und schlägt mich in Bann. Heinrich Heine hat es mit seiner ungemein populären Liedzeile „Ich weiß nicht, was soll es bedeuten" geschafft, der in dieser „Je ne sais quoi"-Formel fokussierten rätselhaften Erfahrung einen prägnanten Ausdruck zu verleihen.

Heines berühmtes Gedicht hat das große Verdienst, einem Übermaß an Tiefsinn sogleich ins Wort zu fallen. Was im Umkehrschluss natürlich auch heißt, dass es ein ebenso entspanntes wie aufmerksames Verhältnis zu tiefsinnigen Fragestellungen ermöglicht. Denn die ironisch-romantischen Verse entfalten eine Problemkonstellation, die sich schon beim ersten Hören oder Lesen erschließt. Die bedeutende Frage nach dem Ursprung von Bedeutsamkeit überhaupt ist kein Fall möglichen Fakten- und Sachverhaltswissens („Ich weiß nicht"); sie hat durchaus obsessive Momente („kommt mir nicht aus dem Sinn"), weil Bedeutsamkeit immer schon in Anspruch genommen werden muss, wenn man überhaupt spricht, denkt, sich orientiert; sie depotenziert das „Ich", mit dem das Gedicht selbstbewusst einsetzt, sogleich zu einem nicht-wissenden Ich und sodann zum „mir"; sie verweist nicht nur auf Strukturen, sondern zugleich auch auf deutungsbedürftige Geschichten, in die wir immer schon verstrickt sind („ein Märchen aus alten Zeiten"); und diese Strukturgeschichten verweisen ihrerseits auf einen geradezu intimen Zusammenhang von Schönheit und Endlichkeit, von fließender Zeitlichkeit („ruhig fließt der Rhein") und ereignishafter Plötzlichkeit, von Selbst- und Fremderfahrung – ein Zusammenhang, der seinerseits Anlass zu Trauer und Melancholie, aber auch zu Enthusiasmus gibt. Es ist dieser Zusammenhang von Endlichkeit und Selbst- inklusive Fremderfahrung, der „Bedeutsamkeit" abgründig fundiert.

> Ich weiß nicht, was soll es bedeuten,
> Daß ich so traurig bin;
> Ein Märchen aus alten Zeiten,
> Das kommt mir nicht aus dem Sinn.
>
> Die Luft ist kühl und es dunkelt,
> Und ruhig fließt der Rhein;
> Der Gipfel des Berges funkelt
> Im Abendsonnenschein.
>
> Die schönste Jungfrau sitzet
> Dort oben wunderbar;
> Ihr goldnes Geschmeide blitzet,
> Sie kämmt ihr goldenes Haar.
>
> Sie kämmt es mit goldenem Kamme,
> Und singt ein Lied dabei;
> Das hat eine wundersame,
> Gewaltige Melodei.
>
> Den Schiffer im kleinen Schiffe
> Ergreift es mit wildem Weh;
> Er schaut nicht die Felsenriffe,
> Er schaut nur hinauf in die Höh'.
>
> Ich glaube, die Wellen verschlingen
> Am Ende Schiffer und Kahn;
> Und das hat mit ihrem Singen
> Die Lore-Ley getan.[1]

Was genau die schönste Jungfrau singt, erfahren wir nicht. Wohl aber, wie sie singt. Getragen werden ihre unspezifischen Worte von einer „wundersamen gewaltigen Melodei", die „den Schiffer im kleinen Schiffe" mit „wildem Weh" ergreift und dazu verführt, in die Höh' zu schauen statt auf die Felsenriffe zu achten, die seiner Fahrt ein vorzeitiges Ende setzen. Eine trotz aller mitlaufenden reizvollen Laszivitäten religiöse Blickrichtung, die aber nicht zur Erlösung des Schiffers beiträgt. Und so kommt es zu einem Schiffbruch mit einem Zuhörer, der dem Sirenengesang der Loreley nicht erliegt, sondern sich lesend, hörend, deutend vielmehr einen Reim machen kann auf die Frage „was soll das bedeuten?".

Lebenspraktisch hat der Schiffer versagt. Er versagt aber, weil ihm – anders als jenem, der, obwohl oder weil nicht wissend, was es bedeuten soll, dass er so traurig ist, beredt seinen Fall anführt – die Einsicht in die Her- und Abkunft von Bedeutsamkeit versagt ist. Es gelingt ihm, anders als dem an den Sirenenklängen vorbeifahrenden Odysseus, buchstäblich nicht, die Klippe der Bedeutsamkeit zu umschiffen.

Analytische Philosophie
In der analytischen Philosophie steht die Analyse der Sprache im Vordergrund. Unter Analyse ist in diesem Zusammenhang die schrittweise Zerlegung komplexer sprachlicher Gebilde in einfachere Formen zu verstehen. Fragen nach den letzten Fundamenten und allgemeinsten Strukturen des Gegebenen (Metaphysik), wie sie sich zum Beispiel im Zusammenhang mit Begriffen wie Gott, Sein, Seele oder Absolutem stellen, rücken demgegenüber in den Hintergrund.

Wer einer solch abgründigen Fragestellung wie der nach der Herkunft von Bedeutsamkeit überhaupt nachgeht, muss mit irritierten Reaktionen und Nachfragen rechnen, etwa der, ob er denn keine anderen, handfesteren Probleme habe. Er muss Philosoph sein. Und das heißt: Er muss (mit guten Gründen!) voraussetzen, dass Bedeutsamkeit kein Phänomen ist, das sich „materialistisch"-neurologisch, sprich mit den Mitteln der sogenannten exakten Naturwissenschaften, ableiten lässt. Wer anders argumentiert, erliegt einem verhängnisvollen Kategorienfehler. Um das an zwei Beispielen zu verdeutlichen: Man kann eine Symphonie mit äußerster Präzision physikalisch-akustisch analysieren, indem man genau angibt, wie lange welcher Ton erklingt, welche Lautstärke zu welchem Zeitpunkt herrscht und welche Frequenzen dieses oder jenes Instrument zur Geltung bringt; man kann auch analysieren, welche Teile eines Gehirns, welche Nervenverbindungen in welcher Weise aktiv sind, wenn sie den ersten Takten des *Tannhäuser*-Vorspiels oder den letzten Tönen des Rolling-Stones-Songs *I can get no satisfaction* ausgesetzt sind. Man wird mit allem Analyseaufwand aber nicht auf die „Bedeutung" der gehörten Töne schließen können. Wer ein Konzert besuchen möchte und dann enttäuscht feststellen muss, dass es ausfällt, weil zu viele Musiker an Grippe erkrankt sind, wird es als schlechten Scherz empfinden, wenn man ihm an der Kasse als Ersatz für die entgangenen Klänge eine Partitur mit der Bemerkung in die Hände drückt, sie lesend könne er sich doch das Konzert vergegenwärtigen. Auch wer das mittlerweile einigermaßen vollständig entzifferte Erbgut des Menschen liest und meint, nun das Rätsel menschlichen bewussten Lebens, gar seinen Sinn und seine Bedeutung verstanden zu haben, hat wenig verstanden. Bedeutsamkeit ist ein so fundamentales wie abgründiges Phänomen; es entzieht sich einer Ableitung mit physikalischen, chemischen und biologischen Mitteln. Deshalb kann Philosophie nicht aufhören, bedeutsame Fragen zu stellen – und ab und an sogar zu beantworten.

Kurzum: Zu den schwer und womöglich gar nicht zu lösenden Problemen jeder „Lebenswissenschaft" gehört das der Emergenz – das heißt des Auftauchens, des Erscheinens, des Sich-Einstellens von Phänomenen wie Bewusstsein und Bedeutsamkeit. Johann Gottfried Herder zählt zu den ersten, die dieses Problem erkannt haben. In seiner 1772 vorgelegten *Abhandlung über den Ursprung der Sprache* findet sich der berühmte und vielzitierte Satz „Schon als Tier hat der Mensch Sprache"[2], insofern schon ein Tier in der Lage ist, seine Empfindung tönend kundzugeben: „Alle Tiere, bis auf den stummen Fisch, tönen ihre Empfindung; deswegen aber hat doch kein Tier, selbst nicht das vollkommenste, den geringsten, eigentlichen Anfang zu einer menschlichen Sprache."[2] Damit hat Herder das Emergenz-Problem, ohne dass bei ihm dieser Begriff fällt, in der Sache bedacht: Wie kann es sein, dass sich bei Menschen-Tieren der Sprung von der allgemeinen, tierischen Empfindungssprache zur durchartikulierten Kommunikationssprache einstellt, wie kommt es, dass Menschen bedeutungsvolle beziehungsweise bedeut-

same Tiere werden? Schon Herder liegt daran, nicht etwa mysteriöse, göttliche oder transzendente Mächte ins Spiel zu bringen, um die Emergenz von Bedeutsamkeit zu erhellen. Herders Antwort bleibt vielmehr in einem Rahmen, den man heute als einen evolutionsbiologischen charakterisieren würde. Menschen sind demnach Effekte eines Prozesses, den Herder als Neuaus-„Richtung ... aller (bereits vorhandener) Kräfte"[2] namhaft macht: Menschen sind Tiere, die, indem sie aufrecht gehen, in jedem Wortsinne umsichtig und ebendeshalb gefahrensensibel bis panisch werden; Menschen sind Wesen, die ihre Hände für gestaltende Tätigkeiten frei bekommen; Menschen sind Untiere, die ihre Kräfte und Möglichkeiten so neu konstellieren und organisieren können, dass ein qualitativer Sprung gelingt, der es ihnen ermöglicht, vieles zu tun, was Tieren zumeist versagt bleibt: zum Beispiel Artgenossen zu töten, zu lügen, sich unabhängig von Brunstzeiten zu paaren, den Freitod zu wählen, tierischer als jedes Tier zu sein, Theater zu spielen, ganz große Gefühle zu erleben beziehungsweise vorzutäuschen und anderes zu tun, wovon sie glauben, dass es ihrem Dasein Bedeutsamkeit verleiht. Aus Empfindungstönen werden bedeutsame Artikulationen.

Die Pointe eines solchen Argumentationsschemas liegt darin, eine sehr sachliche Evolutionsperspektive mit einem nicht-religiös gefärbten Zugeständnis an

Sinn ist wie Gott offenbar nicht offenbar.

43

sprunghafte, qualitätsverändernde Ereignisse zu verbinden. Damit wird gerade nicht bestritten, dass auch semantische, ideelle und geistige Phänomene auf, um *Faust*-Verse zu bemühen, mehr oder weniger peinlich zu tragende Erdenreste angewiesen sind. Die Indizien sind überwältigend, dass Bewusstsein und Bedeutsamkeit bio- und neurologisch fundiert sind. Ohne Hirnströme kein Bewusstsein, kein Selbstbewusstsein und keine Bedeutsamkeit – das ist heute kaum strittig. Umstritten aber ist, wie das Verhältnis von Phänomenen wie Bewusstsein, Willensfreiheit und Sinn-Erfahrung einerseits und Hirnphysiologie andererseits zu begreifen sei.

Bedeutsamkeit ist ein Medium, Sinn ist eine Form.

Der Philosoph John R. Searle hat die klassischen Möglichkeiten, das Verhältnis von „Geist" und „Materie" zu verstehen, auf drei Hypothesen reduziert. Die erste vertreten diejenigen, die zwischen res cogitans (denkender Substanz) und res extensa (ausgedehnter Substanz = Materie), also zwischen zwei Welten mit je unterschiedlichen Logiken unterscheiden. Sie handeln sich ein gravierendes Problem ein. Es ist nämlich nicht plausibel zu machen, wie (etwa bei Akten der Willensfreiheit) die Seele oder der Geist auf den Körper beziehungsweise (etwa bei Wahrnehmungsakten) der Körper auf den Geist einwirken solle, wenn beide Größen je gänzlich unterschiedlichen Sphären mit je spezifischen Gesetzmäßigkeiten zugehören. Immaterielles kann dann nicht auf Materielles einwirken und umgekehrt.

Diese Schwierigkeit hat die zweite Hypothese, der heute zumeist in neurophysiologischem Gewand daherkommende Determinismus beziehungsweise materialistische Monismus, nicht. Diesem zufolge ist alles, was geschieht, inklusive geistiger, ideeller ... Akte, materiell-kausal bedingt, das heißt, alle Vorgänge (auch die psychischen) werden als auf materieller Grundlage basierend gedacht und jeder Wirkung kann theoretisch eine angebbare Ursache zugeordnet werden. Als Ernüchterungsprogramm und Antidot zu einem idealistisch-existenzialistischen Überschwang, wie er etwa in der Tradition Schillers („Der Mensch ist frei geschaffen, ist frei, / Und würd er in Ketten geboren.") und Sartres („Der Mensch ist zur Freiheit verdammt.") manifest wird, entbehrt ein solches Denken nicht gewisser Reize. Denn dass es unplausibel ist, einem Triebtäter oder Drogensüchtigen vollkommene Willensfreiheit zu unterstellen, leuchtet unmittelbar ein. Und man muss kein militanter Psychoanalytiker sein, um allzu emphatische Behauptungen von Willensfreiheit auch im Hinblick auf sogenannte Normale mit einem oder mehreren Fragezeichen zu versehen. Freuds Theorie des Unbewussten und sein epochaler Satz, dass das Ich

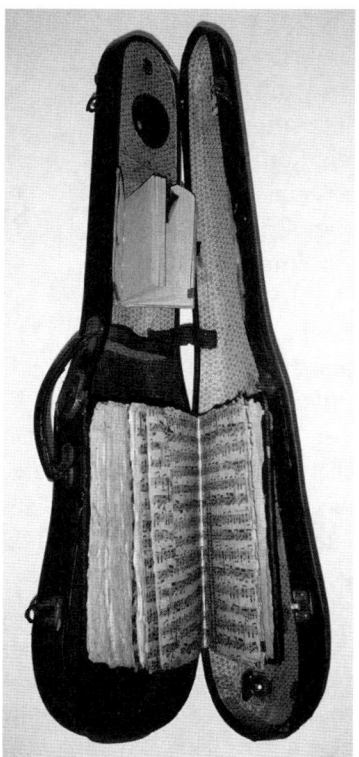

Abbildung:
Buchgeige
Ruth Tesmar,
Objekt, 2006

nicht Herr im eigenen Hause sei, erfahren nach langer Anfeindung eine späte Aufwertung durch die neuere Hirnforschung. Dennoch stößt ein auf das Prinzip von Ursache und Wirkung fixierter materialistischer Monismus (den Freud klugerweise nie vertreten hat) schnell an eine Grenze, „die normalerweise nicht genügend bedacht wird. Wenn man es (das neurologisch-materialistische Kausalargument) nämlich ernst nimmt, funktioniert es als Argument nicht. Wenn alles vom Urknall an wie eine gut gebaute Linie Dominosteine durch die Jahrmillionen klappert, dann ist auch die Art und Weise, wie ernst jemand dies als Argument nimmt, ebenso determiniert (vorherbestimmt) wie das Vorbringen des Arguments selbst. Dann ist das Fürläppisch-Halten dieses Arguments bei einigen ebenso notwendig determiniert wie seine Überzeugungskraft bei anderen."[3]

Nicht nur die Dilemmata beider vorgenannten Hypothesen verleihen einer dritten Position Überzeugungskraft: dem von Searle so genannten und in der üblichen Variantenbreite von vielen auf- und abgeklärten Geistern vertretenen biologischen Naturalismus (siehe Erläuterung). Eine nicht ganz glückliche Bezeichnung, weil sie die Pointe der Theorie nicht angemessen zum Ausdruck bringt. Die Pointe liegt nämlich darin, dass sich mit naturalistischen Mitteln allein die Emergenz von „Geist" und „(Selbst-)Bewusstsein" gerade nicht erklären lässt – dass ebendies aber „natürlich" ist. Um es unmissverständlich auszudrücken: Wer plausibel argumentiert, dass „Geist" beziehungsweise „Bewusstsein" nicht lückenlos kausal auf „Natur" zurückzuführen ist, muss nicht fromm und jenseitsgläubig werden und das ganz Andere anbeten.

Ernst Tugendhat hat ein plausibles Bild für diese Argumentationsstruktur gefunden – das des Bindfadens, in den ein Ich, durch Gründe motiviert, Knoten hineinflechten und so für einen „Warumstopp" sorgen kann: „Der Bindfaden steht für das Fließen der Kausalität. Durch den Knoten, der für das Ichverhalten ... steht, ist die Kausalität tatsächlich unterbrochen und durch meine Tätigkeit ersetzt, und doch besteht auch der Knoten nur aus Bindfaden. Man kann zwar nicht beweisen, dass das Ichgeschehen kausal bestimmt ist, aber es scheint auch keinen Grund zu geben, die

Bedeutsamkeit geht dem Sinn voraus.

Art, wie das Ichgeschehen abläuft, als nicht in sich kausal bestimmt anzusehen."[4]

Zu den Schwierigkeiten deterministischer oder nur „materialistischer" Erklärungen von Bewusstseins- und Bedeutsamkeitsphänomenen gehört es, nicht angeben zu können, wie es zur Intentionalität von Be-

Wozu Philosophie?

Umfrage für *der blaue reiter – Journal für Philosophie*

Umgekehrt: Warum nicht? Seit sich der Mensch die Frage nach dem Woher und Wohin stellt, philosophiert er. Und was ist dahinter, darüber, jenseits alles Sichtbaren, Greifbaren, Erfassbaren? Wir horizontsüchtigen Seefahrer, Wanderer, Grenzgänger sind diesen Fragen rund um den Globus nachgegangen, ohne die Antwort zu finden, oder haben in geschlossenen Räumen nachgedacht, bis wir einschliefen oder verrückt wurden. Nur, wer zu philosophieren aufhört, ist weise oder tot.

Reinhold Messner
Bergsteiger,
Grenzgänger,
Schriftsteller,
Bergbauer

wusstsein kommt, also dazu, dass wir uns auf Sachverhalte, Personen, Äußerungen … beziehen. Auch die Ausbildung einer Subjekt-Perspektive, also die Art und Weise, wie es zu Erfahrungen in der Ich-Perspektive kommen kann, lässt sich so nicht erklären. Die Erste-Person-Singular-Perspektive, das „Ich", ist aber für die Erfassung von Bewusstsein unverzichtbar. Es ist ein jeweils anderes Ich, das dies oder jenes als bedeutsam erfährt und dann versucht, diese Erfahrung kommunikativ mit den Erfahrungen anderer abzugleichen. Das Bewusstsein der anderen ist dem Ich aber nicht unmittelbar und eben auch nicht mittelbar zugänglich. Ego kann kein Bewusstsein des Bewusstseins von alter haben; ego und alter sind zur Kommunikation verdammt, wenn sie denn wissen wollen, was der jeweils andere denkt, fühlt und wünscht. Bedeutsame Kommunikation aber hat den – je nach Kontext und Beobachterperspektive – bedeutenden Vor- beziehungsweise Nachteil, hochgradig unsicher zu sein. Ob das stimmt, was einer von und über sich sagt, steht dahin. Lügen sind eine authentische Möglichkeit des Mediums Sprache. „Wahr" und „falsch" sind keine ontologischen, sondern semiologischen Attribute, das heißt keine Eigenschaften von Sein und Seiendem, sondern von Aussagen.

Ob Kommunikation überhaupt dem entsprechen kann, was wir Bewusstsein nennen, ist fraglich beziehungsweise eben nicht fraglich. Kommunikation und Bewusstsein bilden (auch hirnphysiologisch!) je unterschiedliche Sphären. Kommunikation ist Kommunikation, und Bewusstsein ist Bewusstsein; beide stehen zueinander nicht etwa in einem Entsprechungs-, sondern vielmehr in einem systematischen Irritationsverhältnis. Was nichts anderes bedeutet als dies, dass die Lüge eine genuine und transmoralische Möglichkeit der Sprache ist, ohne die es kommunikative Freiheit nicht gäbe.

Dass es das Phänomen „Bedeutsamkeit" gibt, ist wie im strukturellen Parallelfall „Bewusstsein" oder „Geist" so wenig materiell-neurologisch ableitbar, wie dieses Phänomen unstrittig neurologisch basiert ist. Bedeutsamkeit taucht auf, stellt sich ein, emergiert – sie ist ein Effekt der Zeitlichkeit und Endlichkeit, die Menschen „nur" grenzwertig erfahren. Grenzwertig muss diese Erfahrung genannt werden, weil sie an der Grenze des analytisch (nicht aber poetisch!) Beschreibbaren ihren Ort hat, weil der Satz „ich bin endlich gewesen, ich bin gestorben" eine pragmatische Unmöglichkeit ist und weil wir nicht wissen, wie es sein mag, tot zu sein. Um es mit Gottfried Benns Gedicht *Aus Fernen, aus Reichen* zu sagen:

Was dann nach jener Stunde
sein wird, wenn dies geschah,
weiß niemand, keine Kunde
kam je von da.[5]

Dieses Nichtwissen und diese ausbleibende Kunde lässt auch Köpfe beredt werden, die nicht so souverän zu dichten wissen wie Gottfried Benn. Das Schweigen des Todes und der Toten ist eine, wenn nicht die entscheidende Möglichkeitsbedingung von Bedeutsamkeit. Wenn Menschen das Sein und ihr Dasein überhaupt als bedeutsam erfahren, so deshalb, weil Sein und Dasein zeitlich beziehungsweise endlich sind. Zeitlichkeit und Endlichkeit sind die Voraussetzungen von Bedeutsamkeit. In ontologischer Fassung: Dass Sein zeitlich verfasst ist und von Menschen temporal erfahren wird, ist die Bedingung der Möglichkeit von Bedeutsamkeit. Eine lyrische Fassung dieser Intuition hat Nikolaus Lenau in seinem Gedicht *Die Rose der Erinnerung* vorgelegt, das ganz traditionell und konventionell die Rose als Symbol einer schrecklich-schönen Vergänglichkeit bemüht und dessen Schlussstrophe lautet:

O Rose der Erinnerung geweiht!
Mir dünket deiner welken Blätter Rauschen
Ein leises Schreiten der Vergänglichkeit,
Hörbar geworden plötzlich meinem Lauschen![6]

Dass überhaupt Bedeutsamkeit ist und nicht vielmehr nicht, ist nicht etwas, was ein „Ich" sich ausdenkt, und auch nicht etwas, was sich kausalmaterialistisch einstellt, sondern eine Einsicht, die „mir dünket", von der ich mich bestimmen lasse und bestimmen lassen muss. Es gibt ein Bedeutungsgeschehen, das der Bewusstwerdung des Subjekts vorhergeht, das sich mir

45

Semantik (von griechisch semantikos: bezeichnend und griechisch **sema**: Zeichen) ist die Wissenschaft von der Bedeutung sprachlicher Ausdrücke und Zeichen. Allgemein gesprochen, können sich Zeichen (wie Handlungen) auf sich selbst beziehen (**Immanenz**) oder über sich hinaus weisen (**Transzendenz**). Kant zum Beispiel bezeichnet Gegenstände, die im Bereich möglicher Erfahrung des Menschen liegen, als immanent. **Soma**: griechisch für Körper im Gegensatz zum Geist.

erschließen und enthüllen kann – nein: das sich mir nicht nicht erschließen und enthüllen kann: das „leise Schreiten der Vergänglichkeit".

Wer die Frage nach der Herkunft von Bedeutsamkeit und Sinn überhaupt stellt, fragt nicht „was bedeutet dies oder jenes?", sondern „warum gibt es überhaupt Bedeutsamkeit und nicht vielmehr nicht?" Diese fundamentale Frage ist in der philosophischen Tradition vielfach zugunsten erkenntnistheoretischer Ansätze vernachlässigt worden.

Die heute tonangebende analytische Philosophie (siehe Erläuterung) hat als Diskurs-Polizei fungiert. Sie hat die Möglichkeiten argumentativer Reden nicht erweitert, sondern restringiert. Das hängt auch damit zusammen, dass sie das Potenzial an diskussionswerten Einsichten, das literarische Texte bereithalten, schlicht ignoriert hat.

Analytische Philosophen sind nicht nur daran zu erkennen, dass sie mit „gemachten" und nicht mit „gegebenen" Begriffen hantieren,[7] sondern auch daran, dass sie sekundär illiterat sind, also schöne Literatur nicht als ein mögliches Erkenntnis-Medium ernst nehmen, das Aufschlüsse über sachlich valide Problemstellungen verspricht. Viele Indizien sprechen dafür, dass gerade die Erhellung der fundamentalen Fragestellung auf die Erkenntniskraft poetischer Texte angewiesen ist.

Dichter lügen, und sie dürfen lügen, weil Dichtung gar nicht die Verpflichtung hat, richtige, zutreffende und sachverhaltsadäquate Sätze aneinanderzureihen. Auch um das zu erkennen, bedarf es der Philosophie – aber einer neuen, die sich nicht nur, aber eben auch der Erkenntnisformen der Literatur bedient!

Jochen Hörisch ist Professor für Neuere Deutsche Literatur und qualitative Medienanalyse an der Universität Mannheim. Zuletzt erschien von ihm der Bildband *Vorletzte Fragen* (mit Bildern von Ruth Tesmar) im omega verlag, Stuttgart.

Anmerkungen:

1. Heine, Heinrich: Buch der Lieder. In: Heine, Heinrich: Sämtliche Schriften in zwölf Bänden. Herausgegeben von Klaus Briegleb. Band 1: 1817–1840. München 1976, Seite 107
2. Herder, Johann Gottfried: Abhandlung über den Ursprung der Sprache. In: Herder, Johann Gottfried: Werke in zehn Bänden (Frankfurter Ausgabe). Band 1: Frühe Schriften 1764–1772. Herausgegeben von Ulrich Gaier. Frankfurt am Main 1985, Seite 697, 708, 717
3. Reemtsma, Jan Philipp: Das Scheinproblem „Willensfreiheit". In: Merkur 683, März 2006, Seite 195
4. Tugendhat, Ernst: Willensfreiheit und Determinismus. In: Information Philosophie 1/2007, Seite 16
5. Benn, Gottfried: Sämtliche Werke – Stuttgarter Ausgabe. Band 1: Gedichte. Herausgegeben von Gerhard Schuster. Stuttgart 2002, Seite 106; eine ausführliche Interpretation dieses Gedichts findet sich in: Hörisch, Jochen: Vorletzte Fragen. Stuttgart 2007
6. Lenau, Nikolas: Sämtliche Werke und Briefe. Auf der Grundlage der historisch-kritischen Ausgabe von Eduard Castle. Herausgegeben von Walter Dietze. Band 1. Leipzig/Frankfurt am Main 1970, Seite 105
7. Diebitz, Stefan: Glanz und Elend der Philosophie. Stuttgart 2007, Seite 15 ff. – eine glanzvolle Kritik der analytischen Philosophie.

Zur Vertiefung empfohlen:

– Hörisch, Jochen: Vorletzte Fragen. Mit Bildern von Ruth Tesmar. omega verlag, Stuttgart 2007
– Hörisch, Jochen: Das Wissen der Literatur. Fink Verlag, München 2007
– Hörisch, Jochen: Brot und Wein – Die Poesie des Abendmahls. Suhrkamp Verlag, Frankfurt am Main 2005
– Hörisch, Jochen: Theorie-Apotheke – Eine Handreichung zu den humanwissenschaftlichen Theorien der letzten fünfzig Jahre, einschließlich ihrer Risiken und Nebenwirkungen. Suhrkamp Verlag, Frankfurt am Main 2004, Artikel „Analytische Philosophie"

Dieter Mersch

Philosophie als Askese

Denken gehört zu den selbstverständlichsten wie mysteriösesten Beschäftigungen des Menschen. Die Geschichte des Denkens lässt sich beschreiben als vergeblicher Versuch, zu einer letzten Ursache oder einem Höchsten, dem Absoluten, vorzustoßen, als fortgesetztes Scheitern, das stets von Neuem zur Offenheit herausfordert.

Als der Künstler Bruce Nauman Anfang der 1960er Jahre ein leer stehendes Lebensmittelgeschäft anmietete, um sich darin tagelang allein auf einem Stuhl in einem Schaufenster zu zeigen, stellte er nicht nur eine Frage über die Möglichkeiten zeitgenössischer Kunst, sondern präsentierte sich auch als Künstler, der über Kunst nachdenkt und somit Kunst als Denken vollzieht. Das Besondere an der Aktion war dabei die Spannung zwischen Sichtbarkeit und Unsichtbarkeit. Die künstlerische Praxis erfüllt sich in der Darstellung, der Ausstellung – sie macht sichtbar, während das, was Kunst ermöglicht, das Denken, unsichtbar bleibt.

Denken des Denkens

Seit je hat die Philosophie über das Rätsel des Mentalen und seine Eigenschaften nachgedacht und dafür die unterschiedlichsten Ausdrücke gefunden: Idee, Logos, Distinktion, Argumentation, Intuition, Ratio, Intentionalität, Begriff und so

weiter. Die Vielzahl der Ausdrücke dokumentiert die Vielfältigkeit des Geschehens. Die Rückführung von Denken allein auf Rationalität oder auf das Medium des Diskurses (hier: Auseinandersetzung mittels der Sprache) greift zu kurz: Die nichtrationalen Anteile wie zum Beispiel die mit Denken verwobenen Emotionen, der Akt der Kreativität und die Rolle der Einbildungskraft werden ausgeschlossen. Denken an Diskursivität zu binden, heißt die Sprache zu privilegieren und Begriffe als wesentliche Werkzeuge auszuzeichnen, heißt Nichtbegriffliches wie das Bildsehen oder subtile Aufmerksamkeit sowie die besondere Gabe der „Auffassung" von vornherein auszuschließen. Weit neutraler scheint es dagegen, Denken an die Weisen des Beziehens zu koppeln, wobei der begriffliche Bezug, die Bestimmung, nur einen der möglichen Bezüge bildet, denen wiederum die Sprache die unterschiedlichsten Namen erteilt hat: erkennen, verstehen, meinen, glauben, entwerfen, formen, zweifeln und so weiter.

Entscheidend an Bezügen ist allerdings deren Relationalität, das heißt, das Verhältnis, das sie zur Welt einnehmen. Dieses beruht immer auf einer doppelten Operation: sich einerseits zu etwas hinzuwenden und es aufzunehmen, wie andererseits sich zu distanzieren und Abstand zu halten. Letzteres garantiert Reflexion. Denken der Welt bedeutet gleichermaßen, die Welt zu gewahren und zu akzeptieren wie eine Trennung zu vollziehen. Deren sprachliche Entsprechung ist das kleine Wort „als", das anzeigt, dass nicht bloß „etwas" in Augenschein genommen und untersucht oder bearbeitet wird, sondern stets etwas „als" etwas.[1] Die Materie *erweist* sich nicht etwa als undurchdringlich oder amorph – sie *wird* vielmehr *bestimmt* „als" atomare Anordnung, „als" Energie oder „als" Serie nutzbarer Eigenschaften – so wie die Seele, je nach Theorie, „als" unsterblich, „als" spezifisch menschliche Fähigkeit zu Gefühl und Moral oder einfach nur „als" verdrängter Trieb gilt.

Dichotomie

(von griechisch dicha: getrennt) In formaler Hinsicht bezeichnet Dichotomie die Trennung einer Menge in zwei Untermengen, die sich gegenseitig ausschließen, beziehungsweise die Bestimmung eines Begriffs durch zwei sich ausschließende Unterbegriffe. Zum Beispiel die Bestimmung der Seele als zusammengesetzt aus Bewusstem und Unbewusstem oder die Definition des Menschen als Einheit von Körper und Geist.

Haben wir es zudem in den Künsten und Wissenschaften zumeist mit vielfachen Weisen der Wissenserzeugung durch Bilder, Experimente, Instrumentalanordnungen und Praktiken zu tun und dominiert in der Mathematik die Zahl und ihre Struktur, kommt die Philosophie hingegen stets auf den Begriff und seine Bestimmung, auf das „Apriori" (die Vorgängigkeit) von Sprache und Diskursivität zurück. Sie erliegt damit tendenziell der Verkennung, Denken mit Sprechen gleichzusetzen. Bestimmt man das Philosophische grundsätzlich als ein Denken des Denkens, schlägt diese Tendenz zur Verkennung in Blindheit um. Das Medium, in dem die Philosophie selbst spricht, avanciert dann zum Eigentlichen und die Bewegung der Selbstreflexion wird zirkulär an das gebunden, was sie als ihr eigenes Medium erfährt. Vor „einseitiger Diät" als dem Verhängnis von Philosophie hatte Ludwig Wittgenstein gewarnt, insofern sie dazu neige, die „Ernährung" ihres Denkens aus wenigen ausgewählten Beispielen zu beziehen. Dazu gehört auch zu glauben, dass die Tätigkeit des Denkens mit der Philosophie als einer Tätigkeit der Sprache zusammenfiele.

System und Paranoia

Die Geschichte des Denkens lässt sich beschreiben als vergeblicher Versuch, zu einer letzten Ursache oder einem Höchsten, dem Absoluten, vorzustoßen, wie umgekehrt als Bemühen um kreative Erfindung immer neuer Streitfragen, Rückgriffe oder Zerwürfnisse, um das „Erste" oder „Letzte" in seinen Grundfesten zu erschüttern. Der Bau des Denkens ist nicht zum Abschluss zu bringen, und wo es so scheint, beginnt er unweigerlich zu erodieren und sich unaufhaltsam wieder auszuhöhlen. Es gibt eine späte Erzählung von Franz Kafka, geschrieben in seinen letzten Lebensjahren 1923/24, betitelt mit *Der Bau*, die genau von diesem Prozess erzählt. Sie ist ein Torso geblieben, insofern sie zwar vollendet wurde, ihr Schluss aber verloren ging. Sie handelt von einem Maulwurf und seinem nahezu perfekten Bau, den er unterirdisch mit einem Gewirr von Gängen und einem großen Burgplatz angelegt hat, von dem wiederum in verschiedene Richtungen Verzweigungen abgehen, die sich in der Endlosigkeit der Erde verlieren. Der eigentliche Eingang ist unentdeckbar mit Moos geschützt, sodass es sich um ein ideales Bauwerk zu handeln scheint, ein gegen jeden Angriff geborgenes Refugium, das zugleich das Ergebnis eines mit äußerster Präzision und Sorgfalt ausgeführten Plans ist, wobei, wie der Maulwurf an einer Stelle selbst bekennt, „das schönste an (s)einem Bau ... die Stille", die geschützte Ruhe vor der Welt, darstellt.

Der Bau kann so als Gleichnis auf die Systeme des Denkens und der Wissenschaften gelesen werden, doch bleibt sein Bewohner trotz aller Idealität des Meisterwerks chronisch unruhig. Unablässig nimmt er Gefahren in Gedanken vorweg, stellt sich die Verletzlichkeit seines Gebäudes vor, sodass er sich die unterschiedlichsten Lösungen erdenkt, mal eine optimale Verteilung seiner Vorräte errechnet, um alle diese Rechnungen wieder zu verwerfen, mal die alte Ordnung wiederhergestellt, um sie von neuem zu zerstreuen. Ersichtlich haben wir es mit der Idee der *perfectio*, der Vollkommenheit, zu tun, die unbefriedigend bleibt, weil sie nirgends imstande ist, das Ganze, den vollständigen Katalog der „Fälle" mit einzubeziehen. Kafka begnügt sich allerdings nicht mit diesem Bild, das – philosophisch gesehen – der Unmöglichkeit einer „wahren", das heißt vollständigen und definiten Repräsentation der Wirklichkeit entspricht; vielmehr gewahrt der Maulwurf eines Tages, nach einem „sehr langen Schlaf", wie es heißt, ein „an sich kaum hörbares Zischen", das ihn weckt. Er versteht sofort: Es handelt sich um das Geräusch eines Luftstroms, der sich irgendwo zwischen den Gängen verfängt, doch beginnt er an dieser Intuition, die eben nur eine Intuition und kein Beweis ist, sogleich wieder zu zweifeln. Das Geräusch findet sich scheinbar überall, rhythmisch unterbrochen wie das Schlagen eines Herzens: „Ich horche jetzt die Wände des Burgplatzes ab, und wo ich horche, hoch und tief, an den Wänden oder am Boden, an den Eingängen oder im Innern, überall, überall das gleiche ... pausenweise Geräusch." Probegrabungen in Richtung des Geräuschs führen zu keinem Ergebnis, sodass er zunehmend zu der These gelangt, die sich zur

Die Geschichte des Denkens ist ein fortgesetztes Scheitern.

49

Abbildung
linke Seite:
Franz Kafka
Keuchenius,
Zeichnung, 2003

Entnommen aus:
Reschika, Richard:
Nietzsches Bestiarium.
Der Mensch – das
wahnwitzige Tier.
omega verlag,
Stuttgart, 2003

Gewissheit auswächst, mit einem Tier konfrontiert zu sein, „das ich noch nicht kenne". Mit unerbittlicher Folgerichtigkeit geschieht deshalb an einer Schlüsselstelle der Erzählung die Wende von der Gewahrung einer Nichtigkeit mit einer schwer ausmachbaren Ursache zu einem fremden Subjekt, einem „Störenfried", der fortan nur noch „der Zischer" genannt wird. Der Maulwurf stellt sich diesen als ein großes, feindseliges Tier vor, das es mit hinterlistiger Art auf ihn abgesehen hat. Konsequent endet der erhalten gebliebene Teil der Erzählung damit, dass der Maulwurf beschließt, gegen ihn den Kampf bis zum eigenen Sieg oder Untergang anzutreten. Man darf spekulieren, wie Kafka die Geschichte zum Abschluss gebracht hat, ob der Maulwurf schließlich auf der Suche nach seinem imaginären Feind den Bau oder, in Wahnsinn verfallen, sich selbst ruiniert – der abgerissene Schluss ist vielleicht auf seine eigene Weise glücklich, weil er die Möglichkeiten offenhält und der Interpretation Raum lässt.

Philosophie ist hoffnungslos in sich selbst verstrickt.

Es ist das Denken selber, das zur Paranoia neigt, indem es sich unablässig befragt und noch die Befragung befragt, um sich, weit entfernt von seinem einstigen Zweck oder Ausgangspunkt, in die Zwänge seiner eigenen Negativität zu verlieren. Es ist gleichzeitig das vom Denken Getrennte, das Unbeherrschbare und Unabgegoltene, das chronisch in es hineinragt und das es vergeblich einzuholen oder aufzuheben trachtet, weil es nicht anders kann, als vermöge seiner „Als-Struktur" die Spaltung laufend weiter zu verschieben und zu wiederholen und so an seinem eigenen Riss irrezuwerden. Philosophie hat etwas von dieser strukturellen Paranoidität, wo sie versucht, sich in einer permanent überbietenden Begründungsbemühung selbst abzudichten – doch kann sie umgekehrt dort etwas Befreiendes besitzen, wo sie Einsicht in die Nutzlosigkeit dieser sisyphosschen Leidenschaft gewinnt.

Kafkas Erzählung vom „Bau" als Medium einer Geschlossenheit oder Totalisierung bildet in Form jenes rätselhaften Zischens die Chiffre (die symbolische Art und Weise) jeglicher menschlichen Bezugnahme. Das „Zischen" ist im Rahmen der Konstruktionspläne nicht miteinbezogen, folglich auch nicht zu erklären und gleitet so unweigerlich ins Unheimliche ab. Umgekehrt ist die karikaturhafte Erzählung mit ihrer Absurdität auch deren Therapie: Alle Formen kultureller Praxis wie auch Wissenschaften und Philosophie erweisen sich von dieser genuinen Paradoxie gezeichnet. Sie verkörpert in den Prozessen des Denkens und Handelns ein Monströses, das nur durch Selbstkritik und Skepsis geheilt werden kann – die freilich ihrerseits Gefahr laufen, ins Destruktive zu geraten und nicht minder monströs zu werden.

Begründung und Widerspruch

Mit der Mathematik teilt Philosophie den hohen Anspruch auf Begründung und den entschiedenen Willen entweder zum Beweis oder zur Widerlegung. Die Zielsetzung, die einst der Vernichtung des Nichtwissens und der hinfälligen *doxa* (griechisch für *Meinung*) galt, reicht zurück bis in die Antike, desgleichen das ihr innewohnende Problem der Paradoxie. Deren erstes Opfer war bereits Pythagoras, von dem Proklos gesagt hat, dass er „die geometrische Wissenschaft in eine neue Form, und zwar jene einer freien Disziplin" gebracht hätte. Jedem unmittelbaren Nutzen entzogen dominierte fortan ein Verständnis des Mathematischen, das dessen Zweck allein in der Formulierung allgemeiner und wohlbegründeter Sätze erkannte, buchstäblich von der Zeit und der Anschauung der Natur befreit und einzig dem internen Spiel des *logos*, der Einsicht und der Rationalität überlassen.

Eine der frühesten philosophischen Begründungen der Logik findet sich in dem fragmentarisch erhaltenen *Lehrgedicht* des Parmenides, das zwar mit einem Mythos anhebt, im Fortgang der Erzählung jedoch einen Scheideweg aufweist, von dessen Abzweigungen eine zur Wahrheit und eine zum Irrtum führt. Im ersteren Fall handelt es sich, wie es bei Parmenides heißt, um jene „Methode" (von griechisch *meta hodos*: einem Weg folgen), die, gegenüber der Mischung von Sein und Nichtsein, beide strikt voneinander scheidet und damit das Denken in eine anfängliche Dichotomie (siehe Erläuterung) rückt. Doch soll, ungefähr zur gleichen Zeit, der Legende nach der Kreter Epimenides die Evidenz (Klarheit/Selbsteinsichtigkeit) der Dichotomie durch die schlichte Aussage „Alle Kreter lügen" erschüttert haben. Selbst Kreter, lügt er genau dann, wenn er die Wahrheit spricht und umgekehrt, sodass der Satz, der in seiner kürzesten und korrekteren Version lautet: „Ich lüge (immer)", den strengen Anspruch des Entweder-oder unterläuft und sich auf diese Weise seiner logischen Zerlegung wie einer zureichenden Lösung widersetzt. Selbst Erzeugnis der Logik, gehorcht er deren Prinzipien, um sie gegen sich selbst zu kehren.

Jedes formale System tendiert zu dieser Selbstaufhebung, indem es seine eigenen Grenzen erzeugt. Auch Philosophie ist davor nicht gefeit. Seit Platon und Aristoteles hat die Philosophie den Willen zur Grundlegung, ja sogar zur Letztbegründung einer Wahrheit nicht losgelassen, wie sie gleichermaßen immer wieder daran versagte. Das gilt für René Descartes *fundamentum inconcussum*, dem unbezweifelbaren Grund oder archimedischen Haltepunkt, woran alle Erkenntnis festzumachen sei, genauso, wie für die späteren Versuche einer Begründung, die allein durch Reflexion auf das geschieht, was immer schon als unverzichtbar mit vorausgesetzt werden muss.

Überhaupt ist auffallend, dass viele philosophische Grundversicherungen sich keines direkten Beweises, wie in der Mathematik, bedienen können, sondern lediglich Widerspruchsstrategien formulieren, die eine Letztbegründung mittels Widerlegung des Gegenteils versuchen. Erneut enthüllt sich darin die Paradoxie als gefährlicher Feind, den es zu bekämpfen gilt. Und doch stellt sie sich, wo sie ein für alle Mal gebannt scheint, wieder ein: Etwa, indem das „Ich denke", das

von der Nichtbezweifelbarkeit des Zweifelns ausgeht, in seinem Schluss auf sein Dasein von neuem von seinem eigenen Zweifel heimgesucht und zerfressen wird.

Produktivität der Skepsis

Philosophie scheint dort beeindruckend, wo sie sich zu kühnen Begriffskathedralen aufzuschwingen vermag und *den* universalen Systementwurf vollbringt, der letztlich eine eigene Welt darstellt. Diese zu durchdringen setzt ein eigenes Vokabular voraus, das zu lernen einer Einweihung gleichkommt. Hoffnungslos in sich selbst verstrickt, bringt die Philosophie schließlich nichts anderes hervor als ein vielfach in sich verschachteltes Gebäude aus lauter mangelhaften Spiegeln. Nicht das System und seine sich im Haltlosen gegenseitig abstützenden Verstrebungen, die sich einbilden, ein letztes und gültiges Wissen zu manifestieren, macht darum ihre Kraft und Intensität aus, sondern weit eher die Erfahrung einer tendenziellen Unmöglichkeit ihres Unterfangens. Das hieße zugleich, von der anlagebedingten Dürftigkeit ihres Vermögens und ihrer Geschichte auszugehen – nicht nur, weil die Endlichkeit der Vorstellungen nirgends an die Gesamtheit der Welt und ihrer Zufälle heranreichen, sondern auch, weil die Vorstellungen Teil ihrer selbst sein müssten. Sowenig die Bedingungen des Denkens *im*

Denken mitgedacht werden können, sowenig kann es eine erschöpfende Repräsentation des Realen geben. Dies entspricht den Paradoxien der universellen Karte, dem Katalog der Bibliothek von Babel bei Jorge Louis Borges und der Menge aller Mengen, die als jeweils übergeordnetes Ganzes sich auch selbst als Teil ebendieses Ganzen enthalten müssten. Stattdessen wäre von einer prinzipiellen Untilgbarkeit der Differenz auszugehen. Es ist diese durch keine Identität „aufzuhebende" oder zu „versöhnende" Nichtidentität, die das Denken gleichermaßen in Unruhe hält wie es ein „Un-Heiles" erzeugt, das sich Zug um Zug weiterträgt und die Kluft fortschreibt, ohne je Ankunft zu gewähren.

Wissenschaften und Philosophie sind von einer Paradoxie gezeichnet.

Philosophie hat im Ringen um Selbstdistanzierung ihre besondere Aufgabe und Brisanz nicht in der Überwindung der Kluft als Hindernis, sondern in der Gewährung und Annahme ihrer immanenten Unheimlichkeit. Das Absolute kann keine menschliche Figur sein, sodass sich die Geschichte des Denkens als fortgesetztes Scheitern beschreiben lässt, das stets von Neuem wieder zur Offenheit herausfordert. Die außerordentliche Möglichkeit und Produktivität von Philosophie liegt in der Gewahrung dieses Zusammenhangs. Darin liegt die unveräußerliche geschichtliche Stellung der Skepsis, die Bedeutung ihres Stachels,

51

der Freiheit zu erobern, die – im Bilde Wittgensteins – der Fliege den Ausweg aus dem Fliegenglas weisen. „Eines Tages, wer weiß?" notierte in dieser Hinsicht auch Emilé M. Cioran in seinem *Brief über einige Sackgassen* mit der für ihn typischen Mischung aus anarchistischer Verve und luzider Bitternis, „… werden Sie vielleicht dieses Vergnügen kennenlernen, eine Idee ins Visier zu nehmen, auf sie loszuschießen, sie zur Strecke zu bringen, und dann die Übung mit einer anderen, mit allen, von neuem zu beginnen; diese Lust, … grimmig gegen eine Epoche oder eine Zivilisation anzugehen, über die Zeit herzufallen und ihre Augenblicke zu zermartern; sich dann gegen sich selbst zu wenden, seine Erinnerungen und Ambitionen abzutöten, seinen Atem zu verderben, um die Luft zu verpesten und noch mehr Erstickungsqualen zu erzeugen …; eines Tages werden Sie vielleicht diese Form der Freiheit kennenlernen, diese Form des Atemholens, diese Erlösung von sich und von allem. Dann können Sie sich mit allem Möglichen einlassen, ohne sich daran gebunden zu fühlen."[2]

Dieter Mersch ist Mathematiker und Philosoph. Seit 2004 ist er Professor für Medientheorie/Medienwissenschaften an der Universität Potsdam.

ihre Askese, die ihre Freiheit ausmacht. Philosophie *ist* diese Askese. Doch ist Askese, ebenso wie Bescheidung, Hingabe und Zurücknahme, eine ethische Kategorie. Sie gemahnt an Verzicht. In diesem Sinne verstand sich die historische Skepsis stets aus der Praxis der *epoché,* das heißt der Einklammerung jedes Anspruchs auf Geltung.

Derart kann Philosophie als die fortwährende Arbeit der Entsagung und des Sichlosreißens beschrieben werden. Ein anderes Wort für „Losreißung" ist auch: „Ent-Faszination". Die Bedeutung des Ausdrucks kann doppelt gelesen werden: Einmal als Anstrengung, sich nicht von den kristallklaren Figuren der Vernunft einholen und faszinieren zu lassen, zum anderen, dem Wortsinn nach, als Bemühung, die Fesseln abzustreifen, sich im Denken von dessen Zug der Selbstfesselung zu „ent-fesseln". Die philosophische Askese erfüllt sich in dieser gleichzeitigen „Ent-Faszination" des *logos* (griechisch; hier: Vernunft) wie der „Ent-Fesselung" des Gedankens im Sinne von *ekstasis* (griechisch: Ekstase, Außersich-Sein, Verzückung, Entrückung der Seele von den Eindrücken der Sinne). Insofern bedeutet die Askese im Denken zugleich seine Ekstase im Wortsinne des „Aus-sich-Heraustretens". Vielleicht erweist sich zuletzt deswegen nur solches Denken als legitim, das sich dieser Ekstase überlässt, das die Fesseln sprengt und aufsässig seine Möglichkeiten auslotet, um jene Orte

Das Denken selber neigt zur Paranoia.

Anmerkungen:

1. Das „Als" hat insofern die „Sache des Denkens" bereits unterbrochen und verdoppelt, ganz gleich, ob es sich um ein „prädikatives Als" (um die Aussage), ein „hermeneutisches Als" (die Interpretation), ein „ikonisches Als" (eine Visualisierung) oder ein „performatives Als" (eine Vorführung oder Darstellung) handelt. Das „Als" erweist sich in seiner Form als nicht vorentschieden, weshalb ihm die Philosophen unterschiedliche Gestalten zuwiesen, von der „idea" bei Platon über die „Form" und den „Begriff" bei Immanuel Kant und Georg Wilhelm Friedrich Hegel bis zur „Identifikation" bei Theodor W. Adorno, der „Signifikation" in Psychoanalyse und Strukturalismus oder der „Bezeichnung" und „Differenz" bei Niklas Luhmann. Stets beruht alle Wissenschaft sowie alle Kunst oder praktische Entscheidung auf der Struktur des „Als" und seiner ursprünglichen Spaltung.
2. Cioran, Emilé M.: Brief über einige Sackgassen. Klett-Cotta 1993, Seite 120

Literatur:

- Buchheim, Thomas: Die Vorsokratiker. Ein philosophisches Portrait. München 1994
- Heidegger, Martin: Was heißt Denken? In: Heidegger, Martin: Vorträge und Aufsätze. Pfullingen 1978, Seite 123–137
- Kafka, Franz: Der Bau. In: Sämtliche Erzählungen. Frankfurt am Main/Hamburg 1970, Seite 359–388
- Mansfeld, Jaap (Hrsg.): Die Vorsokratiker I. Stuttgart 1987
- Mersch, Dieter: Was sich zeigt. Materialität, Präsenz, Ereignis. München 2002
- Russell, Bertrand: Einführung in die mathematische Philosophie. Wiesbaden o. D.
- Wittgenstein, Ludwig: Philosophische Untersuchungen. Frankfurt am Main 1971

Thomas Zoglauer

Tödliche Konflikte

Ist es moralisch erlaubt, ein Passagierflugzeug abzuschießen, das in ein Hochhaus zu stürzen droht?

„Wer Orientierung in den aktuellen moralphilosophischen Debatten um Leben und Tod sucht, dem kann Zoglauers Buch uneingeschränkt empfohlen werden."
Stuttgarter Zeitung, 14. November 2007

320 Seiten, gebunden, 22,90 €, ISBN 978-3-933722-14-0

Jürgen Große

Die Philosophen

„Fest steht, dass hier ein freier und stilsicherer Geist die Kunst des Charakterisierens und Porträtierens beherrscht."
Neue Zürcher Zeitung, 16. 6. 2007

„Große lästert mit stilistischer Brillanz über philosophische Ergüsse ... Der Scharfsinn und Wortwitz des Autors bereitet unbändiges Vergnügen."
Universitas, Mai 2007

224 Seiten, gebunden, 22,90 €, ISBN 978-3-933722-15-7

Stefan Diebitz

Glanz und Elend der Philosophie

„Entstanden ist ein gut lesbares Kompendium dessen, was gegenwärtig Philosophie heißt und was sie sein könnte."
Philosophischer Literaturanzeiger 1/2008

„Diebitz hat sich als Selbstdenker eine Sensibilität für bestimmte Phänomene bewahrt, die im berufsmäßigen Philosophieren zumeist verloren geht."
Information Philosophie, Mai 2008

352 Seiten, gebunden, 27,90 €, ISBN 978-3-933722-19-5

omega verlag

Weitere Informationen finden Sie unter www.omegaverlag.de

Friedrich Dieckmann

Weltverwunderung
oder: Warum Philosophie?

Eine Miszelle

Ist es eine Alterserscheinung? Ich bemerke seit einiger Zeit einen Zug zur Weltverwunderung an mir, der wie in Kinderzeiten zurückführt, als ich mir vorsetzte, Astronom zu werden, um die Beschaffenheit dessen zu ergründen, was wir im Deutschen mit dem schönen Wort Weltall bezeichnen. Dieses Weltall ist seit den Kindertagen ein beträchtliches Stück größer und älter geworden, als die Wissenschaft damals wusste; dass es sich überdies im Zustand einer Dauerexplosion befindet, an der Erde und Mond, Sonne und Planeten mit dem ganzen Milchstraßensystem und allen andern Galaxien beteiligt sind, ist mir erst sehr viel später deutlich geworden.

Für den Menschen des 16. und 17. Jahrhunderts war es eine enorme Anforderung, sich erst *auf der Erde* in permanenter Drehung und dann *mit der Erde* in einem permanenten Sonnenumlauf zu denken; eine schwer fassbare Labilisierung des menschlichen Selbstbewusstseins heftete sich an diese un- und übersinnliche Vorstellung, die den erschrockenen Erdenbürger in ein gigantisches Himmelsuhrwerk versetzte. Einerseits die kolossale Leere dieses sogenannten Universums und andererseits die atemraubende Pünktlichkeit, mit der sich die in dieser Leere verstreuten Körper umeinander drehen, so dass man Kometenerscheinungen und Sonnen- wie Mondverfinsterungen schon vor dreihundert Jahren auf die Minute genau vorhersagen konnte.

Aber es blieb nicht dabei! Hinzu kamen immer neue Beweglichkeiten: des Planetensystems in der Galaxie, *unserer* Galaxie (was für ein Wort, *unsere Galaxie*!) zu andern Galaxien, schließlich die gänzlich unfassbare Vorstellung, dass alles dies, und zwar von jedem beliebigen Punkt des Ganzen aus, in einer Detonation steht, deren Ausmaß, bei weit entfernten Sternsystemen in die Nähe der Lichtgeschwindigkeit kommend, sich von der Erde aus messen lässt. Und wie sich dergestalt mit seinen Körpern der Raum ausdehnte, so dehnte sich dem immer subtiler ausgerüsteten Forscherblick auch die Zeit aus.

Nachdem uns der schulmäßige Materialismus eine nach Raum und Zeit unendliche und unanfängliche Materie gepredigt hatte, überraschte uns die Wissenschaft mit der Vorstellung eines messbar ermittelten Weltanfangs, für dessen Anstoß aus einer unvorstellbaren Energiekonzentration heraus keine göttliche Instanz, sondern das ominöse Wort Urknall berufen wurde.

Zugleich lernten wir, in Äonen, Weltaltern also, zu denken, deren Bestimmung noch unsern Eltern als Ausgeburten einer überreizten Phantasie gegolten hätte. Mit drei fundamental unterschiedenen Weltaltern verblüfft uns die kosmische Physik: Am Anfang die sich in den zehnten Teil einer Milliardstelsekunde zusammendrängende Ära der Elementarteilchen, danach die ihr mit einer Dauer von immerhin dreihunderttausend Jahren folgende Ära der Nukleonen und schließlich die nach diesen Initialzündungen einsetzende und es bis heute auf 13,7 Milliarden Jahre bringende Ära der Materie. Man prophezeit ihr eine lange Zukunft[1], und das ist wirklich erfreulich, denn bei allen mephistophelischen Einwänden: Es ist doch viel besser, dass etwas ist, als dass nichts ist.

Das Merkwürdige ist, dass man das alles nicht zu wissen braucht, um sich auf der Erde einigermaßen zurechtzufinden. Es ist eher dazu angetan, das menschliche Sein, diese schiefsitzende Krone der Schöpfung, zu irritieren: Was musste alles geschehen, damit dieses Sein möglich, damit es wirklich wurde! Auch das kann man inzwischen ausrechnen oder gibt sich doch die Miene; avancierte Wissenschaft lässt uns wissen, dass der Weg, der zur Entstehung des Homo sapiens führte, mit einer Zahl von Weggabelungen, also Möglichkeiten der Verfehlung, gepflastert war, die die Zahl der Atome des Weltalls bei weitem übertrifft. Diese beträgt 2^{60}, die Zahl der den Menschen hervorbringenden kausalen Varianten ist um denselben Faktor höher. Sie liegt bei 2^{120}, die Wahrscheinlichkeit, dass es dazu kam, bemisst sich also auf $1 : 2^{120}$. Das ist ein so extremer Grad von Unwahrscheinlichkeit, dass Fachleute daraus den Schluss ziehen, dass dergleichen in dem ganzen unermesslichen Detonationskosmos kein zweites Mal vorgekommen ist. Die kosmische Einzigartigkeit des Menschen kann für erhärtet gelten.

Und was folgt daraus, jenseits dessen, was uns Naturwissenschaft beantworten kann? Hier tritt Philosophie in ihre Rechte ein und tut es nicht erst seit heute. Weltverwunderung, das ist der philosophische Zustand schlechthin. Wozu Philosophie? Offenbar dazu, tiefer, genauer, bedächtiger nach der Welt, dem Menschen zu fragen, als andere Wissenschaften es vermögen, mit dem Bewusstsein, dass von jeher, oder sagen wir besser: seit der Mensch sich Kultur leisten konnte, so gefragt wurde und alle Antworten nicht ausgereicht haben. Darum Philosophie.

Friedrich Dieckmann lebt als Schriftsteller in Berlin-Treptow.

55

Anmerkungen:

1. Vergleiche Ganten, Detlev; Deichmann, Thomas; Spahl, Thilo: Naturwissenschaft. Alles, was man wissen muß. München 2006, Seite 269

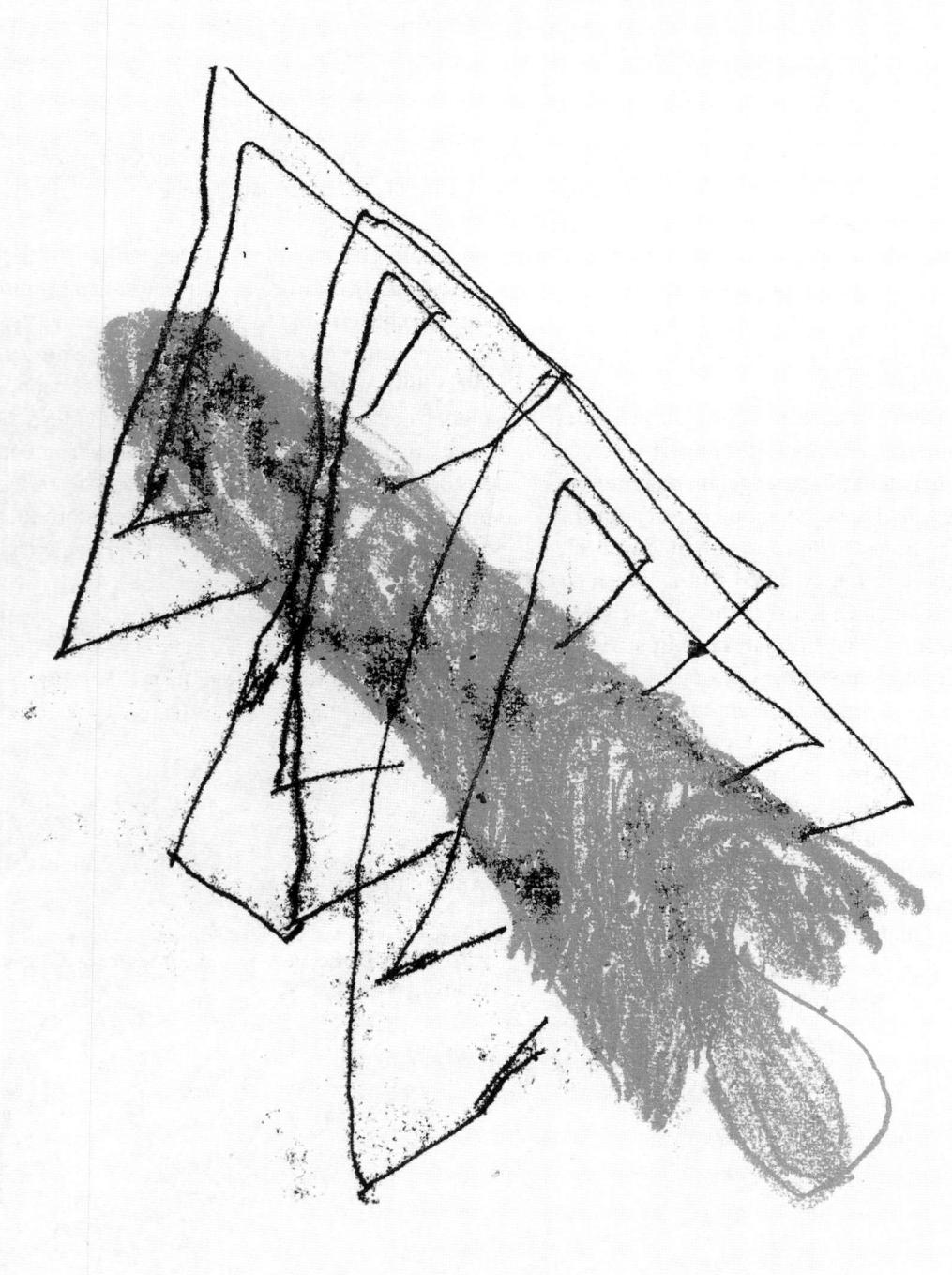

Wolfgang Lenzen

Wozu analytische Philosophie?

Außer den traditionellen Domänen Logik, Wissenschaftstheorie, Sprachphilosophie und Erkenntnistheorie umfasst die analytische Philosophie heutzutage alle Bereiche eines problemorientierten Nachdenkens über „Gott und die Welt". Sie grenzt sich dabei von nicht analytischer Philosophie durch besonderes Bemühen um begriffliche Präzision und logische Stringenz der Argumentation ab.

Als ich „dereinst", vor knapp vier Jahrzehnten, den Einstieg in die professionelle Philosophie wagte, hätte ich auf die Titelfrage vermutlich in „klassisch analytischer" Manier wie folgt geantwortet:

Erstens gälte es, den Begriff der Philosophie im Allgemeinen und jenen der analytischen Philosophie im Besonderen zu präzisieren.

Zweitens müsse der Sinn der Wozu-Frage eindeutig geklärt werden: Geht es darum, (i) wieso jemand, der sich ohnehin mit Philosophie beschäftigt, sein Interesse auf *analytische* Philosophie fokussieren soll? Oder handelt es sich darum, (ii) wozu „man" sich generell mit analytischer Philosophie beschäftigen soll?

Als „Definition" von Philosophie im Allgemeinen hätte ich vermutlich die alltägliche Bestimmung eines „Nachdenkens über Gott und die Welt" akzeptiert, während sich analytische Philosophie durch das Bemühen um begriffliche Präzision und logische Stringenz der Argumentation auszeichnet. De facto lief dies darauf hinaus, analytische Philosophie mit jenen Disziplinen zu identifizieren, auf die sich in den frühen 70ern in der Bundesrepublik Deutschland unter anderem Wolfgang Stegmüller, Franz von Kutschera, Eike von Savigny und Wilhelm K. Essler konzentriert hatten, nämlich Logik, Wissenschaftstheorie, Erkenntnistheorie und Sprachphilosophie. Die übrigen Bereiche traditioneller Philosophie waren als „unwissenschaftliche Metaphysik" (siehe Erläuterung) verpönt, und die obige Frage (i) konnte eigentlich nur rigoros so beantwortet werden:

(I) Wenn man Philosophie als Wissenschaft betreiben will, dann muss man sich auf analytische Philosophie beschränken.

Ferner hätte ich die damals – 1968! – ziemlich brisante Frage (ii) nach der „gesellschaftlichen Relevanz" der Philosophie nicht mit Verweis auf Georg Wilhelm Friedrich Hegel, Karl Marx und Friedrich Engels zu beantworten versucht, sondern durch das Plädoyer:

(II) Philosophie hat nur insoweit Platz in der universitären Ausbildung, als sie eine systematische Ausbildung in Logik, Wissenschaftstheorie und Erkenntnistheorie bereitstellt.

Diese Sichtweise war jedoch viel zu eng(stirnig). Im deutschsprachigen Raum erfuhr das Spektrum der analytischen Philosophie vor allem durch die Arbeiten von Franz von Kutschera eine kaum für möglich gehaltene Erweiterung. Ethik, Ästhetik, Philosophie des Geistes, Religionsphilosophie und andere Disziplinen wurden bald hoffähig, und mittlerweile beschäftigen sich analytische Philosophen sogar mit metaphysischen Fragestellungen, die für die Mitglieder des „Wiener Kreises" um Rudolf Carnap absolut tabu waren.

Wie wäre also heute Philosophie im Allgemeinen und analytische Philosophie im Besonderen neu zu definieren? Was zunächst die Inhalte betrifft, so ist die Charakterisierung von Philosophie als einer Reflexion über „Gott und die Welt" immer noch zutreffend. Allerdings haben sich die Akzente im Laufe der Zeit deutlich verschoben. Auf der einen Seite verlor mit dem Aufkommen der darwinschen Evolutionstheorie Gott als mögliche Erklärung für die Entstehung des Universums und die Vielfalt der „Geschöpfe" der Natur seine dominierende Rolle. Auf der anderen Seite rückte der Mensch ins Zentrum philosophischer Betrachtungen. Kurzum: Philosophie beschäftigt sich heute mit allem, was den Menschen und seine Stellung im Universum betrifft. Dies tun freilich – wenngleich in anderer Form – auch zahlreiche andere Wissenschaften. Wodurch unterscheidet sich dann die Philosophie von ihnen? Was genau macht eine Frage zu einer philosophischen Frage? Wie verhält sich zum Beispiel die Philosophie der Naturwissenschaften zu den Naturwissenschaften selber, Philosophie der Mathematik zur Mathematik, Philosophie der Kunst zur Kunst, Philosophie der Religion zur Religion...? Der aktuelle Wikipedia-Beitrag „Philosophie" versucht diese Frage wie folgt zu beantworten: „Es gibt Probleme, die sich nicht mit Hilfe der ‚gewöhnlichen' Wissenschaften bearbeiten lassen. Die Fragen etwa nach dem, was ‚gut' und ‚böse' ist, was ‚Gerechtigkeit' bedeutet, ob es einen Gott gibt, ob der Mensch eine unsterbliche Seele besitzt oder was der ‚Sinn des Lebens' ist. Eine weitere Klasse von Fragen kann ebenfalls nicht Gegenstand der Wissenschaften sein. So untersucht die Biologie zwar die Welt des Lebendigen, sie kann aber nicht bestimmen, was das

57

Was genau macht eine Frage zu einer philosophischen Frage?

Abbildung:
Aus der Serie
Babylon Babies
Marie-Jo Lafontaine
3-C-Print, 2001
www.marie-jo-
lafontaine.com

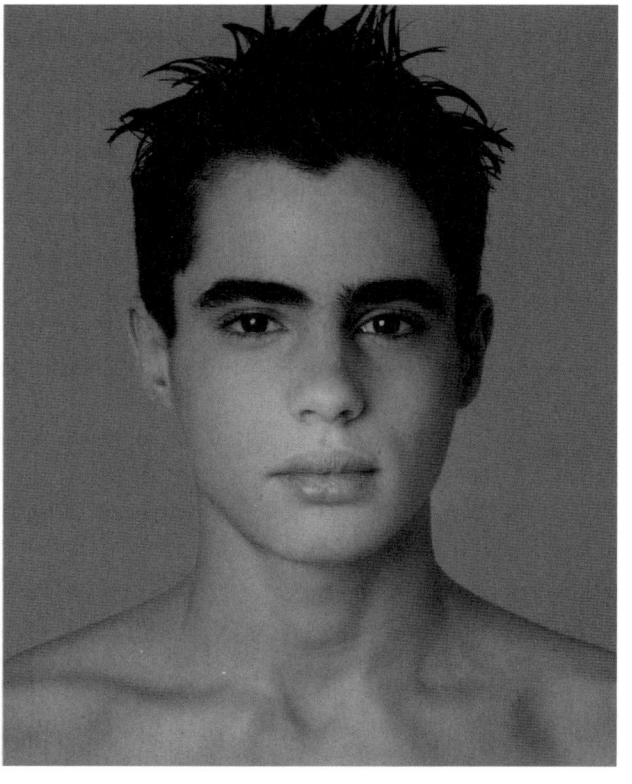

,Wesen' des Lebendigen ausmacht, ob und wann lebende Organismen getötet werden dürfen, oder was das menschliche Leben für Rechte und Pflichten beinhaltet ... Die Rechtswissenschaften untersuchen und legen fest, wann etwas im Einklang mit den Gesetzen geschieht: was aber wünschenswerte Inhalte des Gesetzbuches sein sollten, dies übersteigt ihren Rahmen ... In allen solchen Fällen versagen die Erklärungsmodelle der Einzelwissenschaften. Bei diesen Problemen handelt es sich um philosophische Fragen." (vergleiche: http://de.wikipedia.org/wiki/Philosophie) Auch wenn diese Ausführungen keine wirkliche Definition darstellen, erhellen sie den Charakter der Philosophie als einer Grundlagenwissenschaft. Wie aber lässt sich die zeitgenössische analytische Philosophie von der Philosophie im Allgemeinen abgrenzen? Nachdem sie in ihren Inhalten nicht mehr auf Logik, Wissenschaftstheorie, Erkenntnistheorie und Sprachphilosophie beschränkt ist, kann der Unterschied nur in der spezifischen Methode liegen, die oben durch die Stichworte „begriffliche Präzision" und „logische Stringenz der Argumentation" umrissen wurde. Dagmar Borchers erläutert diese Methode beziehungsweise den „Stil" analytischen Philosophierens so: „Analytischem Philosophieren geht es ... darum, vor dem Hintergrund des jeweils aktuellen Forschungsstandes mit guten Argumenten die Beantwortung einer Sachfrage voranzubringen ... Philosophen, die bestrebt sind, innovative Gedanken und weiterführende Argumente zu systematischen Fragestellungen vorzutragen, dabei sprachanalytische und logische Techniken nutzen und offen sind für formale Methoden, bedienen sich ... eines analytischen Philosophiestils." (Borchers 2007, Seite 94)

In wesentlicher Übereinstimmung mit dieser Sicht wären die einstigen „Dogmen" (I) und (II) wie folgt zu modifizieren:

(I*) Wenn man Philosophie als Wissenschaft betreiben will, dann muss man sie im analytischen Stil betreiben.
(II*) Philosophie im analytischen Stil ist keineswegs auf Logik, Wissenschaftstheorie, Erkenntnistheorie und Sprachphilosophie beschränkt, setzt aber eine systematische Ausbildung in diesen Kerndisziplinen voraus.

Zudem sollte die „gesellschaftliche Relevanz" der (analytischen) Philosophie im Einklang mit Borchers' „Forderung nach Präsenz" wie folgt re-formuliert werden:

(III*) Analytisch betriebene Philosophie muss den Dialog mit der Öffentlichkeit suchen und sich an gesellschaftlichen Kontroversen beteiligen.

Wie dies konkret aussieht, wozu analytisches Philosophieren im Einzelfall wirklich „taugt", soll im Folgenden anhand eines aktuellen moralphilosophischen Problems illustriert werden: der „verbotenen Liebe" von Patrick S. und Susan K.

Zur rechtlichen und moralischen Beurteilung des Inzests

„Patrick war 23 Jahre alt, als er Susan kennenlernte. Bis dahin war es für ihn nicht gut gelaufen: Als Dreijähriger wird er vom Vater, einem Alkoholiker, misshandelt. Die Polizei bringt ihn ins Heim, dann kommt er zu Pflegeeltern, die den Jungen adoptieren. Im Jahr 2000 nimmt er Kontakt zu seiner leiblichen Mutter auf. Dort lernt er die 16-jährige Susan kennen, seine Schwester. Die beiden verlieben sich, zeugen vier Kinder, und gäbe es nicht den Paragrafen 173 des Strafgesetzbuchs, wären sie heute vielleicht eine glückliche Familie." (*Neue Osnabrücker Zeitung* vom 14. 3. 2008, Seite 3)

Dieser § 173 stellt den sogenannten Inzest, das heißt den Beischlaf zwischen engen Verwandten, speziell zwischen Eltern und Kindern, aber auch zwischen (volljährigen) Geschwistern unter Strafe. Ihm zufolge wurde Patrick 2002 wegen 16 Fällen des Geschlechtsverkehrs mit seiner Schwester zu einer Haftstrafe von einem Jahr auf Bewährung – und 2004 zu zehn Monaten ohne Bewährung – verurteilt. Patrick legte Beschwerde beim Bundesverfassungsgericht ein, die jedoch mit Urteil vom 14. März 2008 abgelehnt wurde. Lediglich einer der Karlsruher Richter hatte sich für die Abschaffung des § 173 ausgesprochen.

Philosophie ist die Kunst, gute von schlechten Argumenten zu unterscheiden.

Zu den wichtigsten Aufgaben der analytischen Ethik gehört es laut Borchers (2007, Seite 102), „Antworten auf konkrete moralische Fragen zu finden, ob zum Beispiel Sterbehilfe oder Abtreibung unter bestimmten Umständen moralisch erlaubt sein könnte". Philosophie ist mithin die Kunst, gute von schlechten Argumenten zu unterscheiden. Wer sich an Ethik heranwagt, sollte diese Kunst in besonderem Maße beherrschen. Insbesondere der an Anwendungen interessierte Ethiker muss – mit den Worten von Rainer Hegselmann – „ein Experte für Konsistenz, Kohärenz und Plausibilität moralischer Überzeugungen sein". Denn viele ethische Meinungsverschiedenheiten haben, wie Norbert Hoerster erkannte, ihren Ursprung „nicht in unvereinbaren ethischen ‚Bekenntnissen', sondern in begrifflich unklarem Denken, logischen Fehlschlüssen und ungenügender Kenntnis empirischer Handlungsfolgen".

Außer den Grundtugenden von begrifflich klarem Denken und schlüssigem Argumentieren setzt angewandte Ethik aber auch eine kohärente (stimmige) Theorie des moralisch richtigen Handelns voraus. Im Laufe der Philosophiegeschichte haben sich viele berühmte Köpfe bemüht, eine solche Theorie zu entwickeln. Dabei haben professionelle Ethiker vom Schlag eines Thomas Hobbes, Immanuel Kant, John Rawls oder Jürgen Habermas jedoch oft das basale Minimalprinzip aus den Augen verloren, das in der christlichen Tradition als Goldene Regel formuliert wurde und das sich im Sinne der Maxime Neminem laedere (wörtlich: niemandem schaden) auch so ausdrücken lässt:

Die Handlung H (einer Person P) ist jedenfalls dann moralisch unbedenklich, wenn durch H keinem anderen (als eventuell P selber) ein Schaden zugefügt wird.

Hieraus folgt insbesondere, dass sexueller Verkehr immer dann moralisch unbedenklich ist, wenn er (i) auf gegenseitiger Liebe beruht – also im beiderseitigen Einvernehmen erfolgt – und (ii) keinem Dritten schadet.

Was folgt daraus für die „tragische Liebe" von Patrick S. und Susan K.? Der Artikel in der *Frankfurter Allgemeinen Zeitung* vom 13. 3. 2008 „Kann denn Liebe strafbar sein?" löste eine Lawine von Online-Leserzuschriften aus (http://www.faz.net), die sich ähnlich wie die Karlsruher Richter in der Mehrheit für die Beibehaltung des § 173 aussprachen. So schrieb etwa Roland Worms: „Die Freiheit der Liebenden mag man ja akzeptieren, aber wer schützt die Freiheit der Kinder, die unter Inkaufnahme eines potenziell sehr hohen Risikos gezeugt werden? Solange dieses überproportionale Risiko (zum Beispiel medizinisch) nicht ausgeschlossen werden kann, ist das Verbot für mich okay." Und Christian Roig schrieb: „Dieses Paar hat 4 Kinder in die Welt gesetzt, wovon 2 Kinder behindert sind. Das(s) Geschlechtsverkehr zwischen Verwandten 1. und 2. Grades zu gesundheitlichen Problemen beim Nachwuchs führen kann, ist ja nun wirklich nicht neu ... Hat mal jemand an die armen Kinder gedacht?" Der Konflikt zwischen dem Recht auf sexuelle Selbstbestimmung der Geschwister und dem Recht ihrer Kinder auf körperliche Unversehrtheit sei – ähnlich wie im Falle einer Abtreibung – zugunsten des schwächeren Parts zu entscheiden.

59

Abbildung:
Aus der Serie
Babylon Babies
Marie-Jo Lafontaine
3-C-Print, 2001
www.marie-jo-
lafontaine.com

Auf der anderen Seite gab es auch Leserzuschriften, die sich gegen das staatliche Inzestverbot aussprachen. So wies etwa Till Diesing darauf hin, dass nicht alles, was zu (genetischen) Schäden beim Nachwuchs führt, strafrechtlich verfolgt wird: „‚Inzest‘ kann, wenn man Kinder zeugt, aus genetischen Gründen zu Schäden bei Kindern führen. Das ist wissenschaftlich bewiesen. Genauso bewiesen ist übrigens, daß Nikotin und Alkohol dasselbe bewirken. Schon mal eine rauchende Schwangere auf einer Anklagebank gesehen?" Dementsprechend machte Bertram von Steuben geltend, dass nicht alles, was ethisch oder sittlich falsch ist, gesetzlich bestraft werden müsse. Für ihn persönlich sei etwa Homosexualität eines der wenigen „in der Bibel unverschlüsselten Verbote Gottes" und damit unmoralisch. Die Straffreiheit des homosexuellen Verkehrs sei jedoch in Ordnung, solange dabei kein Dritter geschädigt wird. Entsprechend sollte Inzest dann unbestraft bleiben, wenn Maßnahmen gegen die Fortpflanzung, und damit gegen das Risiko genetischer Schädigung der Nachkommen, getroffen werden. Diesem – dem Neminem laedere verpflichteten – Einwand zufolge wäre nur das *derzeitige* Verhältnis zwischen Patrick und Susan unbedenklich, denn nachdem zwei ihrer Kinder mit Behinderungen auf die Welt gekommen waren, hatte sich Patrick (laut Zeitungsbericht der *FAZ*) sterilisieren lassen.

Alle diese Überlegungen gehen in der einen oder anderen Weise davon aus, dass das eigentliche Problem beim Inzest die Gefahr von Erbkrankheiten der Kinder sei. Um die Triftigkeit der Pro-und-Contra-Argumente genauer überprüfen zu können, soll dieses zentrale Bedenken in drei Teilaussagen zergliedert werden:

(P1) Inzest führt (mit erheblicher Wahrscheinlichkeit) zur Empfängnis eines behinderten Kindes.
(P2) Also fügt Inzest (mit erheblicher Wahrscheinlichkeit) dem Kind einen Schaden zu.
(K) Deshalb ist Inzest unmoralisch und muss strafrechtlich verboten bleiben.

Auch wenn empirisch keineswegs feststeht, wie groß die Gefahr einer „Inzucht" wirklich ist, sei Prämisse (P1) als wahr vorausgesetzt. Aus ihr folgt jedoch keineswegs zwingend die Konklusion (K). Denn der Vizepräsident des Bundesverfassungsgerichts, Prof. Winfried Hassemer, nach Meinung der *Neuen Osnabrücker Zeitung* einer „der klügsten Köpfe der deutschen Straf-

rechtslehre, der sich wie kaum einer mit den Grenzen des Rechts und dessen Schnittmengen mit der Moral auskennt", hatte in seinem Minderheitenvotum eingewendet: „Würden drohende genetische Defekte ein Verbot der Zeugung von Nachkommen rechtfertigen, dann gälte das auch etwa für Behinderte oder Frauen über 40." (*NOZ* vom 14.3.2008) Prof. Hassemer schloss sich damit dem Argument des Dresdner Rechtsanwalts Endrik Wilhelm an, der als Verteidiger von Patrick S. in der Verfassungsbeschwerde darauf hingewiesen hatte: „Personen mit einer Erbkrankheit, deren Risiko, ein behindertes Kind zu zeugen, zum Teil erheblich höher sei, sei es auch nicht verboten, sich fortzupflanzen."

Leider vermag dieses Argument die Straffreiheit des Inzests nur konditional (bedingt), aber nicht kategorisch (unbedingt; in jedem Fall) zu begründen. Um bloße Kohärenz herzustellen, könnte die Rechtsprechung ja dazu übergehen, außer dem Inzest auch andere Formen der Sexualität, die (mit erheblicher Wahrscheinlichkeit) zur Empfängnis eines behinderten Kindes führen, (wieder) zu sanktionieren. Es bedarf deshalb einer zusätzlichen Argumentation, um die Auffassung der Professoren Herbert Tröndle und Thomas Fischer zu untermauern, die in ihrem Standardkommentar zum Strafgesetzbuch schlicht deklarierten: „Dass das Sexualverhalten der Menschen mit Hilfe des Strafrechts an eugenischen Gesichtspunkten zu orientieren sei, kann nicht mehr vertreten werden."

Nun hatte bereits der Rechtsanwalt von Patrick S. auf weitere Ungereimtheiten in der Auslegung des § 173 hingewiesen. So sei es besonders absurd, wenn nur der inzestuöse Geschlechtsakt, nicht aber generell das Zeugen von Kindern unter Strafe gestellt wird. Konkret würde derzeit „eine Schwangerschaft durch künstliche Befruchtung mit den Spermien des Bruders nicht strafrechtlich sanktioniert". Merkwürdig findet Wilhelm auch, dass nur der Beischlaf, nicht aber andere sexuelle Praktiken strafrechtlich relevant sein sollen: „Beischlafähnliche Handlungen, die mit einer hohen Empfängniswahrscheinlichkeit einhergehen, bleiben ebenso unsanktioniert wie andere sexuelle Praktiken, denen der Gesetzgeber ansonsten dieselbe Eingriffsintensität zumisst wie dem Vollzug des Beischlafs." (FAZ vom 13.3.2008) Doch auch diese juristischen Inkonsistenzen vermögen den Grundgedanken des § 173 nur bedingt, nicht aber kategorisch zu widerlegen. Konservative Rechtsgelehrte könnten die genannten Inkohärenzen ja dadurch beseitigen, dass sie ab sofort bei einer inzestuösen Beziehung künstliche Befruchtung sowie „beischlafähnliche Handlungen" unter Strafe stellen.

Für eine *unbedingte* Zurückweisung des „Inzucht"-Verbots muss man die andere Prämisse des oben zergliederten Argumentes (P2) kritisch analysieren und sich Klarheit darüber verschaffen, ob die bloße Zeugung eines Kindes jemals unmoralisch oder gar strafwürdig sein kann. Auf den ersten Blick könnte die folgende, von den Besonderheiten des Inzests abstrahierende Schlussfolgerung einigermaßen plausibel erscheinen:

(*) Wenn ein Kind gezeugt wird, das (mit erheblicher Wahrscheinlichkeit) eine Behinderung haben wird, so wird diesem Kind durch die Zeugung (mit erheblicher Wahrscheinlichkeit) ein Schaden zugefügt.

Doch in Wahrheit beruht (*) auf einem gravierenden Denkfehler! Eine Frau, die bereits schwanger ist, kann dem heranwachsenden Kind zum Beispiel durch ungesunde Lebensweise schaden. Das Kind existiert schon als Träger von (zumindest latenten) Interessen, und die werdende Mutter handelt diesen Interessen zuwider, wenn sie zum Beispiel ihren Alkohol- und Nikotinkonsum nicht einschränkt. Der jeweilige Schaden könnte schematisch so beschrieben werden: Es gibt für das Kind K alternative Lebensverläufe: Im einen hört die

Schwangere auf zu rauchen und Alkohol zu trinken, K kommt gesund zur Welt. Im anderen Szenario raucht oder trinkt die Schwangere weiter und K wird krank geboren. Die moralisch relevante Schädigung besteht einfach darin, dass die Mutter hätte verhindern können, dass dieses Kind krank wird.

Ganz anders hingegen liegen die Dinge bei der bloßen Zeugung eines (eventuell erbgeschädigten) Kindes. Hier lautet die Alternative nicht, dass K entweder mit oder ohne Behinderung geboren wird, sondern: Entweder wird jetzt „dieses Kind" gezeugt und kommt eventuell behindert auf die Welt, oder „dieses Kind" wird jetzt nicht gezeugt und kommt nie auf die Welt. Nüchternes, vorurteilsfreies und begrifflich klares Denken zeigt also, dass die Rücksichtnahme auf die Interessen von eventuell zu zeugendem Nachwuchs in aller Regel nicht ausreicht, Sex als unmoralisch zu begründen. Selbst wenn beim Inzest ein geistig oder

Wozu Philosophie?

Umfrage für *der blaue reiter – Journal für Philosophie*

Jeder von uns ist in seinem Beruf Spezialist und erbringt deshalb in diesem Bereich Spitzenleistungen. Das kommt uns allen zugute. Wer aber nur Spezialist ist, verfehlt sein Menschsein, wird einseitig, lässt wesentliche Begabungen und Talente verkümmern, ist mit anderen Menschen nicht mehr dialogfähig, lebt unter seinen Möglichkeiten.

Wer selbstständig denkt, philosophiert. Vor jedem Befassen mit den Gedanken großer Philosophen ist Philosophieren eigenständiges Denken über sich selbst, über das eigene Leben, über die menschliche Gemeinschaft, über das, was wir unseren Vorfahren und unseren Mitmenschen verdanken, über das Woher und Wohin des Menschen, darüber, dass wir endlich sind und sterben müssen … Jeder Mensch denkt darüber nach, ob er alles tun darf, was er tun will, ob wir Menschen alles tun dürfen, was wir technisch machen können. Philosophie ist Liebe zur Weisheit. Wahre Weisheit ist nicht Vielwissen, sondern vernünftiges Denken und Handeln.

Erwin Teufel
Ministerpräsident von
Baden-Württemberg (1991–2005),
seit 2005 Student an der Hochschule
für Philosophie in München.

natürlich, denn bei einem wörtlichen Verständnis der Bibel müssten ja „die ersten Menschen … auch die ersten Geschwister geheyrathet haben" (*Vorlesungen*, Seite 1518 f.). Eine „Geschlechter-Gemeinschaft der Eltern mit den Kindern" hingegen sei unmoralisch, weil jede sexuelle Beziehung eine gleichberechtigte Partnerschaft beinhalte, Kinder aber ihren Eltern zeitlebens „unterwürfig" sein müssten. Hiermit würde also beispielsweise die Heirat zwischen Woody Allen und seiner Adoptivtochter Soon-Yi Previn moralisch disqualifiziert, während die Rechtsprechung sexuelle Beziehungen mit Stief- und Adoptivtöchtern durchaus toleriert.

Noch abstruser ist Kants Einwand gegen Homosexualität. Sie geschähe „wider die Zwecke der Menschheit", denn der Zweck der Menschheit sei die Erhaltung der Art. Homosexueller Verkehr trägt aber nichts zur Erhaltung der Spezies Mensch bei, „also versetze ich mich hiedurch unter das Thier und entehre die Menschheit" (*Vorlesungen*, Seite 1520; siehe hierzu auch Lenzen, 1999, Seite 54 ff.). Thomas Sören Hoffmann versuchte, die moralische Rehabilitation gleichgeschlechtlicher Liebe durch den bloßen Hinweis zurückzuweisen: „… man weiß, dass nahezu die gesamte philosophische Tradition anders dachte, von Platon, der Homosexualität als ‚maßlose Lust' … staatlich verbieten wollte, bis hin zu Kant, an dessen kategorischen Imperativ die Maxime homosexueller Praxis, weil in verallgemeinerter Form das Ende der Menschengattung bedeutend, schon scheitert". (FAZ vom 2. 11. 1999) Wenn der mittlerweile zum außerplanmäßigen Professor promovierte Hoffmann das kleine Abc analytischen Philosophierens gelernt hätte, hätte ihm eigentlich aufgehen müssen, dass seinem kantschen „Argument" zufolge auch der Papst und jeder katholische Geistliche die Menschheit entehrt, denn die Praxis der sexuellen Enthaltsamkeit würde ja erst recht „in verallgemeinerter Form das Ende der Menschengattung" bedeuten.

Wolfgang Lenzen ist Professor für Philosophie an der Universität Osnabrück.

körperlich behindertes Kind gezeugt würde, wird es normalerweise in der Lage sein, ein lebenswertes Leben zu führen. Und da für dieses Kind die einzige Alternative lautet, gar nicht oder eben mit Behinderung geboren zu werden, wird ihm also durch die eventuelle Zeugung nicht wirklich geschadet. Diese wichtige Erkenntnis hatte sich nur ein einziger Teilnehmer der zitierten Pro-und-Contra-Debatte explizit zu Eigen gemacht. Obwohl man vom Klischee eines Verteidigers eher erwarten würde, dass er die Interessen seines Mandanten mit juristischen Spitzfindigkeiten vertritt als mit gesundem Menschenverstand oder gar mit analytischem Philosophieren, brachte Rechtsanwalt Wilhelm die Unhaltbarkeit der strafrechtlichen Verfolgung des Inzests treffend wie folgt auf den Punkt: „Und der Einwand, die Zeugung eines behinderten Kindes sei Körperverletzung, liegt neben der Sache, weil es das Kind ohne die Zeugung gar nicht gäbe." (*FAZ* vom 13. 3. 2008)

Zur Abrundung noch zwei Beispiele schlechter, nicht analytischer Moralphilosophie. Kein geringerer als Kant hielt den elterlichen, nicht aber den geschwisterlichen Inzest für unmoralisch. Der „Incestus zwischen Bruder und Schwester" sei in gewisser Weise

Zur Vertiefung empfohlen:

a) Zur analytischen Philosophie im Allgemeinen:
- Borchers, Dagmar: Analyse, Anwendung, Ausbildung – Warum es attraktiv sein kann, in der Universitätsphilosophie die analytische Brille aufzusetzen. In: Sandkühler, Hans Jörg (Hrsg.): Philosophie, wozu? Suhrkamp, Frankfurt am Main 2007, Seite 85–109
- Lenzen, Wolfgang (Hrsg.): Das weite Spektrum der Analytischen Philosophie – Festschrift für Franz von Kutschera. de Gruyter, Berlin 1997
- Meggle, Georg: Analytische Philosophie. In: Sandkühler, H. J. (Hrsg.): Enzyklopädie Philosophie. Band 2. Meiner, Hamburg 1999, Seite 54–62

b) Zur analytischen Ethik:
- Lenzen, Wolfgang: Liebe, Leben, Tod – Eine moralphilosophische Studie. Reclam, Stuttgart 1999
- Lenzen, Wolfgang (Hrsg.): Wie bestimmt man den moralischen Status von Embryonen? mentis, Paderborn 2004

Jürgen Große

Durch Tag und Nacht
Lehrstunden der Schlaflosigkeit

Schlaflos bleibt ein Bewusstsein, das aus sich selbst leben will und sich darum nicht mehr vergessen kann. Als Selbstbewusstsein, Selbstbehauptung, Selbstverwirklichung kennt es keine Ruhe. Schlaflosigkeit und Übermüdung bilden die zwei Seiten jener Aufgewecktheit, die von den neuzeitlichen Philosophien eines allzeit hellwachen Selbstbewusstseins verherrlicht wurde. In 49 Kapiteln protokolliert Jürgen Große 24 Stunden eines immerwachen Bewusstseins.

192 Seiten, gebunden, 23,90 €, ISBN 978-3-933722-23-2

Peter Schneider

Theorie an der Bar

Die Glossen zu Theorien bekannter Denker sollen zum Nach-Denken anregen; und zwar im überaus wörtlichen und darum auch ganz und gar nicht betulichen Sinne: zum Nachdenken nämlich, so wie man etwas nachrechnet, nachspielt, nachkocht… In diesem Falle keine Rechnungen, Klaviersonaten, Schachpartien oder Rezepte, sondern Philosophie.
Theorie an der Bar präsentiert unter anderem Texte zu René Descartes, Charles Darwin, Sigmund Freud, Jean-Jacques Rousseau und Thomas Hobbes.

128 Seiten, mit Zeichnungen von Jan Tomaschoff, gebunden, 14,90 €, ISBN 978-3-933722-20-1

Jochen Hörisch / Ruth Tesmar (Bilder)

Vorletzte Fragen

"Hörisch, in seiner dichten und gewitzten Argumentation ein funkelnder Unterhalter, verrechnet das Letzte mit dem Neuen und das vermeintlich Vergangene mit dem Gegenwärtigen … Zwischen Nicht-mehr und Noch-nicht, zwischen den kalendarischen Zeiten, wenn das Jahr zur Neige geht und allenthalben telegene Retro-Bilanzen blühen, ist das ungemein ergiebiger Lesestoff"
DIE WELT, 22. Dezember 2007

Ein Bildband der Reihe „Philosophie & Kunst" im Format DIN A 4.

96 Seiten, mit 32 ganzseitigen Bildern, gebunden, Fadenheftung, 39,90 €, ISBN 978-3-933722-16-4

omega verlag

Weitere Informationen finden Sie unter www.omegaverlag.de

Wolfgang E. Reuber

Die versprochene Welt

An einem Sommertag vor vielen Jahren kam ich auf die Welt. Nicht zur Welt; und sie kam auch nicht zu mir, sondern drang auf mich ein. Vor allem redete man auf mich ein, sprach von Froschkönigen, Osterhasen, Geistern, Horoskopen, Unbewusstem, Kräften und ursächlichen Zusammenhängen.

Die Sprache unterscheide den Menschen vom Tier!, sagt man mir. Demnach war ich, sprachlos wie ich als Säugling war, damals noch kein wahrer Mensch. Aber was dann? Ein unwahrer jedenfalls nicht, denn ich konnte wahrnehmen: dass ich da bin, dass etwas da ist, dass Dinge nicht mehr da sind, dass ich etwas spüre, etwas vernehme. Unbestreitbar! Und ganz wortlos. Doch solche Wahrnehmung gilt nicht als zulässig: Während jeder beliebige Glaube besonderen Schutz genießt, ist das unmittelbar Erfasste schutzlos. Man meint wohl, das Reale könne sich selber helfen – und rottet es aus. Und jedes Mal beginnt das mit Sprache, die sich über die Dinge stellt.

Wer sich der Sprache überlässt, den nimmt sie beim Wort und macht ihn zum Geist.

So stellte man sich auch über mich: Ich solle folgen, sagte man mir. Wohin? Rückwärts; zu den Toten, denen alle folgen, weil sie zu uns sprechen: Überlieferung, Tradition. Aber gibt es Jugend, die rückwärts strebt? Selbst wenn sie es wollte, verhinderte das der Zeitpfeil! Und so versucht jede junge Generation aufs Neue, die Kluft zwischen dem Empfundenen und dem Sagbaren mit immer neuen Wortschöpfungen zu überwinden – hilflos, gleichwohl mit vollem Recht, denn Sprache macht altklug: Niemand erlebt seine erste Liebesnacht als „Geschlechtsverkehr".

Die Alten werfen den Jungen dann Gedankenlosigkeit vor. Denn Immanuel Kant sagt uns, dass Denken Reden mit sich selbst sei[1]. Nicht das Selbstgespräch des Schizophrenen, sondern eine Wortfassung des Erlebten. Und: „Ich denke, also bin ich" hat vor ihm der berühmte René Descartes geschrieben. Aber was soll das heißen: Existiert der Gedankenlose nicht? Sind die Tiere nicht, die Pflanzen, die Stummen? Er hat es wohl

gar nicht so gemeint, wie man ihm nachsagt, ihm war es gleich, stattdessen zu schreiben: „Ich denke, ich bin"[2] – mehr noch: „Unter dem Worte Denken verstehe ich alles, was in uns vorgeht, sofern wir unmittelbar uns dieser Vorgänge bewusst sind. In diesem Sinne ist nicht bloß Erkennen, Wollen, Einbilden, sondern auch Empfinden dasselbe wie Denken."[3] Das hat er geschrieben und „seine Enkel" gebeten, nur das als „cartesianisch" zu bezeichnen, was er selbst veröffentlicht habe.[3]

Diesem Toten ist man hierin jedoch nicht gefolgt! Denn so was widerspricht den Ideen, die sich hinter Sprache verbergen: Jeder weiß, dass Einbilden oder Wollen nicht dasselbe ist wie Empfinden. Man tut nur so, wenn man so will: Sprache schafft sich eine Wirklichkeit – ein Wirkgeflecht aus dem Kettfaden Wille und dem Schussfaden Idee; Grundstoff für des Kaisers neue Kleider. Und man sagt dann sogar, Realität sei eine Weise von Wirklichkeit.[4] Doch *Wirklichkeit* ist wohl eine Erfindung der deutschen Mystik von Meister Eckhart (1312) „unter der Wirkung elsässischen Weins", wie uns Mittelalterspezialisten versichern.[5] Letzteres will ich gerne glauben. Betäubungsmittel spalten das Bewusstsein vom Realen ab, indem sie die Sinne anästhesieren. So entsteht ein selbstbezügliches

Die drei Kränkungen des modernen Menschen
1. Nikolaus Kopernikus: Die Erde steht nicht im Mittelpunkt des Universums.
2. Charles Darwin: Der Mensch stammt vom Affen ab.
3. Sigmund Freud: Das Ich ist nicht Herr im eigenen Haus.

Hirngespinst, das gleichwohl auf uns zurückwirkt; ja, es bewirkt sogar, dass das so verstümmelte Bewusstsein sich für erweitert hält: Wer nichts sieht, vermeint mehr zu hören. Auch innere Stimmen. Und die gewaltigsten Denker standen zumindest zeitweise unter Drogen: Sokrates[6], Goethe[6], Freud[7] – um nur einige zu nennen.

Doch so sei eben unsere Seinsweise, reden uns Neurowissenschaftler ein: Was wir sehen, einen Baum zum Beispiel, sei in Wahrheit nur ein Konstrukt von Nervenzellen, eine Illusion, komponiert aus elektrochemischen Aktivitäten unserer Gehirne. Sie sagen nicht, was sie mit „Gehirn" meinen – ist das auch nur ein privates Konstrukt? Und sie sagen nicht, *wer* diese Konstrukte letztlich halluziniert, denn das Konvergenzzentrum, den „Homunkulus" (den Menschen bestimmendes „Wesen" im Kopf) gäbe es nicht.[8] Stattdessn schieben sie alles auf Hintergründe: zellulär, atomar, subatomar, quantenphysikalisch, unbegreiflich[9] ... ein unendlicher Regress.

So etwas ist typisch für den Logos (Geist, Vernunft) und seine Logik: Man kann nicht umhin, in eine endlose Begründungskette zu geraten, wenn man einmal mit dem Argumentieren angefangen hat. Es bleiben einem sonst nur zirkelschlüssige Behauptungen oder dogmatisches Verharren.[10] Doch im Unendlichen ist keine Position wahrer als die andere, und so darf ich mit Fug und Recht an den Anfang gehen und eben doch sagen, dass ich Bäume sehe![11]

Als Realität!

Doch was ist das?

Ein Versuch: Reales ist für sich. Wirkliches ist für mich.

Bedeutet das etwa, ich sei als Mensch nicht real? Oder könne es zumindest nicht fassen, wie Kant es uns vorgeschrieben hat, der meinte, das „Ding an sich" sei uns grundsätzlich unerreichbar.

Dem widerspricht, dass ich *bin* – und was sollte sonst „real" sein, als das, was ist? Jedenfalls kann mir niemand einreden, ich sei nicht. Was ist, das ist evident, das heißt es versteht sich von selbst: Realität ist für sich von sich selbst

Und unbemerkt wird aus dem Gleichen das Selbe: Identität.

aus – wir finden dafür keinen weiteren „Grund". Sie ist einfach vorfindlich, „notwendig beliebig, zugleich bestimmt und zufällig, also unbedeutend"[12]. Und so bin auch ich einfach da. Aber das ist mir nicht unerreichbar, sondern klar und war es immer, selbst in trübsten Momenten.

Demnach wären wir zugleich real und wirklich, wobei das Wirkliche das Reale nicht ersetzt – das Wirkliche ist vielmehr eine Unterklasse, eine Teilmenge, denn es ist unvollständig: Sogar dann, wenn es jede erreichbare „Menge" von innen wie eine Tapete auskleiden würde, so wäre es doch immer noch Teil davon. Ich muss hier an das russell-whiteheadsche Paradoxon denken: Die Klasse aller Klassen ist in der Klasse aller Klassen nicht enthalten[13] – kurz: Kein Logos umfasst alles.

Abbildung linke Seite:
Jean-Jacques Rousseau. Philosoph
Jean Tinguely, 250×110×115 cm, 1988

Schenkung Niki de Saint Phalle, Museum Tinguely, Basel
Foto: Christian Baur
© VG Bild-Kunst, Bonn 2008

der
blaue
reiter

Und „alles" ist eben das Reale. Da hilft kein sprachlicher Überschwang wie „Ganzheit", denn so was lässt
sich nicht fassen – es ist nur dahingesagt, ist gefällig
denen, die alles ergreifen möchten. Doch auch sie können Wirkliches nicht *als Wirklichkeit* realisieren: Der
Billardspieler, der sich bewusst und absichtlich vor-
nimmt, seine Kugel genau an einer bestimmten Stelle
des Tisches zu platzieren, kann das zwar umsetzen,
doch im selben Mo-
ment entzieht es sich
seinem formulieren-
den Denken: Wir re-
den in solchen Fäl-
len von „Kausalität" und „Sukzession" und meinen
physikalisch einen Energieübertrag von A nach B[14],
doch können wir nicht sagen, was das eigentlich sein
soll – kausal, sukzessiv, Übertrag, Energie – wir stranden
da in tautologischen Definitionen wie: weißer Schimmel.

*Wo die Worte fehlen, werden
umso mehr Worte gemacht.*

Reduktionismus
Allgemein: Kritische Bezeichnung für eine vereinfachende Rückführung. In der Wissenschaftstheorie: Die Rückführung komplexer Begriffe, Theorien, Wirklichkeitsbereiche oder der gesamten Wirklichkeit
auf elementare Begriffe, Prinzipien, Methoden oder Seinsbereiche
(zum Beispiel der geistigen Wirklichkeit auf die Materie im Materialismus).

Diesem Widerspruch hoffen wir durch das Identitätsprinzip A≡A zu entkommen. Doch was soll das nun
wieder heißen: Stehen da nicht zwei Buchstaben „A"
nebeneinander, sind also insofern verschieden? Kann
man von Zweierlei sagen, es sei identisch? Die zwei En-
titäten (Wesenheiten) lassen sich doch unterscheiden
– zumindest örtlich, aber auch zeitlich im Lesen, ja im
Reden und Denken und materiell in der Tinte. Über-
listet das Identitätsprinzip unseren Scharfsinn? Nehmen wir als einerlei, was real mehrerlei ist? Oder gibt
es in der Realität immer nur das einzelne A? Doch was
für einen Sinn würde es ergeben, A für sich allein als
„identisch" mit sich zu bezeichnen – das wäre überflüssig. Überflüssig freilich bloß, solange es nur eine Welt
gibt. Sobald man Parallelwelten einführt, braucht man
Gleichsetzungen, um nicht in einer dieser Welten für
die andere verloren zu gehen. Und unbemerkt wird aus
dem Gleichen das Selbe:
Identität. Auf diesem Wege
erschleicht sich die Wirklichkeit sprachlich den
Vorrang vor dem Realen.
Wenn das Zeichen das Be-
zeichnete vom ersten Platz
verdrängt, steht die Welt
auf dem Kopf, aus dem es

*Virtual Reality
hat mit Realität
so viel gemein wie
ein Transvestit
mit einer Frau.*

tönt: Persona = Maske, aus der es spricht – per-sonare
(wörtlich: durch-sprechen), Person, Persönlichkeit –
als Redender bin ich jemand. „Am Anfang war das
Wort", heißt es dann, so, als ob es das Wort ohne Sprechenden und ohne Hörenden gäbe, den wortlosen Logos, die machtvolle Leerformel – ein Widersinn.

So kenne ich Realität nicht! Nein, da war stets und
immer *jemand*, der redete, wenn gesprochen wurde.
Aber dieser Jemand konnte auch sprachlos sein wie
Büchners Lenz: „Er wollte mit sich sprechen, aber er
konnte es nicht, er wagte kaum zu atmen; das Biegen
seines Fußes tönte wie Donner unter ihm, er mußte
sich niedersetzen. Es fasste ihn eine namenlose Angst
in diesem Nichts: er war im Leeren."[15] Gleichwohl *war*
er! Weder das Namenlose noch die innere Leere hatten
seine Realität gelöscht: „Er riss sich auf und flog den
Abhang hinunter."

Eine Sprache, die den Vorrang beansprucht, erschließt Welten, aber verschließt Welt: Aus der „Welt
der Sprache" wird im Handumdrehen die „Sprache der
Welt", in der es nichts Wortloses mehr geben darf; aus-
gesperrt bleibt all das, was sprachlos staunen lässt, also
der Anfang aller Philosophie. Ausgeschlossen auch jeder Zustand: „Wie fühlt es sich an, eine Fledermaus zu
sein?"[16] – man kann es trotz aller Mühe nicht sagen.
Existiert das Gefühl deshalb nicht?

Eher gibt es die Wirklichkeit nicht! Denn Wirklichkeit lässt mit sich reden und verändert sich dabei, Realität ist nicht verhandelbar. Man kann beliebige „wirk-
same" Hirngespinste weben – zum Beispiel Enten im
Matrosenanzug –, aber real kommen sie nicht vor, sind
nicht möglich, jedenfalls nicht als Enten, nicht in der
Natur.

Somit wäre Realität gleich Natur? Natur als das, was
von selber geht? Doch würde das nicht unser Hirn samt

Denken aus der Natur herausheben? Denn Enten in Matrosenanzügen gehören nun mal dazu. Nein, hier liegt nur ein Kategorienfehler vor: Ohne Kenntnis echter Enten und Matrosenanzüge kein Donald Duck – man kann derlei nicht einander gegenüberstellen, denn es baut aufeinander auf – es ist nichts im Geist, das nicht zuvor in den Sinnen war. Und Sinne sind Natur.

Damit sind sie zwar real (sie lassen sich irritieren, aber nicht mit sich reden), doch sie sind nicht das Reale schlechthin, da gibt es noch mehr darüber hinaus.

Woher kann ich das wissen?

Aus der Überraschung: Reales überrascht uns. Es ist schon deshalb anders und mehr als unsere Wirklichkeit, weil es nicht immer so kommt, wie von uns erwartet. Sonst bräuchten wir das Experiment nicht. Tatsächlich ist das Vorhersagbare, das Periodische, Lineare, Determinierte (das unabänderlich Bestimmte) eher selten realisiert, es überwiegen Verläufe, die nur streckenweise berechenbar sind.[17] Und das ist nicht nur vorläufiger Unkenntnis geschuldet, sondern prinzipiell so: die Grenze des Kalküls.

Jenseits dieser Grenze wird Sprache zum Drumherumreden. Denn Phänomene bedürfen keines Logos, keiner Phänomen-ologie (siehe Erläuterung), sie sind unmittelbar. Und auch durch Analyse wird Realität nicht aneigenbar – das Lebendige verhindert das durch seinen Wandel, dem Analyse und Synthese nicht nachkommen: Synthesen schaffen nur ein Präparat, allenfalls einen Automaten, der das Lebende nicht einholt, und sei er äußerlich noch so wahr-scheinlich.

Kurz: Sprache ist nicht hinreichend.

Notwendig mag sie für uns sein, jedenfalls für ein Miteinander – das ist sie, anders geartet, auch für Tiere. Aber aus dieser Not lässt sich nicht die Tugend ei-

Wozu Philosophie?
Umfrage für *der blaue reiter – Journal für Philosophie*

Eine prophetische Invektive

Ja, wozu überhaupt noch – institutionalisierte – Philosophie? Demgemäß, was auf breiter Front philosophisch (und anderswo) der Fall ist, lautet die Antwort ganz einfach: Um Philosophie endgültig aus der Welt zu schaffen.

Ihr (früher hätte man gesagt: „ideologischer") Tribut an die epochale Medienhegemonie, der „linguistic turn" (sprachkritische Wende), verschuldet die perfekt leerlaufende Abdrift in pure Selbstbezüglichkeit, in die realitätsentfremdete „Splendid isolation" mentaler Simulakren (Scheinwirklichkeiten), welche da sind:

– das eschatologische Totengerippe der „abendländischen Metaphysik": LOGISTIK;

– die parasitäre Redundanz eines selbstherrlichen Wissenschaftsreglements: WISSENSCHAFTSTHEORIE;

– die Groteske einer nachträglichen Gebrauchsdisziplinierung, die dem ungebremsten wissenschaftsgläubigen Rationalitätsdelir nur Vorschub leistet: (ABM) ETHIK;

– museale Westwallnachbauten geisteswissenschaftlicher Herkunft, hochgetürmt flache Schutzwälle um das opak entrückte Philosophiearkanum: postmoderner NEO-HISTORISMUS – und das Ganze, bitte, in sechs Semestern!

So die hochoffizielle Begünstigung des – wohlwollend gesagt – untersten Mittelmaßes, dem der „männliche Protest" aus den paranoiden Ohren hängt und das, mitsamt der übelsten Fachgenossenschaft der Renegaten (nicht nur) der „Kritischen Theorie", sich, global amerikanistisch, dem a-intellektuellen Status quo auf schönstem hypokritischem Pluralismuskurs erfolgreich andient.

Allein, alles Wirkliche ist doch vernünftig? Ja, in der Tat, höchst *vernünftig*. So nämlich gäbe es endlich keine Philosophie mehr – bravo! –, nur noch deren Overkill: fachhochschulwürdige Philosophiewissenschaften, wenn überhaupt – aber, aber …

Dr. phil. Rudolf Heinz, Universitätsprofessor für Philosophie i. R. und Psychoanalytiker, Vorsitzender des Vereins *Psychoanalyse und Philosophie e. V.*

nes Welterwerbs machen, indem wir die Not sprachlich wenden, denn wir eilen damit den Nötigungen des Realen nur hinterher, werden seiner so nicht Herr. Freuds Kränkung (siehe Erläuterung) greift noch zu kurz: Wir sind nicht nur nicht Herr im eigenen Haus, es war nie unser Haus! Und auch Sprache macht uns nicht zum Hausbesitzer, sondern allenfalls zum Haus-

besetzer. Zuerst stellt sie sich noch ganz harmlos vor als bloßes Hilfsinstrument zum Öffnen von Türen, doch kaum ist der Zugang geschaffen, macht sie sich in allen Räumen breit und enteignet das Vorgefundene, indem sie es enteigentlicht. Sogar stumme Dinge sollen nun nicht mehr anmuten, sondern „ansprechen". So, als bedürften sie mit dem Auftritt des Homo loquens, dem vernünftigen Menschen, nach Jahrmilli-

*Wer jung bleiben will, der muss
nicht zu Wort kommen,
sondern zur Besinnung.*

arden der Eigenständigkeit plötzlich eines Mittlers. Von da an beraubt uns Sprache der Freiheit zum Unmittelbaren – der einzigen Freiheit, die ich sehen kann. Denn Sprache ist von ihrer Eigendynamik her totalitär: Wenn alles Sprache wird, ist Sprache alles. Und alles Totalitäre entstammt der Sprache. Sie verdrängt das Geschehen durch Methodik: Wenn man bloß einen Hammer hat, sieht alles aus wie ein Nagel.[18] Sprache ermächtigt sich selber, wenn man ihr nicht Grenzen

Phänomenologie
Von Edmund Husserl (1859–1938) entwickelte philosophische Lehre von den Erscheinungen (ihrer Form, ihrer Struktur, ihrem Aufbau) als Gegenstände des Bewusstseins. Dabei wird die Wirklichkeit nur insofern als „wirklich" aufgefasst, als sie sich einem wahrnehmenden, erfahrenden, sich erinnernden Bewusstsein zeigt. Umgekehrt gibt es auch kein „reines", von der Welt unabhängiges Bewusstsein: Bewusstsein ist immer Bewusstsein von etwas.

setzt. Aber wie sollte das anders geschehen als erneut durch Sprechen? Schweigenden Protest übergeht sie, daher ihre Macht.

Und so bleibt dem, der seine Freiheit wieder erlangen möchte, nur die Ästhetik – nach der Definition ihres ersten Fürsprechers Alexander Gottlieb Baumgarten die Wissenschaft der sinnlichen Erkenntnis. Dafür müsste Ästhetik freilich zunächst befreit werden aus dem goldenen Käfig des schönen Scheins, um zurückzufinden zu der ihr innewohnenden Potenz sprachlosen Ausdrucks: Ein Bild sagt mehr als tausend Worte; auch das unschöne!

*Reales ist für sich.
Wirkliches ist für mich.*

Diese Befreiung geschieht in der Zurückweisung des Reduktionismus (siehe Erläuterung): Wolken sind keine Kugeln, und Berge sind keine Kegel! Dass Abstraktion einen so gewaltigen Siegeszug antreten konnte, verdankt sie womöglich dem simplen Umstand, dass unser Bewusstsein nur etwa ein Milliardstel dessen erfasst, was derweil im gesamten Gehirn vor sich geht – da heißt es sparsam sein. Doch was bedeutet Abstraktion anderes als einen Verlust? – Realitätsverlust durch Verlorengehen des Konkreten.

Reduktionismen, Verkürzungen sind die Gitter, durch die der Logos den Unbestimmtheiten des Realen, die sich ihrer Natur nach dem Satz-Bau verweigern, ihre Freiheit nimmt. Gleichwohl können wir diese Natur empfindend aufnehmen, nur hat Empfinden keine Syntax (keinen Satzbau) – ich schrieb das schon an anderer Stelle.[19] Doch unsere, meist rechtshirnige, stumme Simultanwahrnehmung ist dem verbalen Linearbewusstsein links im Erfassen ebenbürtig, wenn nicht überlegen: Schon seiner größeren Kapazität wegen ist das Implizite dem Expliziten im Hirn weit voraus – es registriert, was uns oft erst viel später gewärtig wird, und ist damit dem Realen um einiges näher als alle Reflexion: Empfinden ist nicht bewusstlos!

*Sprache macht uns
nicht zum Hausbesitzer,
sondern allenfalls zum
Hausbesetzer.*

Es mag sein, dass uns das „Ding an sich" sprachlich verschlossen bleibt; das Ding als Fakt aber ist uns sinnhaft zugänglich. Nun ist das wohl kaum einem Sprechenden entgangen, doch an das wittgensteinsche Verdikt, über das zu schweigen, was man nicht klar sagen kann, hält sich trotzdem niemand – im Gegenteil: Wo die Worte fehlen, werden umso mehr Worte gemacht. Man hofft wohl, dadurch der skeptischen Kapitulation zu entkommen und die Kontrolle zu behalten. Doch das geht in einer zur Informationsgesellschaft fortschreitenden Zivilisation nur um den Preis eines katastrophalen Realitätsverlusts zugunsten einer maßgefertigten inszenierten Welt, die man unsinnigerweise Virtual Reality nennt, obgleich diese mit Realität so viel gemein hat wie ein Transvestit mit einer Frau. Nur ist eben echte Realität solcher Kontrolle nicht zu unter-

Lachen bringt das Leibliche zurück – man steht wieder auf den Beinen, statt auf dem Kopf.

werfen – man kann sie nur vernichten. Dabei aber vernichten wir uns gleich mit; und das nicht erst als Verlierer gegen Robotik, sondern schon zuvor, wenn wir in selbst geschaffene Ersatzwelten fliehen, in denen unsere Körper kein Bleiberecht haben: Die Installation des Imaginierten läutet die Machtergreifung der Prothese ein. Was hier als „Welt" versprochen wird, ist nur um den Preis der Entleibung zu haben – also gar nicht. Jedenfalls nicht als Mensch aus Fleisch und Blut, allenfalls als Phantom.

Und das entsteht, wenn man sich dem Logos anvertraut, statt sich seiner skeptisch zu bedienen. Die meisten tun das aus Bequemlichkeit, um den Härten des Realen auszuweichen. Denn die Substanzlosigkeit des Wortes suggeriert, das sei ohne Sachleistung zu bekommen. Doch in missionarischem Drang bemächtigt sich dann die Botschaft des Boten, das Wort des Substrats, der Code der Welt. Sprache scheint viel zu geben, doch wer sich ihr überlässt, den nimmt sie beim Wort und macht ihn zum Geist.

Die Jungen tun deshalb gut daran, die Wortgewalt der Alten durch Verballhornungen zu brechen, ihr den pathetischen Ernst durch Lachen zu nehmen, denn Lachen bringt das Leibliche zurück – man steht wieder auf den Beinen, statt auf dem Kopf: Wer jung bleiben will, der muss nicht zu Wort kommen, sondern zur Besinnung!

Deshalb mit und gegen Descartes – ich komme *zur* Welt, indem ich mich meines Allerersten entsinne: Ich empfinde, ich bin!

Dr. med. Wolfgang Erlend Reuber studierte – nach einer Laufbahn als Maler, Filmarchitekt und TV-Regisseur – Medizin und Anthropologie und promovierte über Neuropsychologie. Er veröffentlichte (teilweise unter seinem Geburtsnamen W. E. Rosenberg) zahlreiche Beiträge zur Anthropologie sowie *Stress erfolgreich bewältigen* (Hayit Verlag, Köln).

Anmerkungen:

1. Kant, Immanuel: Anthropologie in pragmatischer Hinsicht. Reclam, Stuttgart 1983, Seite 119
2. Serres, Michel: Hermes I – Kommunikation. Merve, Berlin 1991, Seite 158 ff.
3. Descartes, René: Prinzipien der Philosophie. § 9. Zitiert aus: Descartes, René: Abhandlung über die Methode des richtigen Vernunftgebrauchs. Reclam, Stuttgart 1977, Seite 31 (Fußnote); Seite 65

4. Halder, Alois; Müller, Max: Philosophisches Wörterbuch. Herder, Freiburg 1993, Seite 256
5. Lodemann, Jürgen: Siegfried und Kriemhild. Klett-Cotta, Stuttgart 2002, Seite 17
6. Lippert, Herbert: Einführung in die Pharmakopsychologie. Kindler, München 1972, Seite 154. Siehe auch: Goethes Briefe aus Rüdesheim.
7. Snyder, Solomon H.: Chemie der Psyche. Spektrum der Wissenschaft. 1989, Seite 131 f., 137 f.
8. Singer, Wolf: Funktionelle Organisation der Großhirnrinde. Nova Acta Leopoldina Nr. 294, 1996, Seite 66
9. Penrose, Roger: Schatten des Geistes. Spektrum, Heidelberg 1995
10. Albert, Hans: Traktat über kritische Vernunft. J.C.B. Mohr, Tübingen 1991, Seite 15 ff.
11. Musgrave, Alan: Alltagswissen, Wissenschaft und Skeptizismus. J.C.B. Mohr, Tübingen 1993, Seite 284
12. Rosset, Clément: Das Reale. Suhrkamp, Frankfurt am Main 1988, Seite 48
13. Russell, Bertrand; Alfred North Whitehead: Prinzipia Mathematica. Cambridge 1910–1913
14. Vollmer, Gerhard: Was können wir wissen? Band 1. Hirzel, Stuttgart 1988, Seite 102 f.
15. Büchner, Georg: Büchners Werke – Lenz. Aufbau Verlag, Weimar 1977, Seite 162
16. Nagel, Thomas: Letzte Fragen. Philo, Bodenheim 1996, Seite 229–250
17. Davies, Paul: Prinzip Chaos. Goldmann, München 1990, Seite 223
18. Bloch, Arthur: Murphys Gesetz. Band 3: „Baruchs Erkenntnis". Goldmann, München 1984, Seite 19
19. Rosenberg, Wolfgang E. (Geburtsname des Verfassers): Warum Computer keine Lust haben. In: der blaue reiter – Journal für Philosophie, Ausgabe Nr. 6, Seite 92

Wozu Philosophie?

Mit dem Mikrofon unterwegs

Muss sie einen Zweck haben? Ich dachte immer, es gibt sie einfach.
Kaufmännische Angestellte, 47

Na, wenn das die Philosophen nicht selber wissen!
Mutter, 32

Es ist wichtig, dass man seine
Grenzen kennenlernt.
Dozentin, 38

Philosophie ist so etwas wie Erkenntniskritik. (Pause)
Ich hatte aber schon ewig keine Erkenntnisse mehr.
Germanist, 26

Weil Menschen sich so was
fragen. Wozu sie leben und so.
Studentin, 23

Wenn man nicht weiß, was man will,
kann man immer noch philosophieren.
Zahnarzt, 44

Wozu Krankheiten?
Hausmeister, 56

Erst philosophieren und dann nicht wissen, warum.
Kollege, 46

der
blaue
reiter

Ach, mir gefällt die Sendung ganz gut mit
dem – wie heißt er noch – nicht Schimanski.
Passantin, um 40

Hatte ich in der Schule. Ethik.
Konnte man vergessen.
Student, 22

Es gibt so viele Philosophien, wie es Menschen gibt.
Fachschülerin, 19

Braucht man in Kiel fürs Examen.
Hier nicht.
Student, 25

Sonst würden wir noch immer auf einer Scheibe
sitzen und nicht wagen, nach Amerika zu reisen.
Sachbearbeiterin, 53

Wozu Philosophie?
Spontane Antwort?
Spontan fällt mir dazu nichts ein.
Angestellter, um 50

Damit man alles endlos diskutieren kann.
Ökonomin, 37

Mir fällt auf, dass ich mir solche Fragen gar nicht mehr stelle. Wahr-
scheinlich ist das überhaupt weniger geworden. Wenn ich denke, wie
wir damals über die Abrüstung diskutiert haben. Oder über die Dritte
Welt. Mir kommt das vor, als wäre das Philosophie gewesen.
Gartenbauer, 55

Damit ich meine Frau besser verstehe.
Rentner, 69

Das möchten Sie nicht wirklich wissen.
Psychologe, 45

Für mich gibt's nur einen Philosophen: Kant.
Und da frag ich doch auch nicht: Wozu Kant?
Sondern: Was kann ich wissen? Was soll ich
tun? Was darf ich hoffen?
Tutorin, 27

Also, wenn ich mehr Zeit hätte,
würd ich auch philosophieren.
Rentner, 75

In der Philosophie kann man viel freier
denken. Das ist das beste daran.
Studentin, 25

Wer nichts zu verbergen hat,
braucht auch keine Philosophie.
Rentnerin, 68

Es gibt einfach immer schöne
Sachen in der Philosophie.
Buchhändlerin, 35

Ich glaube nicht, dass die Philosophie so
eine Frage aus sich heraus beantworten kann.
Jugendleiterin, 28

Die Philosophen haben auch keine Lösungen.
Das ist alles Spielerei, mehr oder weniger.
Statistiker, 51

Aus der Philosophie ist mal die Wissenschaft entstanden. Das ist aber lange her.
Ingenieurin, 39

Mein Neffe ist Philosoph. Der hat sogar den
Doktor gemacht. Und jetzt findet er auch
keine Arbeit.
Techniker, 72

71

Die Philosophie hat keinen Sinn.
Sie sucht ihn.
Lehrer, 31

Ich versteh sowieso nicht, warum
alles so kompliziert sein muss.
Abiturientin, 17

Mit dem Mikrofon unterwegs
war Udo Grün.

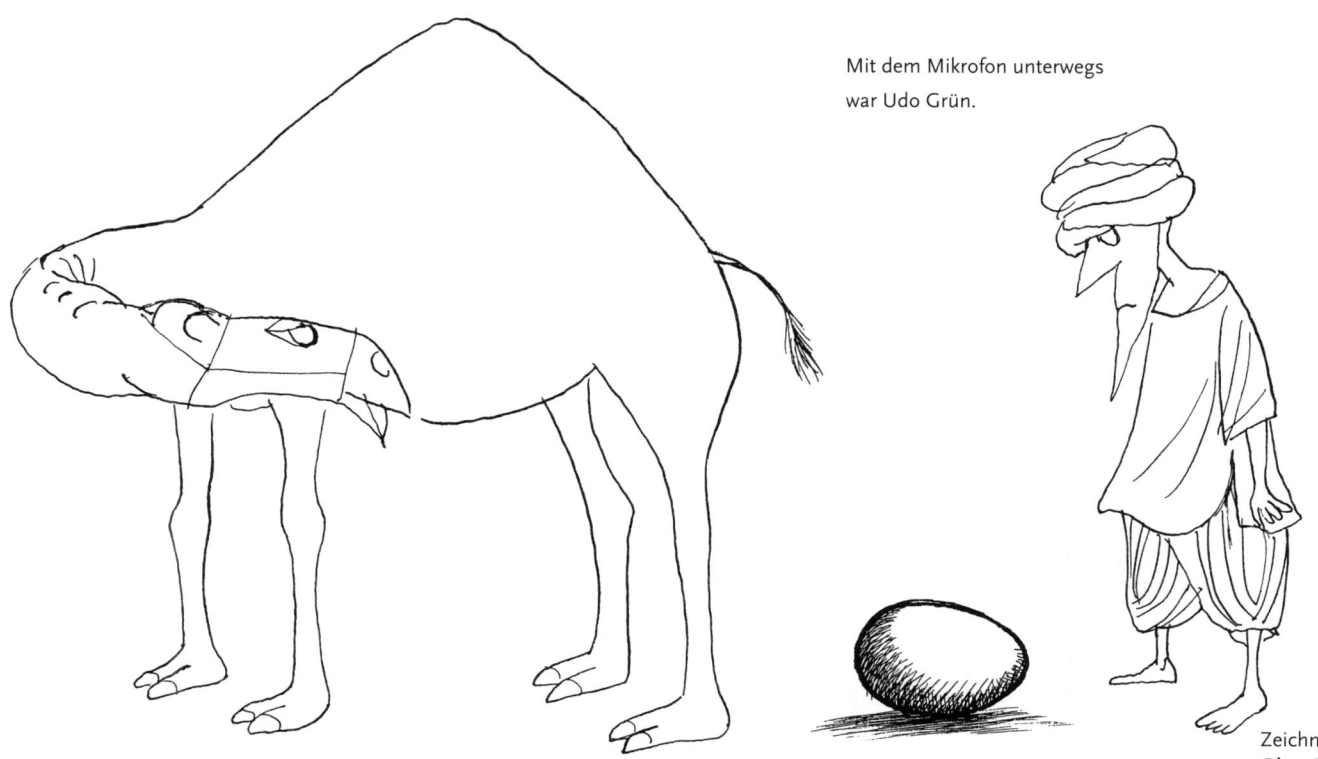

BECK

Zeichnung:
Ohne Titel
Hans Beck

An der Pforte der Bedeutsamkeit

Philosophie als Zivilisationspädagogik

der blaue reiter

Herr Sloterdijk, Sie zählen zu den wenigen Philosophen, die auch einer breiteren Öffentlichkeit bekannt sind. Worauf führen Sie Ihren Erfolg zurück?

Um die Wahrheit zu sagen, ich glaube an den Erfolg oder seinen Anschein nur widerwillig oder, wenn Sie wollen, gar nicht. Die kulturelle Konstellation ist nicht mehr so, dass eine literarische oder eine philosophische Stimme, die unverkennbar hochkulturell gefärbt ist, in der heutigen Medien- und Kulturlandschaft wirklich erfolgreich sein kann. Im heutigen Milieu hat das Auseinanderdriften der populärkulturellen und hochkulturellen Felder ein solches Maß an Entfremdung zwischen den Bereichen hervorgerufen, dass es Grenzgänger kaum noch geben kann. Ja, dass überhaupt noch eine Art Verkehr stattfindet, ist schon das Erstaunliche, und das liefert wohl die Begründung für das, was Sie meinen Erfolg nennen. Aber sehen wir die Dinge aus der Nähe an: Wenn man von einem philosophischen Buch knapp 40 000 Exemplare verkauft, wie es zum Beispiel bei meinem vorletzten Buch *Zorn und Zeit* der Fall war, ist es zwar nach den Kriterien des Metiers ein ziemlich gutes Ergebnis. Aber in den Kategorien der Massenkultur gesprochen ist so eine Zahl nur die Umschreibung für Nicht-Inexistenz. Das ist der Punkt.

Mein Freund Boris Groys hat mir mal eine Geschichte von einem seiner russischen Bekannten erzählt, der nach einem ersten Besuch in New York entsetzt und begeistert zurückkam. Was er dort erlebt hatte, war der Kulturschock, der einem Gebildeten alten Schlages in einer echten Marktgesellschaft bevorsteht. In Moskau, so der Russe, wäre ein Intellektueller, der es sich in einer Konversation hätte anmerken lassen, dass er zum Beispiel den Namen von Albert Camus noch nicht gehört habe, für immer blamiert ge-

wesen. Ganz anders in New York – wenn dort jemand Camus nicht kennt, dann heißt es einfach: Camus hat es nicht geschafft.

Diese Geschichte macht klar, worum es heute geht. Aus unserer Sphäre kann es heute absolut niemand mehr schaffen. Zumindest nicht in dem Sinne, wie es vor 50 Jahren noch einige Autoren vorgemacht hatten. Damals allerdings war die Auskristallisierung der Massenkultur noch nicht so weit vorangeschritten. Figuren wie der eben genannte Camus, aber mehr noch Jean-Paul Sartre, waren richtige Global Players. Kurzum, ich zögere, meine gelegentlichen grenzgängerischen Evasionen auf die andere Seite mit Erfolgen zu verwechseln.

Was bedeutet Ihnen als Schriftsteller das Etikett Philosophie? Wofür steht der Begriff Philosophie eigentlich?

Philosophie ist von außen gesehen eine relativ klar definierte Angelegenheit. Es ist einfach das, was Philosophen tun. Und Philosophen sind die Leute, die in den philosophischen Fakultäten situiert sind. Das ist die Minimaldefinition von Philosophie, die sich aus der pragmatischen Sicht ergibt. Sie ist begreiflicherweise völlig selbstbezüglich und tautologisch. Daneben gibt es gottlob noch immer den berühmten „Weltbegriff" der Philosophie, hinter dem übrigens – und das hat Immanuel Kant nicht erwähnt – ein noch anspruchsvollerer Überbegriff steht, der ethische Begriff der Philosophie. Nach dem ist Philosophie als Lebensform zu verstehen, gleichsam als eine Ordensregel. Der Philosoph ist – etwa bei den Kynikern (siehe Erläuterung) – derjenige, der seinen zweiten Mantel verkauft und beschließt, in Zukunft ohne Kopfstütze zu schlafen. Ein Philosoph ist aus antiker Sicht jemand, der sein Leben nach den Regeln des Kosmos einrichtet. Er ist ein Mönch der Vernunft, und seine Weisheit zeigt sich darin, dass er sich selbst als eine lokale Funktion des Universums versteht. Dies ist gewiss nicht mehr sehr aktuell, an die Stelle dieses integralen Konzepts philosophischen Lebens ist ein moderner Weltbegriff getreten, bei dem es um so etwas wie eine universale Beratungskompetenz geht. Daher genießt die neuere Philosophie ein Interventionsprivileg hinsichtlich aller existenziellen und politischen Fragen. Während ansonsten Dilettantismus in Fragen der Erkenntnis zu Recht verboten ist, wird er bei den Philosophen geradezu gefordert, nämlich als Bereitschaft, in alles hineinzureden – was eigentlich auch heißt: in alle Dinge etwas hineinzulesen. Philosophie ist so gesehen eine

---

Transzendentalphilosophie
heißt bei Immanuel Kant das System aller Erkenntnisse, die a priori, das heißt ohne Kenntnis der Erfahrungswelt, aus reiner Vernunft gewinnbar sind. Als transzendental werden die Bedingungen bezeichnet, die noch vor aller Erfahrung Voraussetzungen des Denkens und Wahrnehmens sind (zum Beispiel Raum und Zeit). Während in einem analytischen Urteil wie zum Beispiel „alle Körper sind ausgedehnt" das Prädikat („ausgedehnt") schon im Subjekt („Körper") enthalten ist, dem Subjekt also nichts hinzugefügt wird, werden jene Urteile als synthetische (zusammengesetzte) bezeichnet, deren Prädikat nicht schon im Subjekt enthalten ist (Erweiterungsurteil).

Peter Sloterdijk

wurde 1947 in Karlsruhe geboren. Von 1968 bis 1974 studierte er Philosophie, Germanistik und Geschichte in München und wurde 1975 in Hamburg mit einer Studie zur Philosophie und Geschichte moderner autobiografischer Literatur promoviert. Zwischen 1978 und 1980 hielt sich Sloterdijk im Aschram von Bhagwan Shree Rajneesh im indischen Pune auf. Seit 1980 ist er freier Schriftsteller und veröffentlichte zahlreiche Arbeiten zu Fragen der Zeitdiagnostik, Kultur- und Religionsphilosophie, Kunsttheorie und Psychologie. Seit 1992 hat er eine Professur für Philosophie und Medientheorie an der Hochschule für Gestaltung in Karlsruhe inne und leitet seit 1993 das Institut für Kulturphilosophie an der Akademie der bildenden Künste in Wien. 2001 wurde er zum Rektor der Hochschule für Gestaltung ernannt. Seit Januar 2002 leitet er die Sendung *Das Philosophische Quartett* (ZDF) mit Rüdiger Safranski.

Veröffentlichungen (Auswahl):

Kritik der zynischen Vernunft. 1983; Der Zauberbaum. Die Entstehung der Psychoanalyse im Jahr 1785. 1985; Der Denker auf der Bühne. Nietzsches Materialismus. 1986; Eurotaoismus. Zur Kritik der politischen Kinetik. 1989; Sphären. I: Blasen. 1998; II: Globen. 1999; III: Schäume. 2002; Regeln für den Menschenpark. Ein Antwortschreiben zu Heideggers Brief über den Humanismus. 1999; Nicht gerettet. Versuche nach Heidegger. 2001; Im Weltinnenraum des Kapitals. 2005; Zorn und Zeit. Politisch-psychologischer Versuch. 2006; Derrida ein Ägypter. Über das Problem der jüdischen Pyramide. 2007.

Alle genannten Bücher sind im Suhrkamp Verlag (Frankfurt am Main) erschienen.

hybride Lesepraxis. Wenn man Klassiker liest und solche Lektüren kreuzt, bleibt man Klassizist: Hierbei ist das Lektüreverhalten auf das Wechselspiel zwischen Primär- und Sekundärliteratur begrenzt. Oder aber man wird Modernist und liest interdisziplinär, dabei entstehen Hybridlektüren und gewagtere Kreuzungen. Das ist so ungefähr die Definition meiner Arbeit.

Wie würden Sie Ihr Werk in der philosophischen Landschaft verorten und wie stehen Sie zur akademischen Philosophie?

Ich will mich fürs Erste nicht so sehr in einer Landschaft, sondern zuerst in einer Zeitlinie verorten; landschaftliche Bezüge kommen erst später dazu. Wenn ich die Frage beantworten soll, wo ich herkomme, dann würde ich zuerst auf den deutschen Spätidealismus hinweisen, auf diese ganze Geschichte, die Karl Löwith in seinem Klassiker *Von Hegel zu Nietzsche* erzählt hat. Das war meine erste Prägung, mein Familiensystem, ich habe diese ganze Literatur quasi mit der Muttermilch aufgesogen. Das liegt zum Teil daran, dass an unserem Münchner Gymnasium ein Mathematiker unterrichtet hat, der zugleich Philosoph war und der mit uns Schülern in einer Arbeitsgruppe die *Kritik der reinen Vernunft* gelesen hat – damals war ich fünfzehn, sechzehn. Der stärkste äußere Impuls kam damals aber von der theologischen Seite her, von einem protestantischen Religionslehrer, der nicht über den lieben Jesus redete, sondern über Nietzsche, Kierkegaard und Jaspers. Die These, dass Gott tot sei, war ja im Verhältnis zu der, dass er lebe, wirklich viel interessanter, und ein Geistlicher, der auf sich hielt, diskutierte mit den Jungen damals lieber über das Testament des toten Gottes als über das Alte und das Neue. Ohnehin gab es nach dem Krieg für positive Glaubensbekenntnisse wenig Anhaltspunkte.

Was die landschaftliche Zuordnung angeht, wäre bei mir der Zug nach Frankreich zu erwähnen. Wobei übrigens der eben erwähnte Löwith der einzige Vertre-

ter der deutschen Philosophie war, der begriffen hatte, dass Paul Valéry ein Philosoph eigenen Rechts war. Bei ihm standen der Philosoph und der Schriftsteller in völliger Gleichberechtigung nebeneinander, der eine dementierte den anderen nicht. Diese Zweisprachigkeit aus Literatur und Philosophie war für mich von früh an eine Selbstverständlichkeit. Dennoch, seit ich publiziere, stehe ich ständig vor dieser für mich völlig sinnlosen Frage, wie ich mich gegenüber der akademischen Philosophie verhalte. Das scheint mir vor allem deswegen absurd, weil ja der Typus, dem ich mich zurechne, gerade in Deutschland sehr gut etabliert war. Wir hatten im 19. Jahrhundert Arthur Schopenhauer, wir hatten Friedrich Nietzsche und Karl Marx, und seit die Übersetzungen aus dem Dänischen vorlagen, auch Sören Kierkegaard. Das waren alles keine Professoren, sondern Autoren, die den Weltbegriff der Philosophie anreicherten. Wir haben dann im 20. Jahrhundert auf französischer Seite mit Valéry, Camus, Sartre, Foucault und so weiter eine Reihe von Philosophen erlebt, die allesamt zugleich eminente Schriftsteller gewesen sind. Das ist alles Autorenphilosophie, die dem Weltbegriff von Philosophie neue Aspekte hinzufügte. Vor diesem Hintergrund verstehe ich die Frage nach meinem Verhältnis zur akademischen Philosophie überhaupt nicht, weil die Frage ja voraussetzt, dass der literaturnahe Typus delegitimiert sei und wir das Monopol des Professoralen akzeptieren sollten. Wieso eigentlich?

Auf der anderen Seite würde ich auf meinem Feld nie eine reine Literatur verteidigen, die nicht über das Handwerkszeug des Fachs verfügt. Die Rezeptionsverweigerung, die in der deutschen akademischen Szene meiner Arbeit gegenüber hier und dort zu beobachten war, betrifft ja üblicherweise nicht das Handwerk, sondern den literarischen Mehrwert, der bei mir hinzukommt, und auf den sich einzulassen für den Homo academicus ein existenzielles Risiko beinhaltet. Ich selbst bin von guter Schulphilosophie begeistert, aber sie muss, denke ich, ihr Gegenlager in einer vitalen Zeitphilosophie haben, das heißt in einer Autorenphilosophie, die die intellektuelle Evolution mit vorantreibt. Ansonsten bereitet gerade der Akademismus den Untergang der Philosophie vor. Akademismus, das soll man nicht vergessen, kann eine Form von Dekadenz sein.

Sind Philosophen die Ärzte der Kultur, wie Nietzsche schreibt?

Das ist zu hoch gegriffen. Kulturen brauchen keine Ärzte, weil Kulturen als Ganzes nicht krank sein können, zumindest nicht im Sinn der Inneren Medizin. Aber sie weisen Haltungsfehler auf, die nach Korrektur verlangen. Die großen Orthopäden der jüngeren Philosophie – ich denke zum Beispiel an Husserl oder Heidegger oder Hermann Schmitz – arbeiten sich an den Fehlhaltungen der europäischen Rationalitätskultur ab. Und solch ein Fehlhaltungstheoretiker war in gewisser Weise auch Nietzsche, sofern er die durch das

Christentum eingeführte moralische Verkrümmung des westlichen Menschen therapieren wollte.

Heidegger selbst wies im Übrigen alle Symptome einer typischen Philosophenkrankheit auf, nämlich zu glauben, die Bewegung des Weltgeistes vollziehe sich durch seine schreibende Hand beziehungsweise durch seinen akademischen Vortrag. Immerhin: Er war auch einer von denen, die vorgeführt haben, dass Philosophie, wenn sie bei der Sache ist, immer von einer anderen Kanzel als dem akademischen Lehrstuhl aus spricht.

Wie würden Sie das Verhältnis der Philosophie zur Wissenschaft bestimmen?

Diese Frage führt uns auf ein weites Feld. Philosophie ist selbst keine Wissenschaft. Sie ist so etwas wie eine Moderatorin oder Partnerin der Wissenschaft, in historischer Sicht auch eine Matrix der Wissenschaften – doch nicht diese selbst. Sie ist, wenn Sie so wollen – sogar in ihrer wissenschaftstheoretischen Ausprägung –, bestenfalls so etwas wie ein Wissenschaftsrat. Aber sie kann und soll keine Wissenschaft sein, weil sie eine ganz andere Funktion ausübt. Ich erinnere noch einmal an die Tradition der Philosophie als Modus Vivendi, in der es immer einen klaren Primat der Lebensberatung gab. In der Antike wurde wissenschaftliche Betätigung immer nur so weit betrieben, wie sie nötig war, um die Therapie der Seele voranzubringen.

Bleibt da noch Raum für überzeitliche Wahrheiten?

Ja, selbstverständlich, wenn man Wahrheit als Eigenschaft von Sätzen versteht. Sätze sind überzeitlich wahr, weil und insofern es so etwas wie unverwüstliche Sätze gibt, die noch länger da sein werden als Atommüll in Endlagern strahlen kann. Die wahren Sätze strahlen immer, die euklidischen Gesetze oder die Winkelsumme im Dreieck, die braucht man nicht in einem alten Salzbergwerk aufzubewahren, sie strahlen auf eine Weise, die mit unserem Dasein im alltäglichen Biotop bis zum Beweis der Gegenteils kompatibel zu sein scheint. Dasselbe gilt auch für historische Sätze. Nach allem, was wir wissen, wurde Cäsar an den Iden des März ermordet, und eine richtige Beschreibung dieses Vorgangs – egal wieviel daran von den Redakteuren stammt – bleibt für den Rest der Zeiten wahr. Es ist nicht so, dass wir eines Tages erklären müssten: Im Lichte neuerer Erkenntnisse oder durch eine Veränderung der Perspektive verändert sich das, was damals passiert ist, von Grund auf – und Caesar wurde an den Kalenden des Januar ermordet. Keine Sorge, die Interpretationen verändern sich, aber es gibt eine relativ entrückte Dimension. Ich bin, wie Sie sehen, kein Anhänger des radikalen Konstruktivismus, der davon ausgeht, dass es keine objektive Wirklichkeit gibt, dass alles nur durch meine grammatischen Entscheidungen und unsere kollektiven Verabredungen

konstruiert wird. Ich neige eher zu einer konventionell realistischen Ontologie (siehe Erläuterung). Andererseits meine ich, wir wissen vielleicht noch gar nicht, wie viele Ontologien es geben muss. Es könnte zehn verschiedene Ontologien für jeweils verschiedene Dimensionen geben – eine für Zahlen, eine für geometrische Figuren, eine für Sachverhalte, eine für einzelne Ereignisse, eine für Ereignisströme, eine für Maschinen, eine für Personen, eine für Kunstwerke, eine für Götter, eine für Tiere und so weiter.

Edmund Husserl war bestrebt, Philosophie als strenge Wissenschaft zu etablieren. War dies eine Fehlentwicklung in der Philosophiegeschichte?

Nein. Husserl schneidet aus dem Feld der Philosophie nur einen bestimmten Ausschnitt heraus. Dabei kommt es, zugleich mit einer Bereicherung an Präzision, zu einer fantastischen Verarmung des Gegenstandsbereichs der Philosophie. Es entsteht so etwas wie ein In-vitro-Denken, bei dem der Anspruch auf Verwissenschaftlichung gewiss ein Stück weit vorangetrieben werden konnte. Insofern war das kein Irrweg,

Ontologie, konventionell realistisch
von griechisch to on (Sein) und logos (Lehre): Lehre vom Sein, von der Struktur der Wirklichkeit. Hier: Annahme bewusstseinsunabhängiger, das heißt real existierender Dinge.

der blaue reiter

aber diese Art des Philosophierens taugt nicht dazu, alle philosophischen Stile zu monopolisieren. Wir kommen von Husserl aus nur mit größter Mühe zu einer Sozialphilosophie, und die Welt der geschichtlichen Dinge hat Husserl, wie er selber einmal bemerkte, einfach vergessen.

In Ihren Werken spielt der Begriff der Gestalt eine große Rolle. Sie interessieren sich für Gestaltentwicklungen, Formen und Transformationen.

Das ist richtig. Ich hätte die *Sphären* nicht geschrieben, wenn ich geglaubt hätte, dass die Alternative, vor welche die traditionelle Philosophie uns hinsichtlich geistiger Objekte stellt, eine überzeugende wäre. Es gibt neben den Ideen, den Zahlen und den Begriffen eben noch etwas anderes – und das sind die Formen im Sinn von Gestalten. Der Formbegriff hat zwar in der Philosophie eine große Rolle gespielt, aber die Formen als solche kamen dennoch zumeist gar nicht vor. Man hat

Metaphysik
Philosophische Lehre, die von dem hinter der sinnlich erfahrbaren Welt Liegenden, den letzten Gründen und Zusammenhängen des Seins handelt.

sich auf den Formbegriff berufen, um begriffliche Verallgemeinerungen zu propagieren. Die Form als Form hingegen hat die Philosophen kaum interessiert. Ich könnte Ihnen kaum einen Philosophen der Neuzeit nennen, der zu den platonischen Körpern (die „regulären" Vielecke wie zum Beispiel Würfel, Tetraeder, Dodekaeder und so weiter) etwas Belangvolles zu sagen wusste. Außer Leibniz und ein paar Denkern, die an ihn angeknüpft haben, wie Dietrich Mahnke, war da praktisch niemand, der in den letzten 200 Jahren zu Kugeln etwas Sinnvolles beigesteuert hätte. Die Scholastik kennt die Lehre von der Zahl und die Lehre vom Begriff. Aber diese Alternative ist alles andere als vollständig. Dass sich zwischen der Zahl und dem Begriff der Zwischenbereich der Formen auftut, das ist die starke These, der ich nachgehe. Unter den Rezensenten meines Sphärenprojekts traten Leute auf, die dumm genug waren, das Wort Kugel nur eine Metapher zu nennen. Doch wenn ich den Ausdruck in den *Sphären* metaphorisch gebrauchte, dann habe ich das gekennzeichnet. Aber fürs Erste sind Kugeln keine Metaphern, sondern Formen.

Woher rührt diese Formvergessenheit in der Philosophie?

Die noch ärger ist als die berühmte Seinsvergessenheit – die übrigens von Heidegger stark überschätzt wurde. Ich meine, dieser Defekt hat mit dem Begriffsglauben der Philosophen zu tun, auch damit, dass die moderne Erkenntnistheorie fatale Konsequenzen nach sich gezogen hat, weil sie die synthetischen Urteile a priori in den Verstand gelegt hat; wohingegen Formen die Information enthalten, dass die Synthesis nicht erst im Verstand passiert (siehe Erläuterung: Transzendentalphilosophie). Das heißt, die wirkliche Form ist eine empfangene Form, die nicht von mir kommt. Ich denke zur Kugel ja nicht die Kugelgestalt im Verstand hinzu, sondern finde sie als eine formale Eigenschaft des Objekts vor. Das kann als nicht ideales oder als ideales Objekt auftreten, aber es hat in jedem Fall die gegebene Form, wenn es sie eben hat. Durch den Transzendentalismus haben wir den ganzen Bereich des Morphologischen, den Bereich der Formen und der Formentstehung, hinweg eskamotiert. Es gibt zwar immer wieder Versuche, die Form, die Gestalt auch vom Ding her zu denken, aber als bloßer Kantianer könnte ich dazu keine drei vernünftigen Sätze sagen. Genau dieses Problem greift die Sphärenthematik des zweiten Bands der Sphärentrilogie auf, in dem der Begriff der Kugel überwiegend nicht metaphorisch verwendet wird.

In diesem Zusammenhang fällt der Begriff der demokratischen Esoterik. Was hat es damit auf sich?

Der Begriff „demokratisch" ist hier natürlich nicht politisch zu verstehen, sondern wissenschaftstheoretisch. Demokratisch ist eine Theorie dann, wenn sie so etwas wie Waffengleichheit der diskursiven Bedingungen unterstellt. Esoterik hingegen ist die Rede von Verborgenem, also von Dingen, die entweder kontraintuitiv sind oder schwierige Zugangsvoraussetzungen haben. Wenn man etwa eine genetische Theorie der Paarbeziehung entwickeln will, wie ich es in *Sphären I* versuche, kommt man an einen Punkt, wo es wirklich ein wenig abgründig wird. So etwa, wenn man sich fragt: Hat der Fötus eine Beziehung zu seinem mütterlichen Milieu? Vermutlich ja. Nur, wie sieht es dann mit dem kognitiven Zugang zu solchen verborgenen Verhältnissen aus? Hieran ist nichts öffentlich und evident. Ich kann mich ja nicht mit dem Kollegen Habermas am Eingang zum Mutterleib verabreden. Aus dieser Verlegenheit ergab sich die am stärksten literarisierte Stelle im ersten Band der Sphärentrilogie: das ominöse Mutterleibskapitel, in dem ich Sprachformen verwende, die ein radikal intuitives Verständnis evozieren: Da will ich etwas sagen, was man in der ersten Person sinnvollerweise nicht sagen kann, vielleicht auch gar nicht sagen soll, weil es ja eine unwahrscheinliche Indiskretion impliziert. Ich habe an der kritischen Stelle, wo es am indiskretesten wird, Fotografien von einer indischen Yoni-Höhle eingefügt, die eine große Vulva zeigen, und überlasse es dem Leser, sich Rituale vorzustellen, bei denen Initianten dort hindurch geschickt werden. In Fellinis Casanova-Film gibt es eine ebenso anzügliche Stelle, wo die Große Muna auftaucht, eine betretbare weibliche Öffnung, als Jahrmarktsattraktion. Mir ging es in *Sphären I* darum, solche Figuren für die philosophische Untersuchung zu erschließen.

Selbst wenn man, wie ich es tue, eine zweipolige Subjekttheorie vorschlägt, stellt sich die Frage, ab wann ein Subjekt für sich und seinen Anderen vorhanden ist. Für Fichte ist das Problem fürs Erste einfach zu lösen, weil bei ihm das Subjekt von dem Moment an da ist, wo es sich setzt. Darum sagt er ja sehr schön, Eltern sollten als den eigentlichen Geburtstag ihres Kindes den Tag feiern, an dem es zum ersten Mal „ich" sagt – das ist das sprachliche Vorspiel zur Selbstsetzung. Kurzum, ich denke, der Ausdruck Esoterik wird hier nicht unzulässig verwendet. Mit der obskuren Mystik der Bahnhofsbuchhandlungen hat das alles nicht das Geringste zu tun.

In Ihrem Roman *Der Zauberbaum* wird einem angehenden Arzt geraten, sich mit der Gebärmutter als einem zu wenig erforschten Organ auseinanderzusetzen, und dann, 20 Jahre später, gibt es ein entsprechendes Kapitel in Ihrer Sphärentrilogie.

Das hat bisher, scheint mir, niemand außer Ihnen bemerkt. Jedenfalls ist der Zusammenhang gut gesehen: Da hat sich eine Motivwanderung vollzogen. Einen Zwischenschritt findet man vielleicht in einem entsprechenden Kapitel in der *Kritik der zynischen Vernunft*, wo vom Zynismus der Mediziner die Rede ist. Der alte Herr, der im Roman diese makabren Sachen sagt und der an das Glas klopft, in dem eine Gebärmut-

ter in einer durchsichtigen Lösung schwebt – das ist so ein Zyniker alten Schlags. Im Übrigen versuche ich in der *Kritik*, den ärztlichen Zynismus als Inkognito eines Humanismus zu schildern. Tatsächlich wandern mehrere Motive dieser Art durch meine Bücher hindurch. Das ist wohl ein Reflex der Tatsache, dass ich zu dieser unglückseligen Generation gehöre, die nach 1968 an den neuen Menschen geglaubt hat, der mit tiefenpsychologischen Mitteln befreit werden sollte. So wie man heute, allerdings nur satirisch, behauptet: „In jedem Iraker steckt ein Amerikaner, der heraus will", so haben wir damals, ganz ernsthaft, gesagt: „In jedem Bürger steckt ein Kind, das heraus will." Das Kind als Garant eines Neuanfangs.

War das nicht eine romantische Vorstellung?

1968 war der letzte Seufzer der politischen Romantik. Ich bin damals durch den Schleudersitz der Zynismusanalyse aus diesem System ausgestiegen. Die nächsten Schritte waren meine Reise nach Indien und dann die Phänomenologie heideggerschen Stils (siehe Erläuterung).

Okzidentalen hatten unseren Orient als Kinderstube des Weltgeistes in Beschlag genommen und unsere eigenen Anfänge dorthin projiziert. Aber dass es eines Tages eine indische Replik geben musste, war uns nicht klar. Inder sind große Realisten. Wenn sie sich fragen: Was haben wir, was wir exportieren könnten? Dann lautet ihre Antwort ganz nüchtern: Wir haben kein Erdöl, wir haben keine Kohle, wir haben nichts, womit man dem Westen imponieren kann – außer mit Religion und Rechenkapazitäten. Probieren wir's fürs Erste mit der Religion. Bhagwan Shree Rajneesh alias Osho war sicher der genialste Erfinder einer Exportreligion und zugleich ein großer Aufklärer in Religionsdingen. Alles, was er tat, lief auf die Maxime hinaus: Die effektvollste Form, den Fetisch Religion zu ruinieren, ist, selber eine zu gründen.

In Ihrem Buch *Die Kritik der zynischen Vernunft* kritisieren Sie das westliche Ich-Denken, das Jacques Lacan als „die Geisteskrankheit des Westens" bezeichnete.

Ich bin nicht sicher, ob ich das heute noch in derselben Weise sagen würde. Ich höre in dieser Art von Ich-Kritik, die von Augustinus bis Lacan reicht, doch immer wieder nur das katholische Gemeckere gegen den sündhaften Stolz des Menschen heraus, und mir scheint das kein fruchtbarer Ansatz mehr zu sein. Es ist die gute alte Anti-Egoismus-Propaganda, die zu allen klerikokratischen Systemen (Priesterherrschaften) gehört. Klerikokratie beruht darauf, dass man die Menschen als Egoisten diagnostiziert und vorgibt, ihnen bei der Überwindung dieser tödlichen Krankheit zu helfen. Das Ego ist aber nicht die Krankheit des Westens, es ist die Krankheit von Menschen in klerikokratischen Systemen. Die Psychoanalyse französischen Typs war hoffentlich die vorerst aktuellste Zuspitzung dieser Tradition. Lacans Psychoanalyse verkörperte in gewisser Weise den Versuch, die Psychoanalyse von ihren jüdischen Tönungen abzulösen und sie in katholische Resonanzen zu übersetzen. Der gemeinsame Nenner hier wie dort ist der Patrozentrismus, eine inzwischen sozialgeschichtlich und psychohistorisch überholte Figur, die das Judentum, das katholische Christentum und die Wiener und Pariser Psychoanalyse gemeinsam hatten und die sie gemeinsam restaurieren möchten. Der junge Lacan stand bekanntlich der Action Française nahe, und der Mensch, dem er sich zeitlebens am nächsten fühlte, war sein Bruder, ein Trappistenmönch. Er kam aus einem rechtsradikalen Umfeld, in dem an einem Katholizismus ohne Gott, einem atheistisch-katholischen Law-and-Order-Syndrom gebastelt wurde: Gott ist tot, aber die Ordnungsstrukturen, die er geschaffen hat, die lassen wir uns nicht nehmen – aus ihnen wird eines Tages das vielzitierte Symbolische. Kurzum, der Hinweis auf das Ich als Krankheit des Westens führt uns nicht weiter. Man bleibt damit in dieser 2000-jährigen Klerikokratie gefangen, in der man den Menschen als Sünder oder Neurotiker a priori behandelt.

Welche Bedeutung hatte Ihr Indienaufenthalt für Ihr Denken?

Sie müssen wissen, dass ich anfangs sehr stark von der Phänomenologie husserlschen Typs geprägt war, weil ich als Schüler von Bernhard Waldenfels in München in diese Denkschule initiiert wurde. Erst nach Indien habe ich angefangen, Heidegger zu lesen, weil ich damals nach einer europäischen Theorie suchte, die mir helfen sollte, die Erfahrung des östlichen Denkens zu integrieren. Nach meiner Rückkehr aus Indien habe ich verstanden, was Heideggers Intervention bedeutete – nicht weniger als den längst fälligen Versuch, sich aus dem 2500-jährigen Reich der europäischen Metaphysik (siehe Erläuterung) herauszuwinden. Und da ich in Indien eine ganz andere Form von Denken kennengelernt hatte, hatte ich eine ungefähre Vorstellung, wie diese Herausdrehung geschehen könnte.

Heute fahren wir aber nicht mehr einseitig nach Indien, die Inder kommen jetzt auch als Agenten der Globalisierung zu uns. Das scheint die Rache des Orients zu sein, und es hat lange gedauert, bis ich verstand, dass sie eigentlich schon damals begonnen hatte. Wir

Existenzialismus
Bezeichnet heute die vor allem durch Jean-Paul Sartre begründete Spielart der Existenzphilosophie. Kennzeichnend für alle Richtungen der Existenzphilosophie ist die Betonung der Existenzangst und Vereinzelung des Menschen.

Wie steht es um das Verhältnis der Philosophie zum Zeitgeist? Geht es in der Philosophie nicht ganz im hegelschen Sinne darum, ihre eigene Zeit auf den Begriff zu bringen?

Ich würde jedenfalls nicht sagen, dass es eine immer gleichbleibende Aufgabe der Philosophie gibt, sie muss sich ihre Aufgaben in jeder Generation von neuem suchen. Was die Philosophie als Lebensform angeht, so betrifft sie seit jeher nur die Einzelnen und hat folglich keine andere Mission als die, die Individuen in ihr Optimum zu bringen. Nach der politischen Seite hin ist ihre beratende Funktion virulenter denn je. Was mir vorschwebt, ist ein Forum für Philosophie als zivilisatorisches Pädagogicum. Sie muss die Rolle einer Moderatorin im Übergang zur Weltkultur spielen lernen, ausgehend von der Einsicht, dass es keinen Zusammenstoß der Zivilisationen gibt, sondern den Zusammenstoß der lokalen Kulturen mit dem Zivilisationsprozess.

Welche Bedeutung hat das Scheitern für die Philosophie? Ist die Philosophie nur die Kunst des gekonnten Scheiterns?

So weit sollte man doch nicht gehen. Immerhin, es gab in Deutschland seit dem 19. Jahrhundert tatsächlich eine philosophisch betreute Kunst des Scheiterns. Das hat damit zu tun, dass die Deutschen den Existenzialismus (siehe Erläuterung) lange vor den Franzosen entwickelt hatten, während die Franzosen ihn erst unter der deutschen Okkupation kopierten. Die Unterschiede sind erheblich: Die Deutschen waren seit jeher Trotz-Existenzialisten mit anthropologischen Interessen, die Franzosen hingegen wurden Widerstands-Existenzialisten mit politischem Fokus. Die Franzosen haben von unserem Existenzialismus, nach welchem am Anfang die Behinderung war, nur das Moment des politischen Widerstands herausgefiltert, ohne zu merken, dass hinter dem Konzept *résistance* das viel breiter angelegte heroische Trotzdem stand. Darüber schreibe ich gerade einen größeren Aufsatz, dessen Thema mich mit sehr anregenden Umkehrungen gewohnter Fragestellungen vertraut gemacht hat. Ich habe einen seltsamen Autor aus den 20er, 30er Jahren ausgegraben, einen Nietzscheaner namens Hans Würtz, den Vordenker der deutschen staatlichen Krüppelpädagogik und Pionier einer neuen Disziplin, die man geradewegs die Krüppelanthropologie nannte. Bei ihm kann man sehen, was aus Nietzsches Denken wird, wenn man es in einem Behindertenheim zu Berlin jeden Tag auf die Probe stellt. Hier wurde erst klar, was das Theorem vom Leben als Wille bedeuten kann. In Deutschland gab es nach dem Ersten Weltkrieg 2,7 Millionen Kriegskrüppel, Einarmer, Einbeiner, Kopfverletzte, eine Enzyklopädie unvorstellbarer Dramen. Behinderung war damals das Epochenthema – und wenn Freud seinerzeit vom Menschen als Prothesengott sprach, griff er das Bonmot aus dem Zeitgeist auf. Auch Würtz hat damals Morgenluft gewittert und

79

geglaubt, der Krüppel sei der neue Mensch, ja vom Krüppel her müsse man die ganze Menschheitsfrage neu denken. Er blätterte in den Archiven und fand heraus, dass alle interessanten Menschen aller Zeiten Krüppel waren: Cäsar, Paulus, Michelangelo, Ignatius von Loyola, Lord Byron, Nietzsche, das ganze Who is who der Weltkultur. Würtz wurde 1933 eliminiert, weil er in seinem Hauptwerk *Zerbrecht die Ketten* von 1932 die schlechte Idee gehabt hatte, Joseph Goebbels zweimal zu erwähnen – einmal in der Nationenliste und einmal in der Funktionen- oder Berufssparteliste. Mit dieser Art von wissenschaftlicher Objektivität konnte Goebbels nicht viel anfangen. Mir fiel es bei der Lektüre dieses verschollenen Werks wie Schuppen von den Augen: Alle wesentlichen Autoren der philosophischen Anthropologie haben damals angefangen, den Behinderten als Paradigma des Menschen darzustellen, Louis Bolk, Arnold Gehlen, Helmuth Plessner, selbst Sigmund Freud, wie gesehen. Und hat nicht auch die zeitgenössische Biologie diese Lesart bestätigt? Der Mensch ist von Natur aus eine Missgeburt, weil er eine chronische Frühgeburt darstellt. Nur Krüppel werden überleben.

Solche biologischen Fragen spielten auch in Ihrer sogenannten Elmauer Rede eine Rolle.

Darüber brauchen wir nicht lange reden. Mein nächstes Buch wird im Frühjahr 2009 erscheinen und soll den Titel tragen *Du mußt dein Leben ändern. Über Anthropotechnik.* Darin werden die Fragen, die mich in der Menschenpark-Rede beschäftigt haben, auf indirekte Weise noch einmal aufgerollt. Diesmal aber gehe ich der Frage, wie der Mensch den Menschen erzeugt, viel radikaler auf den Grund. Die Antwort wird heißen: Er erzeugt sich im Wesentlichen durch Übungen, durch Askesen, durch Trainings und durch akrobatische Überspannungen. In diesem Buch wird nur sehr we-

der blaue reiter

Wozu Philosophie?
Umfrage für *der blaue reiter – Journal für Philosophie*

Seit eine meiner Töchter Philosophie studiert, merke ich, dass ihre Fragen und unsere Gespräche auch über Theologie wesentlich präziser geworden sind. Sokrates hat ja sein Philosophieren mit der Hebammenkunst verglichen. Durch richtiges Fragen sollen Gedanken zur Welt gebracht werden. Die Antworten der Theologie und des persönlichen Glaubens können nicht in der Philosophie aufgehen. Sie sind aber unauflösbar mit philosophischen Gedankengängen verbunden. „Warum ist etwas und nicht nichts?" – um diese Frage werden Vernunft und Glaube immer ringen. Und das ist spannend!

Margot Käßmann
Bischöfin der evangelisch-lutherischen
Landeskirche Hannovers

nig von Gentechnik die Rede sein, umso mehr von Meditation, von religiös codierten Übungsexzessen, von Kapitalismus als Anthropotechnik und von der Disziplin großer Künstler.

Der Zeitgeist gibt den Philosophen im Augenblick sehr viele ermutigende Signale. In Frankreich gibt es in jeder Stadt philosophische Cafés. In Italien blühen in einer Reihe von Städten, in Udine, in Modena, in Neapel, in Rom und so weiter große Philosophiefestivals auf, manchmal mit Zehntausenden von Besuchern. Da kann man erleben, wie mehrere tausend Menschen auf einem Platz unter freiem Himmel sitzen und einem Vortragenden zuhören. Für jeden Philosophen ist das eine Erfahrung, die er machen sollte. Wenn man in einem kleinen Hörsaal voller Kollegen spricht, hat man das Recht, sie bis zum Umfallen zu langweilen. Aber vor zwei- oder dreitausend Menschen – da fragt man sich unwillkürlich: Ist meine Rede es wert, dass so viele Leute eine Stunde in der glühenden Sonne sitzen? Ganz offensichtlich wollen die Leute zurück zur Philosophie. Sie wollen etwas hören, was ihnen zu denken gibt. Die Akademiker ihrerseits müssten nur besser hören auf das, was ihnen von dieser Seite zugerufen wird. Damit fallen viele Scheinkonflikte an der Front zwischen Philosophie und Rhetorik beiseite, auch solche, die gelegentlich im Umfeld meiner Arbeit auftraten.

Herr Sloterdijk, wir danken Ihnen für das Gespräch.

Das Interview führten Elke Uhl, Thomas Bach und Siegfried Reusch.

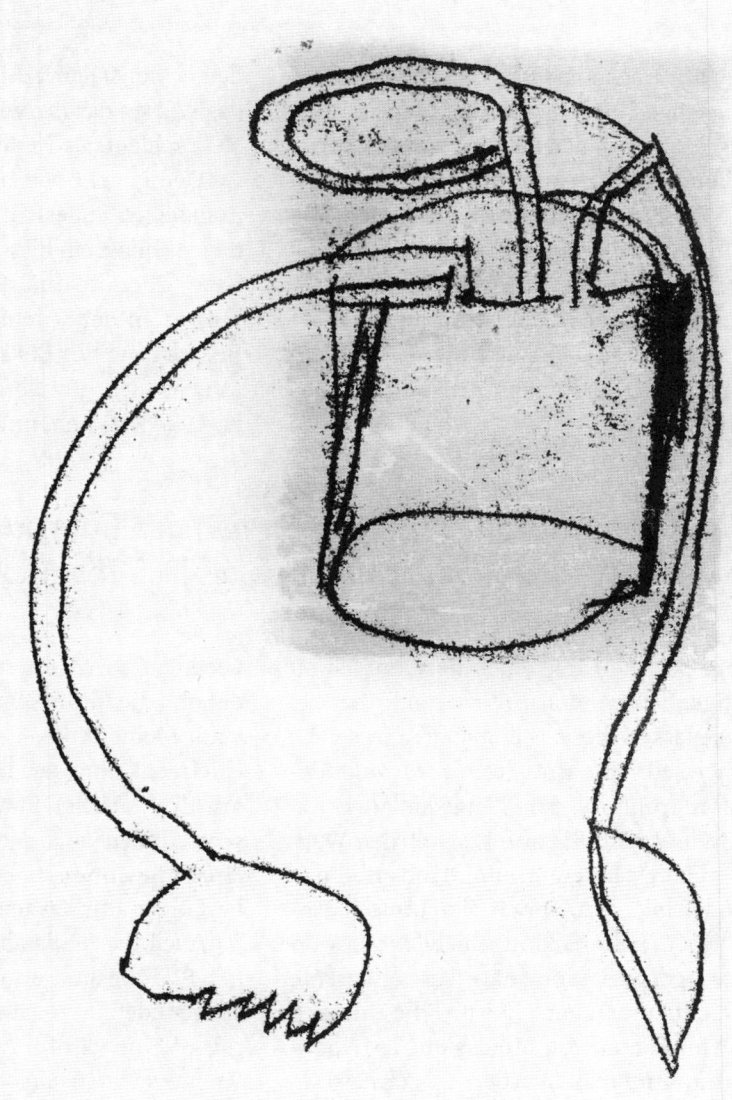

Siegfried Reusch

Bin ich ein
gebildeter Mensch?

Bekenntnisse eines Hochstaplers

Nicht von ungefähr tragen die Berichte über den Zustand des deutschen Bildungswesens den Namen „Pisa". Genauso sanierungsbedürftig wie der Turm, der die oberitalienische Stadt berühmt gemacht hat, ist hierzulande die Diskussion um die Bildung. Mehr Bildung wird gefordert, Bildungsinitiativen werden allenthalben gestartet, doch die Frage danach, was denn da gefördert werden soll, bleibt meist außen vor. Intelligenz ist das, was ein Intelligenztest misst – Bildung jedoch auf keinen Fall das, was der Pisa-Test zu messen vorgibt.

deten Menschen zu bezeichnen. Folglich muss man das Wissen darum, wie man einen Tennisball über ein Netz schlägt, als Bildung veranschlagen.

Demgegenüber bin ich offensichtlich maximal ungebildet; angesichts meines bisherigen Lebensverdiensts quasi ein bildungstechnischer Analphabet. Ich habe Chemie und Philosophie studiert und trage schwer an den Titeln Dipl.-Chem. und Dr. phil. Mit Beendigung des Erststudiums endeten auch die Leistungen des Bundesausbildungsförderungsgesetzes, kurz BAFöG genannt. Seither finanziere ich meinen

Wer käme auf die Idee, die Gattung Mensch von der Erde outzusourcen, wegzurationalisieren oder gänzlich abzuschaffen, bloß weil die Menschheit sich nicht rechnet?

Was ist Bildung? Welche Fähigkeiten beziehungsweise welche Fertigkeiten werden mit diesem Wort bezeichnet und wie lassen diese sich objektiv messen?

Da heutzutage selbst die Initiativen zur frühkindlichen Bildungsförderung von dem Leitgedanken getragen werden, Kinder frühzeitig auf den globalen Wettbewerb vorzubereiten, der über Bruttoinlandsprodukte und Außenhandelsbilanzen, sprich ökonomisch ausgetragen wird, liegt es nahe, Bildung über den geldwerten Nutzen, die sogenannte monetäre Verwertbarkeit, zu bewerten. Rechnet man zum Beispiel die Preisgelder und Werbeeinnahmen von professionellen Sportlern zusammen, kommt man, macht man sich das Eingangs genannte Kriterium zu eigen, nicht umhin, zum Beispiel Boris Becker als einen beeindruckend gebil-

Lebensunterhalt durch die Erziehung meiner drei Kinder und die Bewirtschaftung des dazugehörigen Haushalts. Meine Tätigkeiten als Verleger, Herausgeber und Chefredakteur der meistgelesenen Philosophiezeitschrift deutscher Sprache haben mir zwar vieles erspart, in den vergangenen 14 Jahren aber keine monetären Gewinne eingebracht – deutsche Finanzämter bestätigen mir das jedes Jahr schriftlich.

Auch die Maßstäbe des oft zu Unrecht gescholtenen Bildungsbürgertums für das, was einen Menschen als gebildet auszeichnet, würden in meinem Fall versagen: Eine Partitur Mozarts kann ich nicht von einer Wagners unterscheiden. Ich spreche kaum Englisch, ich lese es bestenfalls mit Mühe und unter Zuhilfenahme eines Wörterbuchs; ich spreche kein Französisch und kann es auch nicht lesen. Lateinische Texte kann ich zwischenzeitlich nur noch dann entziffern, wenn eine deutsche Übersetzung daneben liegt, und mein Altgriechisch erschöpft sich in der Kenntnis derjenigen griechischen Buchstaben, die man für den elementaren Mathematikunterricht benötigt. Weder kann ich die Hauptstädte der wichtigsten Länder dieser Welt noch die Literaturnobelpreisträger seit 1990 lückenlos aufzählen. Selbst die Geburts- und Todestage der wichtigsten Philosophen habe ich nicht auswendig parat.

Auch was den Praxisbezug meiner philosophischen Bildung angeht, ist Volkes Meinung, zumal die des deutschen, eindeutig: „Philosophen gibt es überall", heißt es zum Beispiel in einer Werbeanzeige des Roten Kreuzes über der Abbildung eines Stammtischtellers, und direkt darunter: „Blut nicht!". Die Auseinandersetzung mit Philosophie, so hat es den Anschein, endet zumeist in der Kneipe. Verübeln kann man dies der Stimme der vorgeblich schweigenden

der blaue reiter

TOMASCHOFF 14

Mehrheit nicht, wird der anständig arbeitende Teil *Der Bevölkerung*, der Hans Haacke das gleichnamige Kunstwerk widmete[1], doch nur allzu oft der Hartz-IV-Variante der Bildung ansichtig: des arbeitslosen Geisteswissenschaftlers. Während eine universitäre Ausbildung in den Natur- oder Ingenieurswissenschaften zumindest ein Einkommen zu versprechen scheint, führt das Studium der Geisteswissenschaften, die gemeinhin für das als zuständig erachtet werden, was mit Bildung bezeichnet wird, scheinbar auf direktem Weg zum Arbeitsamt. Objektiv betrachtet sind Geisteswissenschaftler im Allgemeinen und Philosophen im Besonderen der Inbegriff der Bildungslosigkeit. Aber nur weil Philosophie zu nichts gut ist, wie Adorno schreibt, ist sie noch lange nicht sinnlos!

Folgt man dem *Wörterbuch der Metaphern*, handelt es sich bei Bildung, wie bei Hartz IV, um eine genuin deutsche Wortprägung – education und self-formation lassen sich auf lateinische Wurzeln zurückführen. Auch wenn die Wortgeschichte von „Bilden" mit dem religiösen Bilderverbot und der Ebenbildlichkeit verknüpft ist, war mit „Bilden" stets mehr gemeint als das reine Abbilden, die pure Wiedergabe, die bloße Reproduktion. Wäre der Mensch nur mit sinnlich vollständig Erfahrbarem konfrontiert – und sei es vermittels technischer Prothesen –, ließe sich jedes Bild als mehr oder weniger gute Abbildung einer Wirklichkeit bewerten. Dabei enthalten aber selbst Fotografien, die gemeinhin als naturgetreue Wiedergabe der sichtbaren und als Infrarotfotografien auch der unsichtbaren Welt gelten, immer schon einen Überschuss, eine Form der Interpretation von Welt. Welt wird selbst in der Fotografie nicht nur abgebildet; es werden Bilder von Welt materialisiert, die über das Abgebildete hinaus immer auch etwas vom Schöpfer der Bilder enthalten und auch offenbaren – sei es durch die Wahl des Motivs, die Aufnahmeposition oder die Tageszeit und dem daraus sich ergebenden, je verschiedenen Schattenfall.

Der (immer vergebliche) Versuch, ästhetische Werke der Natur wie zum Beispiel Termitenbauten, die Fraßgänge von Borkenkäfern oder Rosenblüten naturgetreu wiederzugeben, die Reproduktion des sogenannten Naturschönen, unterscheidet sich vom Verfertigen von Kunstwerken durch den *Zweck* der Anstrengung. Was das „interesselose Wohlgefallen", die reine Ästhetik von Kunst unterscheidet, ist der Aufforderungscharakter, sprich die Herstellung mit Blick auf den Betrachter.

Kunst ist nicht erst seit der abstrakten Kunst der Moderne der Versuch, den nicht mittels reiner Wiedergabe zu beschreibenden Überschuss an Wirklichkeit zum Zwecke der Ansprache, das heißt um eines potenziellen Betrachters Willen, in Werke zu fassen; sei es durch die Wahl des Motivs, durch Farbgebung, durch Perspektive, durch kleine oder große Abweichungen. Es ist der Versuch der Selbstvergewisserung und Selbsterkenntnis durch Kommunikation mittels der (Selbst-)Beschreibung des Bildners in Form seines (Kunst-) *Werks* – seien es sprachliche „Bilder", realistisch wie abstrakt gemalte, in Stein gehauene oder technisch erzeugte. Und nur insofern ergibt der Satz von Joseph Beuys „Jeder Mensch ist ein Künstler" Sinn. Rolf Sachsse vertritt gar die These, dass Kunst völlig losgelöst vom Kunstwerk lediglich im Diskurs, im Gespräch, in der schriftlichen Auseinandersetzung *über* Kunst existiert.[2] „Kunst" ist dementsprechend nichts Fassbares, nichts im greifbaren Sinne Reales, sondern etwas völlig vom Künstler und dessen Werk Losgelöstes; die Zuschreibung, das Etikett „Kunst" bezeichnet so betrachtet nur die Tatsache, dass ein Werk Anstoß, Folie der Kommunikation ist. Dementsprechend ist es auch absurd, Bilder von Kindern als Kunstwerke zu bezeichnen. „Zu malen wie ein Kind" ist kein erstrebenswertes Ziel und schon gar keine Kunst. Kinder malen ohne Ziel und Verstand, verfertigen ihre Werke frei von jeglicher Absicht, wollen mittels ihrer Arbeiten nicht kommunizieren. Malen und Basteln betreiben Kinder genauso wie

83

essay

Illustration
linke Seite:
Jan Tomaschoff

der
blaue
reiter

sie Sandburgen bauen oder Mensch-ärgere-dich-nicht spielen – das ist durchaus nicht sinnlos, aber eben keine künstlerische Tätigkeit. Interessant sind Kinderbilder nur aus der Perspektive von Entwicklungspsychologen: Malt der Kleine noch Kopffüßler, ist er nicht schulreif – nicht mehr und nicht weniger. Werden von Kindern explizit sexuelle Darstellungen gewählt, Phallen gemalt oder aus Pappmaschee gebastelt, ist das eher ein Hinweis auf sexuellen Missbrauch denn eine frühreife Auseinandersetzung mit Sexualität.

Bildung erschöpft sich eben nicht im Prozess des Bildens, nicht im Prozess des Verfertigens von Bildern. Der Unterschied zwischen Herstellen und Bildung liegt im Worum-Willen, sprich im Anderen begründet: „Sich mitzuteilen, ist Natur.

Ausbildung ist die industrialisierte Form von Bildung.

Mitgeteiltes aufnehmen, wie es gegeben wird, ist Bildung", heißt es bei Goethe. Der Gebildete nimmt den Überschuss, nimmt das Wollen des Anderen wahr; dem Ungebildeten ist jedes Werk bestenfalls Schmuck und Dekoration.

Was wir gemeinhin *Bildung* nennen, ist folglich nicht die bloße Wiedergabe erlernter, eingeschriebener oder eingebildeter Bilder, mögen diese Urbilder, Archetypen, kollektives Unterbewusstsein, kollektives Gedächtnis oder wie auch immer heißen. Weder wird zum Zwecke der Bildung jemandem etwas eingebildet, wie Paracelsus es formulierte, noch muss der Einzelne durch Entbildung von der Welt frei werden, wie Meister Eckhart schreibt. Von Bildung lässt sich nur sprechen, wenn das Hervorgebrachte zum Zwecke der Ansprache gebildet und zur Welt gebracht wurde. Folglich ist es unerheblich, ob man die hervorgebrachten Bilder wie Augustinus nur im Sinne einer Teilhabe, einer participatio, auffasst oder als eigene, als kreative Hervorbringung des jeweiligen Subjekts, wie Dietrich. Entscheidend ist das *Worum-Willen*, das den Überschuss an Welt jenseits der Berechenbarkeit enthält. Wissen, das sich immer als Bild von Welt manifestiert, ist nur dann Bildung, wenn es durch das Subjekt geformt wird, ist nur dann Kunst, wenn es Ansprache ist. Aus diesem Grund ist die oft so hochgehaltene „phronesis", die sogenannte lebenspraktische Klugheit, nicht unter Bildung zu fassen. Werden doch im Rahmen der lebenspraktischen Klugheit keine Bilder geformt, sondern lediglich das Zusammenleben durch den Umgang mit bereits vorhandenen Bildern zum eigenen,

zumeist monetären Vorteil, klug geregelt. Ob Kontoauszüge einen Überschuss enthalten oder einen Verlust, mag lebenspraktisch von überragender Relevanz sein – über die Bildung des Kontoinhabers sagen sie nichts. Der Überschuss der Bildung, das Wollen des Anderen vermittels der Präsentation seiner Selbst in Form von Bildern, entzieht sich schlicht der monetären Be- und Verwertbarkeit. Wer Bildung fordert und finanzielle Überschüsse meint, dem ist es nicht um Bildung, sondern um die industrialisierte Form von Bildung, um Ausbildung zu tun. Das ist nicht verwerflich, sollte aber zumindest klar benannt werden. Bildung bewegt sich, anders als Ausbildung, immer jenseits der reinen Sachlichkeit, wenn auch nicht weniger sachhaltig.

Bilder, die der Sphäre der Bildung zugehören, vermitteln zwischen dem Sicht- und dem Unsichtbaren, enthalten aufgrund ihrer Mittlerfunktion genau den Überschuss an Welt, den wir die Sphäre des Menschlichen, den wir den Raum der tätigen (Inter-)Subjektivität, den wir Kultur nennen. Kultur, der kollektive Versuch des Austauschs in Form wechselseitiger Ansprache mittels Bildern, ist der Versuch der gemeinschaftlichen Selbstvergewisserung in der Ansprache der anderen. Bildung ist kein selbstschöpferischer Akt, wie Johann Gottfried Herder in seiner *Abhandlung über den Ursprung der Sprache* schreibt, sie bringt den Menschen nicht im eigentlichen Sinne hervor, sondern sie hält ihn im Prozess der Kultur am Leben, ist Lebenselixier – Sinn des Lebens ist der Andere: um des eigenen Selbst willen. Werke, das was bleibt, sind der materiale Überschuss, das Sur-Plus der Auseinandersetzung mit dem Anderen, sind sinnlich verfasste Kommunikation.

Welt ist bei alldem jedoch nicht nur Material der Auseinandersetzung des Subjekts, wie Wilhelm Humboldt oft missverstanden wird. Zum einen kommt in den Kunstwerken, die den eigenen Körper quasi als Material nutzen, wie zum Beispiel beim Tanz, zum Ausdruck, dass der Körper als Träger von Subjektivität selbst Teil von Welt ist. Zum anderen ist das Subjekt immer schon auf die Wechselwirkung mit Welt angewiesen. Ein rein geistiges, ein nicht fühlendes, nicht schmeckendes, nicht riechendes Subjekt ist nicht denkbar. Der Mensch ist mit seiner Geistigkeit *und* seiner Sinnlichkeit in die Welt geworfen. Walter Schulz hat diesen Zustand mit dem Ausdruck *Metaphysik des Schwebens* zu beschreiben versucht. Hin- und hergerissen zwischen der Bindung an die Welt und dem Bestreben, sich davon frei zu machen, erfüllt sich das menschliche Leben in einer beständigen Spannung des Zwischen. Dass wir uns bei alldem „nothwendig fremd" bleiben, dass wir „für uns ... keine ‚Erkennenden'" sind, wie es in Nietzsches *Genealogie der Moral* heißt, macht die Tragik der menschlichen Existenz aus, die viele zur Religion verleitet. Bildung, das Ringen um das eigene Selbst, steht immer auf einem ungesicherten Grund, bietet keinen Halt und ist notwendigerweise beständig im Fluss. Was Bildung von Wissen unterscheidet, der Überschuss, der im Begriff Bildung zum Ausdruck kommt, ist das Wollen des Eigenen, das Ringen um das je eigene Selbst im nur allzu oft hilflosen Versuch der Ansprache des Anderen. Die innerweltliche Manifestation eines solchen Willens sind die zwecks dieser Suche geschaffenen Bilder – aber nur insofern, als sie nicht Dekoration, sondern nur, sofern sie Ansprache sind. Wissen bezeichnet ein Verhältnis des Menschen zur Welt; das Verhältnis des Menschen zu sich und seinen Mitmenschen nennen wir in seiner äußeren Erscheinungsform Kultur, in seiner inneren Bildung. Wissen ist eine Antwortmaschine für Fragen der Art „Wie funktioniert das?" oder „Wie kann ich das bauen?". Bildung ist eine Fragemaschine, ist eine permanente Frage an das Gegenüber.

Aber: Wir haben so viel Wissen, wozu soll da auch noch Bildung vonnöten sein? Wofür die Anstrengung, immer neue Bilder zu formen? Warum nicht einfach die vorhandenen Bilder aufnehmen, damit lebenspraktisch umgehen und diese als Wissen, als ein Wissen um ein Herstellen-Können tradieren? Leiden wir denn an einem Mangel, der besser mittels Bildung als mittels Wissen gelindert werden könnte? Sind denn gebildete Menschen nützlicher als ungebildete? Wozu sich um Bildung befleißigen, wenn diese, wie die jüngste Geschichte zeigt, auch nicht vor den Verführungen der Macht und der Korruption schützt?

Robert Spaemann brachte die Frage, warum es sich lohne, ein gebildeter Mensch zu sein, auf die Formel: „Gebildete Menschen haben aneinander Freude ... Überhaupt haben sie mehr Freude als andere."[3] Bildung ist in der Tat ein intellektuelles Vergnügen – und das ist ihr einziger objektiver Nutzen. Allerdings verstehen das nur die, die sich um Bildung bemühen!

Es kommt dabei nicht darauf an, über *was* im Rahmen des Bildungsprozesses miteinander philosophiert und was damit in Form von Büchern, Lehraufträgen oder wie auch immer verdient wird. Es ist auch unerheblich, ob man sich der einen Wahrheit nähert, sie gar findet und ausspricht, oder ob man nur eine weitere Wahrheit den schon nebeneinander bestehenden Wahrheiten hinzufügt: Wichtig allein ist, *dass* philosophiert wird, dass Bildung im geschilderten Sinne statthat.

Ebenso wenig wie sich die Schönheit eines Gemäldes in Euro oder Dollar ausdrücken lässt, lassen sich der Klang einer Stradivari oder der ethische und kulturelle Wert der Bibel oder des Korans mittels Geld sinnvoll bewerten. Selbstverständlich hat alles (s)einen Preis, natürlich gibt es so etwas wie einen Marktwert für Kunstwerke, für alte Instrumente, für Bibeln und

alte Schriftrollen – aber die Mona Lisa lächelt auch dann noch unvergleichlich, wenn das Geld, mit dem sie gekauft wurde, längst nichts mehr wert ist; einer Stradivari entlockt man nicht allein schon dadurch schöne Töne, dass man sie bezahlt hat; und durch den Besitz einer noch so teuren Bibel oder noch so alten Schriftrolle erhält man keine Eintrittskarte für das Himmelreich. Das Reich der Kunst und der Raum des Geistes sind der Sphäre der Ökonomie enthoben, die Frage nach deren Nutzen im Sinne von monetärer Verwertbarkeit ist schlicht absurd. Sie ist in etwa genauso absurd wie die Frage, wozu der Mensch als solcher nützlich sei. Wer käme auch auf die Idee, die Gattung

Ein kluger Mensch weiß vor allem, was er nicht wissen muss.

Mensch von der Erde outzusourcen, wegzurationalisieren oder gänzlich abzuschaffen, bloß weil die Menschheit sich nicht rechnet? Wo nach dem geldwerten Vorteil von Bildung beziehungsweise von Philosophie gefragt wird, haben Bildung und Philosophie immer schon verloren, weil in deren „Räumen" im wahrsten Sinne des Wortes in anderen Kategorien gedacht wird.

Der Weltgehalt der Philosophie

Bildung, respektive Philosophie als gelebte Bildung, ist kein von allem losgelöstes, kein rein geistiges Vergnügen; sie muss sich an der Welt, der sogenannten Wirklichkeit, genauso bewähren wie die Naturwissenschaften. Allein die Wirklichkeit der Philosophie sind der Andere und das Selbst, ist die Kommunikation als tätige Auseinandersetzung mit sich und Welt – in der Welt. Die heideggersche Rede vom „In-der-Welt-Sein" entfaltet so ihren ganz eigenen Sinn. Um mit Adorno zu sprechen: „Dialektik ist kein dritter Standpunkt, sondern der Versuch, durch immanente Kritik philosophische Standpunkte über sich und über die Willkür des Standpunktdenkens hinauszubringen." Kurz: Im Bildungsprozess wird Welt allererst zur Sprache gebracht. Es geht darum, das Ungesagte, auch das im „normalen" Sprechen oder in den Schöpfungen der Kunst nicht explizit Gesagte, sagbar zu machen. Ist dieses Ungesagte doch immer „irgendwie" beunruhigend da, drängt zur Sprache, will gesagt sein. Josef König hat im Zur-Sprache-Bringen des nicht Gesagten – beziehungsweise im kommunikativen Einholen des Unsagbaren – mittels einer den Sprachgebrauch modifizierenden Weise das spezifische Können der Philosophie gesehen.

Erfahrungsgemäß gilt für die Bildung das Gleiche wie für die Grundfragen der Philosophie: „Woher kommen wir? Wohin gehen wir?" und vor allem: „Wo soll das Geld dafür herkommen?". Nicht nur aus diesem Grund, sondern auch aufgrund der weitverbreiteten ideologischen Verblendung unserer Politiker steht eine Verbesserung der Situation nicht zu befürchten. Die Bildungsdebatte in unserem Land ist denn auch eher eine Einbildungsdebatte, sprich eine Summe

85

überideologisierter, eher parteipolitisch denn sachlich motivierter Statements, deren Lautsprecher sich einbilden, über Bildung zu diskutieren, und dabei selbst ihr unausgesprochenes Ziel, das der Ausbildung, verfehlen.

In Folge ebenso unzähliger wie unsinniger Reformen sind die deutschen Universitäten zu einer mittlerweile europaweit kompatibel harmonisierten Bildungsindustrie verkommen. Deren standardisierte Produkte sind denn auch alles andere als selbstständig kreativ denkende Menschen. Die wie am Fließband erzeugten Bachelors – mit identischem Wissensstand ausgestattete Wissensklone – würden vermutlich in jeder televisionären Wissensshow aus dem Disneyland der Bildung eine gute Figur abgeben. In solchen zur puren Unterhaltung verkommenen Veranstaltungen wären vermutlich die meisten Professoren der vergangenen 200 Jahre kläglich gescheitert. Waren diese doch so klug, ihre geistigen Kapazitäten auf die Entwicklung von Methoden des Zusammenführens und Kombinierens von Wissen zu verwenden und die hierfür erforderlichen Daten bei Bedarf tagesaktuell nachzuschlagen, statt sich mit rasant veraltendem Wissen unnötig zu belasten. Schon Sokrates wusste, dass er nichts weiß – umso mehr muss ein kluger Mensch heutzutage vor allem wissen, was er nicht wissen muss!

Im Bildungsprozess wird Welt allererst zur Sprache gebracht.

Auch Begriffe wie „Schlüsselqualifikationen", „Softskills", „Sozialkompetenz" und „Emotionalkompetenz" sind als Formen des Könnens zwar objektivier- und operationalisierbar, mithin konvertierbare Währungen, mit Bildung haben sie aber nichts zu tun. Bildung ist, wie ich versucht habe zu zeigen, das Gegenteil von Anwendbarkeit und Vernutzung! Bildung ist eine Lebenshaltung, ist der ästhetisch aufgefasste Wunsch, lernen und wissen zu wollen, um des eigenen Selbsts in der Auseinandersetzung mit dem Anderen ansichtig zu werden. Bildung ist intellektuelles Spiel und ästhetische Freude; ihr Überschuss, das Wollen des Selbst, ist nur vermittels des Anderen, ist nur im Gegenüber zu finden – ihr objektiver Nutzen ist ein intersubjektiver. Weil der Andere respektive das Selbst sich dem letztendlichen Zugriff immer entzieht, hat Bildung auch kein Ende und kein konkretes Ziel. Bildung ist Auseinandersetzung, ist Vollzug – Bildung ist Leben! Nur im Wissen um die Differenz, um die prinzipielle Unhintergehbarkeit des Anderen als Ziel des Fragens nach dem eigenen Selbst, kann sich so etwas wie Kommunikation, kann sich Verantwortung, kann sich Leben entfalten.

Philosophie ist gelebte Bildung.

Konsens ist das Gegenteil von Kommunikation, nämlich einvernehmliches Schweigen. Wo sich alle einig sind, wo eine schlimme Kindheit alles entschuldigt und keiner mehr dem anderen zu nahe treten will, gibt es kein Handeln mehr. Damit man „das Ich seines Ichs zugleich" werden kann, wie Novalis fordert, bedarf es des Anderen. Um mit Johann Gottlieb Fichte zu sprechen: Das Ich findet allererst durch den Anderen, durch die Ansprache des Anderen, durch dessen Aufforderungscharakter zu sich. Ohne den Anderen gibt es kein Ich, ohne ein wie auch immer geartetes Ich gibt es aber auch keinen Anderen.

Gebildet ist, wer mit dem unauflöslichen Widerspruch des anderen Ich, des Ich im Anderen, dem Ich-ist-ein-Anderer, ein beständig sich wandelnder Anderer, genussvoll zu leben vermag. Gebildet ist, wer nicht trotzdem, sondern gerade deswegen stets strebend um den Anderen sich bemüht. Bildung ist mithin Sinn fürs Überschüssige, ist Exzess.

Zu einer Politikerpension oder einem Versorgungsposten in staatseigenen Betrieben bringt man es mit einer solchen Geisteshaltung natürlich nicht. Schon gar nicht zu der einer Bildungs(verhinderungs)ministerin. Hierfür braucht man schon eher die Fähigkeit zur Hypodialektik, sprich die Chuzpe, ohne rot zu werden muslimischen Lehrerinnen das Kopftuch zu verbieten und das von christlichen Nonnen als erlaubte Dienstkleidung zu deklarieren. „Wovon man nicht sprechen kann, darüber muß man schweigen", dieser berühmte Satz aus dem *Tractatus logico-philosophicus* Ludwig Wittgensteins gilt heutzutage für niemanden mehr als für Bildungspolitiker. Wenn der starke Arm der Lokführergewerkschaft es will, stehen alle Räder still; würden die Politiker streiken, fiele das vermutlich keinem negativ auf.

Zum Abschluss möchte ich an den Anfang, zur Titelfrage, zurückkehren.

Bin ich ein gebildeter Mensch?

Bildung entscheidet sich im Bemühen um den Anderen – also an Ihnen, hochverehrte Leser. Wenn es mir gelungen ist, in Ihnen etwas zum Klingen zu bringen, wenn es mir gelungen ist, Sie dazu zu verleiten, mich mit Ihren Bildern zu konfrontieren, mit Ihnen in Austausch zu treten, dann lasse ich mir die Zuschreibung gefallen. Im anderen Fall bin ich ein Hochstapler – aber auch als solcher, lassen Sie sich das aus berufenem Munde gesagt sein, lässt es sich im Raume des Sinnlichen trefflich leben.

Dr. phil. Dipl.-Chem. Siegfried Reusch studierte Chemie und Philosophie in Ulm und Stuttgart. Seit 1995 ist er Mitherausgeber und Chefredakteur des vorliegenden Journals.

Anmerkungen:

1. Eine Abbildung und eine Erläuterung des Kunstwerks *Der Bevölkerung* von Hans Christoph Carl Haacke findet sich zum Beispiel in: Schön sein. der blaue reiter – Journal für Philosophie. Ausgabe 12. omega verlag, Stuttgart 2000, Seite 28
2. Sachsse, Rolf: Echte Kunst. In: Echt Sein. Die Sehnsucht nach Authentizität. der blaue reiter – Journal für Philosophie. Ausgabe 24. omega verlag, Stuttgart 2007, Seite 47
3. Spaemann, Robert: Wer ist ein gebildeter Mensch? In: Grenzen. Zur ethischen Dimension des Handelns. Verlag Klett-Cotta, Stuttgart 2002, Seite 513

Paradigmenwechsel

Der Begriff Paradigmenwechsel (engl. paradigm shift) wurde 1962 von Thomas S. Kuhn in seinem Buch *The structure of scientific revolutions*[1] (*Die Struktur wissenschaftlicher Revolutionen*) in die Wissenschaftssprache eingeführt und ist seitdem, trotz aller Kritik an dessen Strukturmodell der Wissenschaftsentwicklung, allgegenwärtig. Es gibt eigentlich keinen Bereich des Lebens, in dem vorgeblich nicht schon einmal ein Paradigmenwechsel stattgefunden hat, stattfindet oder stattfinden soll. Heiß diskutiert wird zurzeit etwa der Paradigmenwechsel in der Hirnforschung (inklusive seiner Auswirkungen auf das Strafverfahren), aber auch das Überleben der Volkswirtschaft, die Umsetzung der Sozial- und Bildungspolitik sowie die Umweltpolitik scheinen ohne Paradigmenwechsel nicht mehr denkbar zu sein – und selbst bei der Verabreichung von Abführmitteln wird die Notwendigkeit eines Paradigmenwechsels angemahnt.[2] Es stellt sich damit die Frage, ob mit dem Begriff Paradigmenwechsel überhaupt noch etwas ausgesagt wird.

In Kuhns Strukturmodell der Wissenschaftsentwicklung verweist der Begriff ganz allgemein gesprochen auf einen Wechsel in den Grundannahmen einer wissenschaftlichen Theorie. Das hört sich unspektakulär an, die mit dieser Aussage verbundene Provokation wird aber erkennbar, wenn man den Begriff an die Stelle des Wortes „Wechsel" setzt, der auch in Kuhns Titel erscheint: Revolution! Für die Geschichte der Wissenschaften ist die Annahme solcher Revolutionen im Plural untragbar: Sollte deren Geschichte doch zumindest von einem bestimmten Zeitpunkt an geradlinig verlaufen. Schon Immanuel Kant hatte den Naturwissenschaften nur *eine* „Revolution der Denkart" zugebilligt, und es stand nur noch in Frage, ob man diese Revolution wie Kant mit den Namen von Francis Bacon, Galileo Galilei und Evangelista Torricelli verband oder mit denen von Nikolaus Kopernikus und Johannes Kepler. Kuhn behauptet dagegen in seinem Buch, dass die Geschichte der Wissenschaften mehrere solcher Revolutionen kennt: die kopernikanische Wende vom geozentrischen zum heliozentrischen Weltbild, die Verdrängung der Phlogistontheorie Georg Ernst Stahls durch die Einführung der Sauerstoffchemie Antoine Laurent de Lavoisiers, die Ablösung der klassischen Mechanik durch die Relativitätstheorie – um hier nur drei seiner bekanntesten Beispiele aufzuzählen.

Um das Revolutionäre an diesem Wechsel zu verstehen, ist es nötig, das näher in den Blick zu nehmen, was sich da ändert: das Paradigma. Nach einer ersten Definition steht der Begriff Paradigma bei Kuhn im weitesten Sinne für „allgemein anerkannte wissenschaftliche Leistungen, die für eine gewisse Zeit einer Gemeinschaft von Fachleuten maßgebende Probleme und Lösungen liefern". Diese zugegeben wenig präzise Definition wird im Verlauf des Buchs durch zahlreiche Beispiele illustriert, aber erst in dem 1969 geschriebe-

nen *Postskriptum* begrifflich präzisiert. Denn nachdem Margaret Mastermann bei Kuhn 21 Verwendungsweisen des Begriffs Paradigma nachweisen konnte,[3] begann dieser den Begriff schärfer zu fassen. Genau genommen gab er diesen Begriff aber auf, um neuen Missverständnissen aus dem Weg zu gehen. Was er mit Paradigma im weiteren Sinne bezeichnet hatte, nennt Kuhn jetzt *disziplinäre Matrix*. Diese enthält vier Elemente: die symbolischen Verallgemeinerungen, die Modelle, die Werte und die Musterbeispiele.

Symbolische Verallgemeinerungen sind zunächst „die Formeln, die problemlos von allen Gruppenmitgliedern gebraucht werden". Das zweite newtonsche Gesetz $k=mb$ (Kraft gleich Masse mal Beschleunigung) wäre hier ein Beispiel. Aber diese Verallgemeinerungen finden sich auch in Sätzen wie etwa dem biologischen Satz „Jede Zelle bildet sich aus Zellen". Enthalten diese Verallgemeinerungen insbesondere die Theoriebestandteile der disziplinären Matrix, so besteht die besondere Funktion und Bedeutung der Modelle darin, dass sie „der Gruppe bevorzugte oder zulässige Analogien und Metaphern" liefern. Hinter den Werten einer disziplinären Matrix verbergen sich dann solche Forderungen wie die nach größtmöglicher Exaktheit oder gesellschaftlicher Nützlichkeit der Wissenschaft. Da diese Werte oft allgemein akzeptiert werden, tragen sie „viel zur Bildung eines Gemeinschaftsgefühls bei den Naturwissenschaftlern insgesamt bei". Bei den Musterbeispielen schließlich handelt es sich um dasjenige Element der disziplinären Matrix, auf das der Ausdruck Paradigma am besten passt. Trotzdem gibt Kuhn diesen Begriff auf, weil dieser „ein Eigenleben angenommen hat". Musterbeispiele sind „die konkreten Problemlösungen, denen die Studenten von Anfang ihrer wissenschaftlichen Ausbildung an begegnen, ob in Laboratorien, in Prüfungen oder am Ende von Kapiteln wissenschaftlicher Lehrbücher". Anhand der Musterbeispiele erlernt der angehende Wissenschaftler seine Wissenschaft, zusammen mit den ihnen zugehörigen Lösungswegen geben sie „beispielhafte Arbeitsanleitungen".

Unter Verwendung dieser Begriffe lässt sich das Geschäft der Normalwissenschaft wie folgt beschreiben: Innerhalb der durch die Werte festgelegten Genauigkeitsstandards wird der Gegenstand der Wissenschaft, der unter Verwendung der gängigen Modelle bereits analogisch-metaphorisch bestimmt wird, durch die symbolischen Verallgemeinerungen im Hinblick auf die ausgearbeitete Theorie und unter Heranziehung der Musterbeispiele erklärt. Alle diese Elemente, aber insbesondere die letzten beiden, spielen bei der Ausbildung des wissenschaftlichen Nachwuchses eine zentrale Rolle, der anhand der Musterbeispiele und der an ihnen entwickelten Problemlösungsansätze nicht nur die Theorie, also die symbolischen Verallgemeinerungen kennenlernt, sondern sich insgesamt mit der Matrix vertraut macht und sie verinnerlicht. Dies führt wiederum zu einer Verstärkung der disziplinären Matrix selbst, die nichts anderes ist als die Einheit dieser unterschiedlichen und ineinandergreifenden Elemente.

Dieser sich selbst verstärkende Zirkel einer Normalwissenschaft läuft aber nur so lange stabil, solange die Wissenschaftler auf keine Probleme oder Anomalien stoßen, die sie mit ihren Mitteln nicht lösen können. Ist dies der Fall, gerät die Normalwissenschaft in eine Phase der Krise. Diese dauert entweder so lange, bis die Normalwissenschaft eine Lösung gefunden und damit die Krise beseitigt hat, oder sie führt zum „Auftreten eines neuen Paradigma-Anwärters und dem Streit über seine Anerkennung". In letzterem Falle tritt mit dieser neuen Theorie eine revolutionäre Wissenschaft neben die Normalwissenschaft. Zu einer wissenschaftlichen Revolution oder einem Paradigmenwechsel kommt es aber nur dann, wenn mit der neuen Theorie auch ein alternatives Paradigma, also eine neue disziplinäre Matrix zur Verfügung steht: „Wenn eine wissenschaftliche Theorie einmal den Status eines Paradigmas erlangt hat, wird sie nur dann für ungültig erklärt, wenn ein anderer Kandidat vorhanden ist, der ihren Platz einnehmen kann ... Die Entscheidung, ein Para-

Illustration:
Jan Tomaschoff

digma abzulehnen, ist immer gleichzeitig auch die Entscheidung, ein anderes anzunehmen, und das Urteil, das zu dieser Entscheidung führt, beinhaltet den Vergleich beider Paradigmata mit der Natur *und* untereinander."

Der Fortschritt der Wissenschaft verdankt sich damit nicht einer kumulativen, also stetigen Verbesserung der Theorie. Wissenschaftliche Revolutionen sind für Kuhn „nichtkumulative Entwicklungsperioden". Ein altes Paradigma wird nicht verbessert, sondern durch ein neues ersetzt. Auslöser für die Aufstellung eines neuen Paradigmas und damit Voraussetzung für die später erfolgende Revolution ist dabei „das Gefühl des Nichtfunktionierens".

Von hier aus betrachtet erscheint der inflationäre Begriffsgebrauch in einem neuen Licht. Ist die quantitativ auffällig häufige Begriffsverwendung möglicherweise Zeichen einer Veränderung der Begriffsbedeutung? Hat sich der beschreibende Begriff Kuhns in einen vorschreibenden Begriff mit normativem (wertsetzendem) Anspruch verwandelt? Werden die Paradigmenwechsel jetzt nicht mehr nachträglich beschrieben, sondern vorausblickend herbeizitiert oder magisch beschworen? Wäre dies der Fall, dann bliebe von Kuhns Begriff nur noch das Gefühl des Nichtfunktionierens übrig. Über den damit verbundenen Paradigmenwechsel des Paradigmenwechsels nachzudenken wäre vielleicht eine lohnende Angelegenheit für die Philosophie.

Dr. Thomas Bach ist akademischer Rat an der Friedrich-Schiller-Universität Jena und Kustos am Ernst-Haeckel-Haus.

Anmerkungen:

1. Kuhn, Thomas S.: The structure of scientific revolutions. Chicago 1962; Zitate nach der Ausgabe: Die Struktur wissenschaftlicher Revolutionen. 2. Auflage. Frankfurt am Main 1976, Seite 10, 194, 196, 198, 97, 90, 104
2. Vergleiche Zundler, Rosemarie; Köhler, Ursula: Obstipation und Abführmittel. Aktuelle Daten erfordern einen Paradigmenwechsel. Stuttgart 2006
3. Vergleiche Masterman, Margaret: Die Natur eines Paradigmas. In: Kritik und Erkenntnisfortschritt. Abhandlungen des Internationalen Kolloquiums über die Philosophie der Wissenschaft. London 1965, Seite 59–88

Zur Vertiefung empfohlen:

– Hoyningen-Huene, Paul: Die Wissenschaftsphilosophie Thomas S. Kuhns. Rekonstruktion und Grundlagenprobleme. Braunschweig 1989

Philosophie als Wissenschaft

Wer heute nach dem Verhältnis von Wissenschaft und Philosophie fragt, räumt bereits ein – oder akzeptiert sogar –, dass die beiden getrennte Wege gehen. Dies ist aber nicht immer so gewesen: Die historische Ausgangssituation war eine ganz andere, denn in der Antike waren Wissenschaft und Philosophie nur schwer voneinander zu unterscheiden. Dabei kann der Begriff der Wissenschaft (griechisch *episteme*, lateinisch *scientia*) sowohl an Platon als auch an Aristoteles festgemacht werden. Bei Platon etwa wird das wissenschaftliche Wissen als eine durch Voraussetzungslosigkeit ausgezeichnete Form unmittelbarer Erkenntnis aufgefasst. Aristoteles entwirft dagegen eine Abstufung der Gattungen des Wissens. Die höchste Rangstufe innerhalb der Hierarchie des Wissens hat dabei das Wissen von den Gründen und Prinzipien, welches der Philosophie vorbehalten ist: „Überall aber ist die Wissenschaft im eigentlichen Sinne Wissenschaft von dem obersten Prinzip, wovon das übrige abhängt und wonach es benannt wird. Ist nun dies Oberste die reine Wesenheit, so wird es die Aufgabe des Philosophen sein, die Prinzipien und Ursachen der reinen Wesenheit zu erfassen."[1] Die Stoa (ca. 300 v. Chr. – ca. 200 n. Chr.) führt schließlich das Kriterium der Systematik in die Diskussion ein: Wissenschaft zeichnet sich dadurch aus, dass deren Erkenntnisse sich in ein Wissenssystem einfügen.[2] Die genannten Ansätze werden in der Folge weitgehend übernommen und finden ihren Niederschlag in der Differenzierung der Wissenschaft über das System der *artes liberales* (Freien Künste) insbesondere der Disziplinen Geometrie, Arithmetik, Astronomie und Musik. Die Philosophie nimmt in diesem System die Stelle der obersten Wissenschaft ein und wird mit dem Begriff der Wissenschaft gleichgesetzt.

Der erste Sündenfall

Im Mittelalter galt die Philosophie vielen als „Magd der Theologie" und war in dieser Funktion nur eine Hilfswissenschaft. Im Zuge der seit der Mitte des 13. Jahrhunderts verstärkt einsetzenden Aristoteles-Rezeption kommt es dann zu einer folgenreichen Schwerpunktverschiebung innerhalb der Wissenschaft in Richtung Mathematik und Experiment. Roger Bacon legt mit der *scientia experimentalis* (Experimentalwissenschaft im Sinne der Erfahrungswissenschaft) einen weiteren Grundstein für die Konzeption einer rein auf Beobachtungen und Experimente gestützten Wissenschaft.[3] Spätestens mit Isaac Newton ist die neue Art der experimentellen Naturwissenschaft endgültig etabliert. Diese Experimentalphilosophie, die darauf aufbaut, mathematisch formulierte und durch Erfahrung bewährte Naturgesetze aufzustellen[4], wird zum Grundstein der gesamten neuzeitlichen Wissenschaftskonzeption, welche von da ab beständig an Eigendynamik gewinnt, in letzter Konsequenz aber zu einer fortschreitenden Isolation vom bisherigen Wissenschaftsverständnis und zu einer von der Philosophie völlig losgelösten „reinen" Naturwissenschaft führt.

Versuche der Neukonstitution der Philosophie als Wissenschaft

Gegen diese Tendenz streben die Schulen des Idealismus (etwa 1790–1830) eine Verbindung von Wissenschaft und Philosophie im Sinne der einst von Aristoteles formierten, klassischen Wissenschaftskonzeption an. Wissenschaft wird dabei als ein System gefasst, in welches sich die Philosophie selbst als oberste Wissenschaft setzt, an dem sie sich aber auch im Hinblick auf ihre eigene Wissenschaftlichkeit orientiert. So bemerkt Georg Wilhelm Friedrich Hegel in der *Vorrede zur Phänomenologie des Geistes*: „Die wahre Gestalt, in welcher die Wahrheit existiert, kann allein das wissenschaftliche System derselben sein. Daran mitzuarbeiten, daß die Philosophie der Form der Wissenschaft näher komme – dem Ziele, ihren Namen der *Liebe* zum *Wissen* ablegen zu können und *wirkliches Wissen* zu sein –, ist es, was ich mir vorgesetzt. Die innere Notwendigkeit, daß das Wissen Wissenschaft sei, liegt in seiner Natur, und die befriedigende Erklärung hierüber ist allein die Darstellung der Philosophie selbst."[5]

Es ist dann das Primat eines auf sich selbst reflektierenden und aus dieser Reflexion fortwährend Erkenntniskraft schöpfenden Geistes, welches Hegel in Anspruch nimmt, um den Absolutheitsanspruch einer Philosophie zu begründen, welche auf alle Form von Wissenschaft hin ausgreift.

Ungeachtet seiner Wirkmächtigkeit gerät der Hegel'sche Ansatz schon im 19. Jahrhundert in die Kritik. Vor allem die Linkshegelianer verwarfen den in Hegels System verankerten Absolutheitsanspruch der Wahrheit. Infolgedessen kam es zu einer erneuten Auflösung der Einheit von Philosophie und Wissenschaft. Das im Rückgriff auf Karl Marx entworfene Materialismuskonzept wirkte dabei allerdings aus der Philosophie heraus auch auf die Naturwissenschaften zurück: Verschiedene Vertreter der Naturwissenschaften fanden über das genuin philosophische Konzept des Materialismus – also der Vorstellung, dass alles Existierende eine materiale Grundlage hat und zum Beispiel auch psychische Phänomene im Prinzip mittels physikalischer Wechselwirkungen erklärbar sind – zur Philosophie zurück. Exemplarisch für diese Rückbesinnung stehen die Namen Hermann von Helmholtz und (spät und widerwillig) Wilhelm Ostwald.

Den nach Hegel umfassendsten Versuch, Wissenschaft und Philosophie in einen Begründungszusammenhang zu stellen, unternahm dann zu Beginn des 20. Jahrhunderts Edmund Husserl mit dem Programm, die „Philosophie im Sinne strenger Wissenschaft radikal neu zu gestalten".[6] Die Schlüsselfunktion bei der von Husserl geforderten Neubegründung der Wissenschaft kommt dabei der Erforschung des Bewusstseins zu. Husserl fordert eine Wesensschau des Bewusstseins als adäquates Mittel zur Analyse von Bewusstseinsakten, welche in ihrer reinsten Form absolute Evidenz, das heißt unmittelbare Einsichtigkeit zu erzeugen vermag. Diese Evidenz bildet, in Begriffe gefasst, die Möglichkeit ob-

jektiver und absolut gültiger Aussagen. Der Gang zu einer Wissenschaft mit höchstem Evidenzanspruch ist also ein Gang hin zur Philosophie.[6]

Anders als Husserl, versuchten die Vertreter der Hermeneutik (hier sei vor allem Wilhelm Dilthey genannt) den Anspruch der Wissenschaftlichkeit philosophischer Aussagensysteme durch die Einführung eigener Rationalitätsstandards für die Verstehenswissenschaften zu retten, die sie von den Erklärungswissenschaften der Naturwissenschaften abgrenzten. Eine Entsprechung findet diese Unterscheidung in der Abgrenzung zwischen ideographischen (die das Einmalige beschreibenden) und nomotetischen (die gesetzgebenden) Wissenschaften sowie Geistes- beziehungsweise Naturwissenschaften. Charles Percy Snow entwirft in diesem Zusammenhang eine dualistische Theorie sich auseinanderentwickelnder Wissenschaftskulturen, wonach den Naturwissenschaften das Primat der Bereitstellung von Verfügungswissen zukommt, wohingegen die Geisteswissenschaften eine kompensatorische Funktion innerhalb einer allein auf Verfügungswissen beruhenden und dadurch sinnentleerten Lebenswelt einnehmen.[7]

Die Forderung nach konsequenter Trennung von Philosophie und Wissenschaft

Abwendung von der Metaphysik (Frage nach den ersten Prinzipien und Ursachen der Dinge) und Hinwendung zu den Erfahrungswissenschaften charakterisieren die Neukonturierung des Wissenschaftsbegriffes seit dem Beginn des 20. Jahrhunderts.[2] Maßgeblich für diese Richtung sind die Vertreter des sogenannten Wiener Kreises sowie die Philosophen in britischer Tradition, wie etwa Bertrand Russell, Alfred North Whitehead und Ludwig Wittgenstein, die zwar für eine zum Teil recht uneinheitliche Denkrichtung stehen, deren gemeinsamer Nenner jedoch die logische Analyse der Struktur der Sprache, insbesondere der Wissenschaftssprache, ist. Die Philosophie sieht sich dabei zudem in die Situation versetzt, sich in Bezug auf eine nunmehr nahezu vollständig isoliert stattfindende Naturwissenschaft zu positionieren. Blickte man zu Hegels Zeiten noch skeptisch auf die sogenannten neuen Wissenschaften, die nicht philosophisch abgesichert waren, so nehmen die Naturwissenschaften seit dem Ende des 19. Jahrhunderts eine solch dominierende Rolle ein, dass nunmehr umgekehrt die Philosophie verdächtigt wird, keine „eigentliche" Wissenschaft, das heißt im Sinne der modernen Auffassung von Wissenschaft und der durch sie möglichen Welterschließung, zu sein. Der moderne Naturwissenschaftler dagegen zeichnet sich nach Otto Neurath, einem der führenden Mitglieder des Wiener Kreises, durch „irdische(n) Sinn", den „Ruf nach empirischer Kontrolle" und die „systematische Verwendung der Logik und Mathematik"[8] aus.

Irdischer Sinn und empirische Kontrolle werden von Ludwig Wittgenstein gleichsam als Negativbestimmung dessen konstatiert, was der Philosophie fehlt. Philosophie ist keine Wissenschaft mehr, da ihre Sätze oder Aussagensysteme keinen empirischen Inhalt besitzen. Philosophie zielt damit nur noch auf das Klarwerden von Sätzen ab. Sie hat eine Art Klärungsfunktion, welche in Bezug auf Sätze der Naturwissenschaft einen allein erläuternden Charakter trägt. In programmatischer Absicht schreibt Wittgenstein deshalb: „Die richtige Methode der Philosophie wäre eigentlich die: Nichts zu sagen, als was sich sagen lässt, also Sätze der Naturwissenschaft – also etwas, was mit Philosophie nichts zu tun hat –, (und dann immer, wenn ein anderer etwas Metaphysisches sagen wollte, ihm nachzuweisen, dass er gewissen Zeichen in seinen Sätzen keine Bedeutung gegeben hat.)"[9] Die Sätze der Logik zerfallen im Zuge des von Wittgenstein begründeten logischen Atomismus in Tautologien (wie zum Beispiel: weißer Schimmel) und Widersprüche, deren jeweiliger Wahrheitswert von jedwedem Wirklichkeitsbezug komplett isoliert ist. Der logische Begründungsanspruch von

Aussagen empirischen Gehalts geht auf diese Weise vollkommen verloren, und damit endgültig die historisch gewordene Forderung nach philosophischer Evidenz jeder Erkenntnis.

Wissenschaftlichkeit wird in der Philosophie heute vor allem durch eine Fülle von Zitatangaben bezeugt; Primärtexte wie Kants *Kritik der reinen Vernunft* würden dagegen schwerlich als wissenschaftliche Arbeit durchgehen. Heute findet sich die Philosophie in gewisser Weise wieder auf die Rolle der Magd zurückgeworfen, nur ist sie jetzt, mit Wittgenstein gesprochen, Magd der Wissenschaft.

Roman Göbel studiert Philosophie und Wissenschaftsgeschichte an der Friedrich-Schiller-Universität Jena.

Anmerkungen:

1. Aristoteles: Metaphysik. Ins Deutsche übertragen von Adolf Lasson. Jena 1907, Seite 59
2. Vergleiche hierzu Ritter, Joachim; Gründer, Karlfried; Gabriel, Gottfried: Historisches Wörterbuch der Philosophie. Basel 2004, Band 12, Seite 903
3. Bacon, Roger: Opus Majus. A Translation by Robert Belle Burke. Philadelphia 1928, Volume 2, Part 6
4. Exemplarisch dafür Newton, Isaac: Optik oder Abhandlung über Spiegelungen, Brechungen, Beugungen und Farben des Lichts. Reprint, herausgegeben und übersetzt von W. Abendroth. Frankfurt am Main 2004
5. Hegel, G. W. F.: Phänomenologie des Geistes. In: Hauptwerke in sechs Bänden. Meiner, Hamburg 1999, Band 2, Seite 11
6. Husserl, Edmund: Philosophie als strenge Wissenschaft. Klostermann, Frankfurt am Main 1965, Seite 10
7. Vergleiche Snow, C. P.: Die zwei Kulturen. In: Kreuzer, Helmut (Hrsg.): Die zwei Kulturen. Literarische und naturwissenschaftliche Intelligenz. C. P. Snows These in der Diskussion. München 1987, Seite 19–58 sowie Frühwald, Wolfgang; Jauß, Hans Robert; Kosellek, Reinhardt: Geisteswissenschaften heute. Eine Denkschrift. Suhrkamp, Frankfurt am Main 1991
8. Neurath, Otto: Wege der wissenschaftlichen Weltauffassung. 1930. In: Erkenntnis 1 (1930), Seite 371–385; hier Seite 378
9. Wittgenstein, Ludwig: Tractatus logico philosophicus. Herausgegeben von Brian McGuinness und Joachim Schulte. Frankfurt am Main 2001, Seite 176

Philosophische Praxis

Philosophische Praxis ergibt sich aus der zentralen philosophischen Frage: „Wie soll ich leben?". Der Ausdruck Philosophische Praxis meint:

1. Zum einen (unproblematisch) Orte und Einrichtungen, die ähnlich einer Anwaltskanzlei oder Arztpraxis den Raum und den Rahmen für das in angemessener Form bereitstellt, was sich in ihr ereignen soll: das sich Besprechen und Beraten. In diesem Sinn des Wortes darf als „Gründer" der Philosophischen Praxis am Beginn der achtziger Jahre Gerd Achenbach gelten.

2. Zum anderen ist Philosophische Praxis eine (Problemasyle einrichtende) philosophische Tätigkeit im Interesse der Selbstvergewisserung, Freiheit und Verantwortung all der Menschen, die sich ihrer bedienen und in ihr zu Wort kommen möchten. Sie geben sich Rechenschaft über ihr Leben, bemühen sich um mehr Klarheit über dessen Kontur, wollen sein Woher, Worin, Wohin erkunden. Ihr Anspruch ist es, zu verstehen und verstanden zu werden. Im Vordergrund steht dabei weniger die Frage „Was soll ich tun?" als zunächst und zuerst: „Was tue ich eigentlich? Wer bin ich eigentlich? Was heißt es, ein Mensch, und was heißt es, dieser Mensch, ein Ich als ganz bestimmter Mensch zu sein?" Die Rede vom Problemasyl besagt, dass es nicht darum geht, das Leben leichter, sondern gewichtiger zu machen; dass es nicht darum geht, „Probleme" beiseitezuschaffen (denn der Mensch *ist* Problem), sondern aus ihnen zu schöpfen; dass es nicht darum geht, mit „Problemen" umzugehen (und sie so zu umgehen), sondern mit sich, mit anderen, mit Situationen einen guten Umgang zu lernen und sich dabei Freiheit (auch zum Selbstsein) anzueignen[1]. Jede Art von Philosophie kann nach Hans Blumenberg dadurch definiert werden, dass sie leichte Fragen schwer findet oder schwer macht. Schwer gemachtes Leben steht jedoch nicht im Gegensatz zu tiefer Freude und Lebensbejahung! Philosophische Praxis empfiehlt weniger Lebenskunst als Meisterschaft im Lebenskönnen, Gespür für Leben und lebenskluge Besonnenheit.

Das Empfinden vieler Gäste (Besucher, Ratsuchender, Kunden, weniger „Klienten", ganz und gar nicht Patienten) entspricht ganz der sokratischen Maxime, dass nur ein geprüftes Leben lebenswert sei: dass ohne Reflexion ihr zerstreutes Leben verloren, sie lebendig „tot" wären. Die Unterscheidung lautet nicht Leben oder Denken, sondern Leben oder Vegetieren. Erst im Horizont der Besonnenheit wird erfahren, wie sehr gerade Enttäuschungen, unvorhergesehene oder jedenfalls so nicht erwartete Erlebnisse, Konflikte mit anderen Menschen, Schicksalsschläge, scheinbar aufdringlich schlechte oder bloß fade Lebensbilanzen sehr der Rede wert sind. Was das Unglück betrifft, gilt: Wen das Glück nicht zerbricht, den zerbricht auch nicht das Unglück. Es geht im Rahmen der Philosophischen Praxis daher auch darum, sich in der rechten Weise freuen zu lernen (um sich und einander nicht wehzutun). Im Übrigen wird unterstellt: Leben ist, als ob man ein Bild malte, und nicht, als ob man eine Bilanz ziehen könnte.

Philosophische Praxis ist im besten Sinne disziplinlos, da sie ohne Geländer denkt und sich keiner Denkroutinen bedient, diese vielmehr sabotiert, um so über sie aufzuklären. Dabei gilt Adornos Wort: „Nicht *über* Konkretes ist zu philosophieren, vielmehr *aus ihm heraus*." Die Methodenskepsis resultiert aus der Kenntnis der immensen Vielfalt der Methoden (man kennt zu viele, als dass man einer sich verschreiben wollte) und aus dem Bewusstsein, dass noch vor jeder Methode vor allem die Person „wirkt"; und schließlich, dass erst *zusammen* mit dem Gast dessen Weg jeweils neu erkundet werden kann.

Philosophische Praxis bedeutet weder „praktische Philosophie" noch ist sie eine Abteilung derselben. Philosophische Praxis ist nach dem Gesagten eine Gestalt des Philosophierens, die – undiszipliniert im wahrsten Sinn des Wortes – eine Einbindung in einen etwaigen Fächerkanon nicht zulässt. Der konzeptionelle Ansatz (Theorie der Philosophischen Praxis) und ihre selbstkritische Praxis wissen sich Kants Auffassung verpflichtet, dass es „nichts Praktischeres gibt als eine gute Theorie".

Philosophische Praxis ist vor allem nicht „angewandtes Philosophieren", als wäre das Philosophieren nicht selbst schon ein (ja das entscheidende) Tun und als ob man – mit welchen Dogmen oder Lehrsätzen auch immer – jemanden „behandeln" könnte. Bereits Karl Jaspers bestand darauf, dass Philosophie als Praxis sich nicht einengen lassen dürfe auf Nützlichkeit und Anwendbarkeit, etwa auf das, was der Entwicklung der Moral dient oder gelassene Seelenzustände bewirkt. Das Erdenken von Möglichkeiten für einen endlichen Zweck, für den Erkenntnis als Mittel angewendet werde, sei technische, nicht philosophische Praxis. Das Philosophische als das Nichttechnische ist das am meisten verkannte, jedoch wesentlichste Kriterium der Philosophischen Praxis. Daher ist Philosophische Praxis gerade auch keine Form der Therapie, sondern die Alternative zur Therapie jeder Art, ebenso wie zu pädagogisierenden und psychologisierenden Haltungen. Philosophische Bildung besteht nicht aus zu verabreichenden Rezepten; sie ist vielmehr eine Frage, die an die Praktizierenden selbst zu richten ist, etwa inwiefern sie im Studium und im Umgang mit Theoriestücken klüger, verständnisvoller und aufmerksamer geworden sind und ob sie in der Begegnung mit der philosophischen Tradition ge-

der blaue reiter

lernt haben, auch in abweichendem, ungewöhnlichem Denken, Empfinden und Urteilen heimisch zu werden. Nur als Mitdenkende und Mitempfindende vermögen sie Denkpartnerschaften einzugehen. Praktizierende Philosophen sind dabei Spezialisten fürs Nichtspezielle, fürs Allgemeine und Übersichtliche (auch für die reiche Tradition des schon vernünftig Gedachten) ebenso wie für das konkret Neue, Persönliche, Einmalige. Dabei gilt immer: Denken verändert Gedanken, Gedanken verändern Verhältnisse und so weiter!

Philosophische Praxis hat sich nicht nur als individuelle Beratung zu bewähren, sondern ebenso in Unternehmen, Organisationen, Verbänden, in Wissenschaft, Wirtschaft, Politik oder Kirche. Gerade im Sinn der Haltungsbildung können Leistungsträger und Führungsverantwortliche „profitieren".

Philosophische Praxis wird von Philosophierenden betrieben, denen Philosophie nicht Gelehrsamkeit bedeutet, sondern Weisheitsforschung und „Menschenwissenschaft". Einem Menschen ratend beistehen bedeutet im Verständnis der Philosophischen Praktiker, ihm eröffnen, von wie vielen Seiten seine Sache gesehen werden kann. Bestärken und skeptisch machen sind die äußersten Eingriffe, weiteres bedeutete Grenzverletzung zum Anderen. Praktizierende Philosophen sind nicht nur Gastgeber ihrer Gäste, sondern selbst zu Gast bei ihren Besuchern. Entsprechend rücksichtsvoll ist ihr Verhalten. Nur in rückhaltloser Offenheit ist es möglich, anderen so zu begegnen, dass in ihren Herzen etwas gelesen werden kann – wobei es sich im Gegensatz zum Beispiel zur Psychoanalyse selbstredend verbietet, das eigene geschlossen zu halten.

Seit 1982 besteht die zunächst als GPP gegründete „Internationale Gesellschaft für Philosophische Praxis" (IGPP) als Vereinigung von Personen, die Philosophische Praxis im erwähnten Sinn verstehen, weiterentwickeln und ausgestal-

ten. Sie sind damit der Tradition des öffentlichen Gebrauchs der Vernunft verpflichtet und wissen sich auch in politischer Wachheit wie den sie beanspruchenden Einzelnen auch der Gesellschaft verantwortlich. Im Jahr 2008 gehören ihr 170 Mitglieder in aller Welt an.

Ausdrücklich ist die IGPP kein Berufsverband! Ein solcher Verband, der berufsständische Interessen und Anliegen rund um die Qualifizierung des erst allmählich Konturen gewinnenden neuen Berufs Philosophische Praktikerin / Philosophischer Praktiker vertritt, ist im Rahmen der gesetzlichen Voraussetzungen nur im nationalen beziehungsweise europäischen Rahmen arbeitsfähig und wurde 2007 als „Berufsverband für Philosophische Praxis" (BPP, ebenfalls Sitz in Stuttgart) gegründet. Tatsächlich „arbeitende" Praxen gibt es in Deutschland aktuell kaum ein halbes Hundert. Praxen mit dem Kerngeschäft der Individualberatung tragen sich finanziell in aller Regel nur in wenigen Fällen.

In jedem Fall ist im Hinblick auf das Spannungsgefüge von Philosophie (dem schlechthin „Akademischen" und Freien) und Gewerbe das philosophische Moment gefährdet. Zweck des Berufsverbands ist es deshalb, neben der (künftigen) berufsständischen Vertretung der philosophisch Praktizierenden ein Berufsbild zu skizzieren sowie die Anerkennung dieses Berufszweigs voranzutreiben und Standesregeln zu formulieren. Das ist alles andere als selbstverständlich. Denn seit der Auseinandersetzung Platons mit den Sophisten ist das Verhältnis von Philosophie und ihrer beruflichen Ausmünzung umstritten und als Spannung kaum auszubalancieren: Wie kann, wer mit der Philosophie seinen Lebensunterhalt bestreiten und Geschäfte machen will, für ein Philosophieren in Freiheit einstehen?

Seit 1985 finden in wechselndem Turnus (zwei- bis dreijährig) internationale Kongresse für Philosophische Praxis statt, die verschiedene Kulturen und Traditionen Philosophischer Praxis ins Gespräch bringen. Kennzeichnend für angloamerikanische Praktiker sind Anpassungen an den akademischen und therapeutischen Diskurs, skandinavische und holländische Praktiker bieten verstärkt Dienstleistungen in der Organisations- und Ethikberatung an, in romanischen Ländern hält sich der Einfluss des deutschsprachigen Wegs mit angelsächsischen Einflüssen die Waage. Auffällig ist die dortige Einbindung (im Rahmen des Bologna-Prozesses) in die universitäre Ausbildung. Zu erwarten steht, dass die gelegentliche Missachtung des „Gemein-Menschlichen" seitens der Universitätsphilosophie in deren künftiger Verantwortung für die neuen philosophischen Tätigkeiten und deren Rückwirken allmählich aufgelöst werden wird.

Zu den erwähnten weiteren Praxisfeldern werden oft das „Philosophische Café", Bildungsarbeit im Geist und in der Haltung Philosophischer Praxis, „Philosophische Reisen" und anderes gezählt. Es ist allerdings nicht sinnvoll, alle außeruniversitären und zumal privatwirtschaftlichen Unternehmungen unter den Begriff Philosophische Praxis zu fassen.

Was vielen praktizierenden Philosophen schwerfällt zu beherzigen, gilt es stets von Neuem zu erinnern: Die Philosophische Praxis unterhält zu allem und zumal zur „Wahrheit" das Verhältnis, das die negative Theologie zu Gott gefunden hatte (Gott lässt sich nur über das bestimmen, was er nicht ist): sie kennt sie nicht, sie kennt sich nicht aus – sie lässt aber auch nicht vom Menschen mit seinen Sorgen und von den Wissenschaften ab. Mit aus der Tradition bekannter Formulierung: Ihr Wissen ist ihr Nichtwissen (docta ignorantia). Mit diesem „Wissen" sowie mit Zuwendung und Anteilnahme wird in Philosophischer Praxis versucht, Menschen gerecht zu werden. Sie sind – neben dem stets mitanwesenden Sach- beziehungsweise Seinsbezug – der Mittelpunkt des Geschehens Philosophischer Praxis, und an ihrer Stellung, nicht an ausgespielten Beraterfertigkeiten, bemisst sich wirkliche und glaubhafte, weil philosophisch (als Philosophie in Tätigkeit) betriebene Philosophische Praxis.

Thomas Gutknecht ist Vorsitzender der IGPP (Internationale Gesellschaft für Philosophische Praxis/www.igpp.org).

Anmerkungen:

1. Ortega y Gasset: „Die Philosophie entstand als Entschluss, vor den schrecklichen Problemen die Fassung zu bewahren." Helmut Thielicke: „Gefährdungen des Menschen sind ausnahmslos die Kehrseite seiner Größe und seines Randes. Seine Größe und sein Elend gehören zusammen ... Die Formen des Scheiterns, der Existenzverfehlung, entstammen demnach nicht dem Bereich des Inferioren, den animalischen Kellergewölben sozusagen, wo die Wölfe heulen (Nietzsche), sondern sie ereignen sich in der ‚bel-étage' der Personalität, dort also, wo der Mensch seine Freiheit missbraucht und das Privileg seiner Bestimmung verschleudert."

Literatur:

– Achenbach, Gerd B.: Philosophische Praxis. Vorträge und Aufsätze. Köln, 1984
– Burckhart, Holger; Sikora, Jürgen (Hrsg.): Praktische Philosophie – philosophische Praxis. Darmstadt 2005
– Gutknecht, Thomas; Polednitschek, Thomas (Hrsg.): Philosophische Lehrjahre. Münster 2008
– Lindseth, Anders: Zur Sache der philosophischen Praxis. Philosophieren in Gesprächen mit ratsuchenden Menschen. Freiburg, 2005
– Die Jahrbücher der Internationalen Gesellschaft für Philosophische Praxis (IGPP), herausgegeben von Thomas Gutknecht, Beatrix Himmelmann und Gerd Stamer beziehungsweise Thomas Polednitschek (seit 2007) in Verbindung mit der IGPP. Münster 2005 ff.

Theologie

von griechisch theologia: Rede, Lehre von den Göttern. Bezeugt ist der Begriff erstmals bei Platon, im Sinne der Aufdeckung des Wahrheitsgehalts der Mythenerzählungen. Aristoteles bezeichnete die Mythenerzähler selbst als Theologen, verwendet den Begriff Theologie aber auch für die philosophische Reflexion metaphysischer, das heißt nicht sinnlich Fassbares beschreibender Begriffe. Im christlichen Sprachgebrauch ist der Begriff erst etwa seit dem fünften Jahrhundert (zum Beispiel bei Eusebios von Caesarea) als „Lehre von Gott" verankert. Oberbegriff für die wissenschaftliche Beschäftigung mit den Gegenständen der christlichen Tradition wurde Theologie erst ab dem 12. Jahrhundert (als Glaubenswissenschaft zum Beispiel bei Thomas von Aquin).

Heute kann man Theologie als rationale Offenbarungswissenschaft definieren. Die jeweilige Offenbarung wird als Faktum vorausgesetzt. Ihre Kernbegriffe – Gott, Schöpfung, Böses, Sünde, Erlösung, Geschichte – werden analysiert und es wird versucht, sie in einen argumentativen Zusammenhang zu bringen. Das Faktum der Offenbarung wird anhand der Bibel und, je nach Konfession, in der natürlichen Offenbarung, in der Tradition, der Ekklesiologie (Kirchenlehre) oder im persönlichen Erleben gefunden. Der Umgang mit der biblischen Tradition ist Aufgabe der Exegese (Auslegung), die Frage nach der natürlichen Offenbarung Aufgabe der philosophischen Theologie, die Frage nach der Tradition Aufgabe der Kirchengeschichte, die Definition dessen, was unter Kirche verstanden wird, Aufgabe der Pastoraltheologie, der Sakramentaltheologie, des Kirchenrechts und der Geschichtstheologie. Der Versuch, alle Momente der Offenbarungswissenschaft argumentativ zu verknüpfen, ist Aufgabe der sogenannten Dogmatik. In diesem Sinne ist Dogmatik das Kerngeschäft der Theologie.

Diese Beschreibung hört sich selbstbewusst und sicher an, beschreibt die heikle Rolle der Theologie seit der Aufklärung jedoch nur unzureichend. Theologie lässt sich für die Neuzeit in einem Dreiecksverhältnis zu Philosophie und Religion begreifen. Dieses Dreiecksverhältnis ist ein begriffliches Konkurrenzverhältnis; mit jedem der drei Leitbegriffe wird ein Absolutheitsanspruch erhoben und versucht, die anderen zu absorbieren.

Von der Philosophie her stellt sich in der Neuzeit die Frage, ob nicht schon die Definition der Theologie als rationale Wissenschaft, ob also die Offenbarung als anerkanntes Faktum, von dem die Theologie abhängt, nicht selbst unter rationalen Bedingungen inakzeptabel sei. Seit der Aufklärung (ungefähr ab Mitte des 18. Jahrhunderts) ist es ein wesentliches Moment der religionskritischen Philosophie, den Absolutheitsanspruch der Offenbarung durch einen absoluten Naturbegriff zu ersetzen. Dabei werden ein solcher Naturalismus (Natur als letzter Begründungshorizont) und Vernunft als identisch ausgegeben. Das heißt, jede Form des Übernatürlichen ist definitionsgemäß unvernünftig.

Religionen und Theologie

Religion scheint allgemein als historische Praxis unbezweifelt zu sein; ebenso unwidersprochen ist, dass jede Religion beansprucht, ihre Lehre zu überliefern und ihren Kult auszuüben. Das sind die Bedingungen ihres Überlebens. Freilich bedeutet das gesellschaftliche Zur-Kenntnis-Nehmen der Religion keineswegs auch die Anerkennung der jeweiligen Lehren. Vielmehr ist angesichts vielfältiger Religionen die gesellschaftliche Distanz zum jeweiligen Glauben Bedingung der Aufrechterhaltung ebendieser Vielfalt.

Hier liegt nun ein Reibungspunkt der Religionen mit der Theologie: Wenn die Theologie nicht zur Soziologie mutieren will, muss sie sich mit den Glaubensinhalten wissenschaftlich, das heißt analytisch, argumentativ und mit dem Anspruch auseinandersetzen, Wahrheiten zu formulieren. Nicht jeder individuelle Glaube ist theologisch akzeptabel;

Theologie ist wesentlich auch dazu da, religiöse individuelle Außenseiterpositionen als solche zu identifizieren. (Es ist traditionell die Rolle der dogmatischen Gerichte aller Religionen, seien es Inquisition, oberste geistliche Ämter, Zensurbehörden und so weiter, Ketzer zu definieren.) Soziologisch hingegen wird nur äußerlich befunden, dass Individuen und Gruppen Religionen mit verschiedenen Lehren haben. Die Vielfalt der Religionen ist eine Herausforderung und eine Schwierigkeit der Theologie. Religionen werden durch den positiven Befund definiert, dass überhaupt geglaubt wird. Die Inhalte der jeweiligen Religionen werden als kulturabhängig begriffen. Akzeptiert man diesen Befund, dann verwaltet Theologie in der vorliegenden Form die Inhalte der westlichen Religion sozusagen als partielle Kulturwissenschaft.

Diese Bestimmung der Theologie ist freilich selbst Teil des Prozesses der aufklärerischen Diskreditierung der Theologie als Offenbarungswissenschaft. Seit der Aufklärung hat die Theologie ihre allgemeine Verbindlichkeit verloren, weil sie einen allgemeinen Wahrheitsanspruch in Bezug auf die Geltung der Offenbarung voraussetzt. Diese allgemeine Geltung der Offenbarung wird unterschiedlich interpretiert oder überhaupt nicht mehr akzeptiert. Das bedeutet, dass eine allgemeine Wahrheit der Religion nicht mehr als verbindlich gilt. Die Religion wurde deshalb privatisiert – die Theologie philosophischen Maßstäben angepasst. Religionsfreiheit war deshalb politisch akzeptabel, weil Religion zur Privatsache erklärt wurde und damit ihren allgemeinen Wahrheitsanspruch verlor. Seit der Zeit wurden Privatreligionen philosophisch unerheblich, denn sie beanspruchten keine allgemeine Verbindlichkeit. Diese Interpretation war Voraussetzung der allgemeinen Geltung der Toleranz. Theologische Dogmatik hingegen galt wegen ihres verbindlichen Wahrheitsanspruchs, den sie anderen Theologien nicht gleichermaßen zusprechen konnte, als gesellschaftlich unverträglich.

Theologie als Wissenschaft wurde gleichzeitig von denjenigen Religionen, die sich selbst nicht über Tradition, sondern über individuelle Inspiration definierten, als rationaler Feind echter Religiosität abgelehnt. Es zeigte sich: Nicht jede Form der Religion ist theologisierbar; aber auch die Feststellung dieses Sachverhalts ist Aufgabe der Theologie.

Theologie macht Religion wissenschaftlich fassbar

Der seit der Aufklärung fortschreitende Prozess der Privatisierung der Religion und der damit verbundene Kreditverlust der Theologie rächt sich nun seinerseits. Die privatisierte Religion wird rational unverwaltbar, weil ihre Vereinheitlichung und damit ihre wissenschaftliche Kommunizierbarkeit institutionell nicht mehr gelingt. Die Zersplitterung der Religionen hat zur Folge, dass es so etwas wie eine atomisierte, kaum definierbare Religiosität (und eine entsprechende atheistische Gegenposition) in unterschiedlichen Formen gibt, die sich von rationalen wissenschaftlichen Verwaltungsformen, also von der Theologie, weitgehend gelöst hat. Zwar ist die politische und gesellschaftliche Relevanz der Religion unbestritten, aber sie kann in ihren Eigenheiten kaum noch gefasst werden. Hier liegt nun die besondere neue Aufgabe, die der Theologie in dieser Situation zuwächst: Sie muss Religion wissenschaftlich fassbar machen. Für diese Aufgabe sprechen unter anderem:

– Je weniger man von einer Religion ohne Theologie begreift, desto mehr steigt die Unsicherheit und die Angst vor ihrer politischen Relevanz. Die Auseinandersetzungen um die Rolle des Islam zeigen das zur Genüge.

– Die Philosophie, die sich als religionskritisch begreift, diskreditiert sich in diesem Prozess selbst, indem sie – aus der Sicht der Gläubigen – Partei für die Nicht-Religiösen ergreift. Die derzeitige vornehmlich angelsächsische Atheismus-Debatte (Richard Dawkins: Der Gotteswahn, Christopher Hitchens: Gott ist nicht groß, Philipp Pullman: Der goldene Kompass, Michel Onfray: Wir brauchen keinen Gott) macht das deutlich. In dieser Position begreift die Philosophie die Prozesse der tatsächlich praktizierten Religion nur von außen, kann mit Lehre und Kult nichts mehr anfangen und ist so außerstande, in der Religion etwas anderes als nur den Gegner zu sehen. Überzeugte atheistische Philosophen können die Existenz der Religion nur noch als unverständliches Faktum ärgerlich bestaunen. In dieser Gegnerschaft wird das Problem der Toleranz erneut virulent: Für die Gegner der Religion können die Religiösen im Prinzip nicht tolerant sein; im Gegenzug billigen die Religiösen den „Philosophen" im Prinzip nicht zu, überhaupt etwas von Religion zu verstehen. Wenn sich die Philosophie in dieser Weise isoliert, hat die Theologie die Aufgabe, die Religion als ernstzunehmende Größe in der intellektuellen Öffentlichkeit zu vertreten und die Philosophie, sofern sie sich religionsfeindlich gibt, auf ihre kommunikativen Defizite hinzuweisen.

Die politische Hauptaufgabe der Theologie: Entprivatisierung des Glaubens durch Verwissenschaftlichung

Es scheint, dass die politisch unberechenbare Individualisierung und Positivierung der Religion sowie die Dissoziierung von Religion und Philosophie dann nicht außer Kontrolle gerät, wenn sich die Theologen um die rationale und wissenschaftliche Verwaltung der Glaubensinhalte kümmern. Jede Theologie muss die Inhalte ihres Glaubens ernst nehmen, damit sie ihrerseits die Gläubigen versteht. Sie muss die Inhalte religiöser Überlieferung und Erfahrung identifizieren, analysieren und systematisieren. Eine solche Zusammenstellung ist Aufgabe für alle großen Religionen; angesichts der Globalisierung des Denkens, der Kommunikation und der Politik kann keine Religion auf ihre wissenschaftliche Verwaltung verzichten. In diesem Geschäft macht die Theologie Religion sowohl verständlich als auch kommunikabel. Das heißt keineswegs, dass die Religionen mit ihren Ansprüchen durch wissenschaftliche Rationalität aufgehoben würden oder gar werden sollten. Weder die jeweiligen kultischen Praktiken noch die Grunderzählungen, noch die Zukunftserwartungen der Religionen lassen sich komplett wissenschaftlich auflösen. Das gilt für die „abrahamitischen" Offenbarungsreligionen Judentum, Christentum und Islam ebenso wie für östliche Religionen wie Buddhismus, Taoismus oder Konfuzianismus. Aber es ist ebenso deutlich, dass ohne die Identifizierungen der wichtigsten Inhalte eine Kommunikation über die Religionsgrenzen hinaus unmöglich ist.

Theologie ist, wenn sie über den abendländischen Bereich hinaus gelten will, die rationale Verwaltung religiöser Traditionen. Die Verwissenschaftlichung der Religion in der Theologie ist Bedingung dafür, dass angesichts der vielfältigen gleichzeitigen Religionen, die sich immer weniger regional begrenzen lassen, religiöse Öffentlichkeit, Einsicht in die Religionen und im Übrigen ihre politische Kontrolle gewährleistet ist. Nur unter der Bedingung, dass es für die Religionen Theologien gibt, ist auch ein interreligiöses Gespräch mehr als nur der Austausch unverbindlicher Meinungen. Nur wenn man wissenschaftlich verlässlich weiß, woran man mit den Religionen ist, kann man über ihre politische Verträglichkeit und humane Bekömmlichkeit befinden.

Das bedeutet zugleich, dass Theologie öffentlich institutionalisiert sein muss, also nicht allein als Aufgabe der unterschiedlichen Konfessionen verstanden werden darf, sondern dass sie neben der wissenschaftlichen eine dringliche politische Aufgabe hat. Theologie ist und bleibt ebenso heikel wie notwendig.

Wilhelm Schmidt-Biggemann ist Professor für Geschichte der Philosophie und der Geisteswissenschaften an der Freien Universität Berlin.

93

LEBEN ?

TOD ?

SINN !

Stefan Baur

Bücherrätsel

Was für ein Thema... Wozu jemand Philosophie treiben sollte, ist wahrhaft eine Frage, an der sich Fantasie und Intellekt abarbeiten können. Darüber lässt sich gleichermaßen räsonieren, polemisieren und meditieren. Eine Reihe mehr oder weniger aktueller Bücher mit einschlägigem Titel hat man in zehn Minuten bestellt, und an Gesprächspartnern wird es auch nicht mangeln. Jeder hat garantiert eine starke Meinung dazu! Hinzu kommt noch, dass vermutlich viele Leser des *blauen reiters* die Frage auch schon einmal in einem biografisch relevanten Zusammenhang beantworten mussten. Der größte Vorteil einer solchen Situation („Soll ich das wirklich tun ...?") ist, dass man ganz unphilosophisch eine eindeutige Aussage mit nicht widerrufbaren Konsequenzen in begrenzter Zeit treffen muss.

Was nun das Bücherrätsel angeht, ist die Angelegenheit schon kniffliger. Einen Sammelband zum Thema oder gar eine der zahlreichen, gut geschriebenen Philosophie-Werbetexte amerikanischer Universitäten im Internet erraten lassen? Das erste verspricht kein

Ratevergnügen, das zweite beantwortet bestenfalls die Frage, wozu eine Philosophieausbildung gut sein kann. Umgekehrt könnte man natürlich ein recht schlechtes Werk erraten lassen, um den Sinn der Philosophie als Mittel gegen intellektuelle Tieffliegerei zu unterstreichen. Doch das wäre der Aufmerksamkeit für irgendeinen Nonsens zu viel; wie die Sinnsucherei esoterischer Provenienz, über die man sich lustig machen könnte.

Vielleicht hilft einer der ganz großen Klassiker. Anhand einer kurzen Frageliste fängt dieser heute noch einen Gutteil des philosophischen Stoffes ein und wird daher noch nach weit über 200 Jahren gerne zitiert – doch anstatt die Kant'schen Fragen („Was kann ich wissen? Was soll ich tun? Was darf ich hoffen? Was ist der Mensch?") zu verarbeiten, soll hier nach einem ganz anderen Klassiker gefragt werden: Bestimmt der kürzeste Text, der je an dieser Stelle zu erraten war (was in umgekehrt proportionalem Verhältnis zum Bekanntheitsgrad des Autors steht). Natürlich ist es kein Buch, nicht einmal ein Aufsatz, eigentlich ein besseres Flugblatt. Und aus diesem besseren Flugblatt wiederum ist es gerade ein Satz, den jeder heute kennt, und der auch sehr bedenkenswert ist, wenn es darum geht, wozu Philosophie gut sein könnte.

Ausgangspunkt für den Autor war ein Zeitgenosse, der im gesuchten Werk kritisiert wird. Der Gescholtene war lange Zeit (und ist es vielleicht noch) fester Bestandteil des Religionsunterrichts; und das, obwohl und gerade weil er ein arger Gegner der Religion war und dadurch bekannt wurde. Dabei könnte man das Ganze einen Streit unter Freunden nennen, denn in ihrer grundsätzlichen Abneigung gegen das Religiöse waren sich beide ähnlich. (In einem anderen Werk hat der gesuchte Autor auch hierzu einen allseits bekannten, stets falsch zitierten Satz hinterlassen.)

Die gesuchte Kritik ist eine Art Liste, eine Notiz, die der Autor sein Leben lang im Notizbuch stehen ließ. Erst nach seinem Tod wurde es leicht redigiert veröffentlicht, übrigens im „Dreikaiserjahr", in dem auch Jack the Ripper umging. Trotz der Berühmtheit des Autors wäre der Text wohl für immer in den Gesamtausgaben verschwunden und nur noch einigen Experten geläufig, wäre da nicht dieser letzte Satz über die Philosophen: Der ist prägnant, verständlich, interessant, programmatisch – kein Wunder, dass man ihn in Stein gehauen besichtigen kann.

Nimmt man übrigens den besagten Schlusssatz für das Wichtigste am Philosophieren, dann übertrifft der gesuchte Autor – und mit ihm sein Kollege und Freund – den alten Kant bei Weitem.

Illustration: CANIA

Lösung des Bücherrätsels der 24. Ausgabe

Gesucht wurden die *Historien* des Herodot von Halikarnassos, entstanden um 430 v. Chr. Darin finden sich nicht nur anschauliche Berichte des weit gereisten Herodot aus allen Teilen der damals bekannten Welt, sondern auch die grundlegende Schilderung der Perserkriege. Besonders im Vergleich zu Thukydides wird er nicht als Historiker im späteren Sinn angesehen. Er wurde sowohl als „Vater der Geschichtsschreibung" als auch „Vater der Lügen" bezeichnet.

Lösung des Schriftenrätsels der 24. Ausgabe

Das Manuskript über Beziehungen wurde 1917 verfasst. Es stammt aus der Feder von Edith Stein, die von 1916 bis 1918 in Freiburg im Breisgau (Privat-)Assistentin von Edmund Husserl war.

Haben Sie Probleme philosophischer Art?

Dr. B. Reiter

Dr. B. Reiter sorgt für Aufklärung!

Es gibt keine Frage, zu der er nicht die passende Antwort hätte. Wenden Sie sich vertrauensvoll an unseren Spezialisten für philosophische Aufklärung.

der blaue reiter

Sehr geehrter Herr Dr. B. Reiter,

für einen ernst zu nehmenden Philosophen sind Religionen und deren Gottesvorstellungen doch bloße Erfindungen, oder?

E. Maler, Wolfsburg

Sehr geehrter Herr Maler,

das ist richtig, es gibt aber auch gute Erfindungen! So ist zum Beispiel von Kritias, einem Onkel Platons, der auch in den platonischen Dialogen auftaucht, folgende Meinung überliefert: „Es gab eine Zeit, da war der Menschen Leben ungeordnet und tierhaft und der Stärke untertan, da gab es keinen Preis für die Edlen noch auch ward Züchtigung den Schlechten zuteil. Und dann scheinen mir die Menschen Gesetze aufgestellt zu haben als Züchtiger, auf daß das Recht Herrscherin sei ... und die Frevelei zur Sklavin habe. Und bestraft wurde jeder, der sich nur verging. Dann, als zwar die Gesetze sie hinderten, offen Gewalttaten zu begehen, sie aber im Verborgnen solche begingen, da, scheint mir, hat (zuerst) ein schlauer und gedankenkluger Mann die (Götter)furcht den Sterblichen erfunden, auf daß ein Schreckmittel da sei für die Schlechten, auch wenn sie im Verborgnen etwas täten oder sprächen oder dächten. Von dieser Überlegung also aus führte er das Überirdische ein ... Wenn du aber mit Schweigen etwas Schlechtes planst, so wird das nicht verborgen sein den Göttern..." (Zitiert nach: Diels, Herrmann; Kranz, Walther: Die Fragmente der Vorsokratiker. Band 2, Seite 386–387.) Allerdings darf man nicht vergessen, dass der historische Kritias das erste überlieferte Beispiel eines ebenso skrupellosen wie korrupten Tyrannen war. Sprich: viel „Gottesfurcht" kann er nicht gehabt haben!

Sehr geehrter Herr Dr. B. Reiter,

beständig werden meine Buchmanuskripte von Verlagen abgelehnt beziehungsweise Druckkostenzuschüsse von mehreren Tausend Euro gefordert. Selbst der omega verlag, in dem der blaue reiter erscheint, hat mich schon mehrfach negativ beschieden. Dabei würden meine Theorien, wenn sie endlich mal jemand drucken würde, die Welt verändern! Ich bin als Privatdozent für Philosophie ohne feste Anstellung und lebe schon seit Jahren von kleinen Lehraufträgen und Hartz IV. Können Sie mir einen Rat geben?

Der Autor dieser Frage ist der Redaktion namentlich bekannt, er wünscht aber anonym zu bleiben.

Sehr geehrter Herr (...),

philosophisch gesehen kann ich Ihnen nur raten, weiter Philosophie zu studieren. Denn hätten Sie Aristoteles gelesen, wüssten Sie, wie man mit Philosophie Geld verdient! Als kurzen Hinweis, wie man mit der Weisheit der Philosophen reich werden kann, möchte ich Ihnen das Beispiel des Thales von Milet aus der *Politik* des Aristoteles zitieren: „Als man ihn (Thales von Milet) nämlich wegen seiner Armut verspottete, als ob die Philosophie zu nichts nütze sei, so soll er, der auf Grund seiner astronomischen Kenntnisse und Beobachtungen eine ergiebige Olivenernte voraussah, noch im Winter, mit dem wenigen Gelde, das ihm zu Gebote stand, als Handgeld, sämtliche Ölpressen in Milet und Chios für einen geringen Preis gepachtet haben, da niemand ihn überbot. Als aber der rechte Zeitpunkt gekommen war und plötzlich und gleichzeitig viele Pressen verlangt wurden, da habe er sie so teuer verpachtet, als es ihm beliebte, und so einen Haufen Geld verdient zum Beweise, daß es für Philosophen ein Leichtes wäre, reich zu werden..."

Sofern Sie nicht dem Beispiel des Diogenes von Sinope nacheifern und in einer Tonne Ihren weiteren Studien nachgehen wollen, sollten Sie sich allerdings nicht am weiteren Handeln des Thales orientieren. Dieser soll nämlich, ganz Philosoph, das so klug verdiente Geld anschließend wieder verschenkt haben ...

Noch Fragen? Fragen Sie Dr. B. Reiter!

ALLES VON HESSE
KUNTA KINTE
GOETHE
Rezepte berühmter Philosophen
Nichts als die Wahrheit
Schweigende Philosophen
KANTEN
Stammtischgespräche
Stammtischparolen
Kochen mit Franz Kafka
Kant und seine Kanten
Schopenhauer, Schriftsteller und andere alte Säcke
DER DUDA
Was Dostojewski nicht wusste
Konfuzius sagt ...
Ausgebliebene Rechtzeitigkeit
WER IST CANIA?
Alle Fragen zu Millionär gesucht
Laberstücke der Geschichte
KANT
Die Sprache der Lappen zu Zeiten der Sindflut
EPIKUR auf Kur
Der Blaue Reiter
Der Blaue Reiter
Der Blaue Reiter
Der Blaue Reiter
Der Blaue Reiter
Aristoteles
Karl May
Mark Twain
CANIA Werke 2
CANIA Werke 1

Stefan Reusch

Wozu Philosophie?

Wenn Glücksspiel verboten wäre, müsste man dann nicht von Rechts wegen auch das Leben untersagen? Der olle Cicero sagt: „Im Leben regiert das Glück, nicht die Weisheit."

Das immerhin stellt ihn auf eine Stufe mit einem wahrhaft Großen: Gerd Müller, in den 1970ern genialer Mittelstürmer. Der postulierte: „Wennst denkst, ist's eh zu spät."

Mit Philosophie kann man keine Tore schießen – oder was? Ach was. Müller geißelte damit das statische Denken. Nehm ich an. Das Denken, das nicht im (noch) Unverständlichen wühlt. Das Denken, das nichts sucht, dessen Synonym „googeln" heißt.

Kürzlich schlug folgende Nachricht ein wie ein umfallender Reissack: Bald kann jeder mit Hilfe von Google Earth herausfinden, wer wann kürzlich wo war oder sich gerade aufhält.

„Richtiges" Suchen aber heißt: nicht da sein, wo man war oder ist. Es heißt unruhig sein, reisend. Schließlich heißt es ja nicht „Stehhirn", sondern „Gehirn".

„Wozu Philosophie?", lautete die Frage. Ich war froh, dass ich sofort antworten konnte. Ich sagte, ich wüsste es nicht. Mark Twain hatte das gesagt. Während unsereiner noch überlegt. Nun, in unserer Kultur ist Platz für so viele schöne Dinge wie Bundeswehr, Buchmesse, Buntwäsche sowie Wunderbäume und Fischfang – ist da nicht auch Platz für Philosophie?

Da winkt einer ab: „Ich komm aus Porz-Gremberg, und da steht diese Frage ganz unten auf der Agenda." – Erfunden, klar: Denn in Porz-Gremberg kennt keiner den Begriff Agenda. Stimmt nicht: Es gibt überhaupt kein Porz-Gremberg. Stimmt aber auch nicht. Na, dann will ich nichts gesagt haben. Nur so viel – nein, nicht mal das.

Stefan Reusch ist freier Autor für Funk und Bühne. Zu hören ist er unter anderem auf SWR 3 (*Und nun Reusch – Der satirische Wochenrückblick*) und auf SWR 2 (*Konnte passieren! – Kulturmonatsrückblick*). Auf WDR 5 moderiert er die Sendung *Spielart*. Zuletzt erschien von ihm die CD *Reusch rettet die Welt* (merkton Verlag). Mit dem gleichnamigen Kabarettprogramm tourt er durch sein Heimatland. Im Internet: www.stefanreusch.de
Den SWR-3-Wochenrückblick gibt es auch als Podcast unter: www.swr3.de/podcast/reusch.html

97

Es war einmal ein kleines Fragezeichen. Das war ganz allein. Denn die Leute wollten es nicht. Sie wollten Worte, schnell und klar und keine Fragen. Und das kleine Fragezeichen beugte den runden Rücken tief hinab und fragte traurig: „Wer bin ich?" Es! Fragte! Wer! Den Leuten blieb die Spucke weg, sie hielten den Atem an und die Worte auch. Es gab eine Frage: „Wer?" Und hinter der Frage „Wer?" stand das kleine Fragezeichen. Ganz groß. Es verkündete: „Alle Menschen müssen sich ab jetzt fragen „Wer?", „Wer bin ich?", „Wer?" mit Fragezeichen. Mit mir!" – Und alle fragen sich seitdem: „Ja, wer bin ich denn eigentlich, frag ich mal, wer?"
Fragen wurde Pflicht, die sogenannte Wer-Pflicht. Selbstverständlich aber wurde die Wer-Pflicht nie. Denn immer noch steht hinter ihr ja ein kleines Fragezeichen.

Illustration:
Hans Beck

Presseschau · Leserbriefe
Leserbriefe · Presseschau

der
blaue
reiter

Presseschau

„.... Die äußere Erscheinung des *blauen reiters* ist kommerzieller und leserfreundlicher als die des *Widerspruches* ... Beinahe alle Aufsätze sind von Philosophen und Vertretern von verschiedenen der Philosophie naheliegenden Wissenschaften verfasst worden, aber die Verständlichkeit ist leichter gemacht worden dadurch, dass am Ende jedes Aufsatzes Erläuterungen wichtiger philosophischer Begriffe beigefügt worden sind ... *der blaue reiter* ist überzeugender als *Widerspruch*. Die Themen werden abwechslungsreich ins Licht gebracht, und der Leser hat überhaupt nicht das Gefühl, dass die philosophischen Themen ihm zu leicht gemacht worden sind. Z. B. die Themen „Ich" und „Zeit" werden nicht nur von dem Gesichtspunkt der Klassiker der Philosophie und der Philosophie der Gegenwart, sondern auch von dem Gesichtspunkt der auf den neuesten Stand gebrachten Ergebnisse der Naturwissenschaften bearbeitet, und damit werden Zusammenhänge gefunden, die wenigstens mich überrascht haben ..."

Entnommen aus der finnischen Zeitschrift für Philosophie
niin & näin, ins Deutsche übertragen
von unserem Leser Panu Turunen

Zu *der blaue reiter* Nr. 23 („Heimat"):

„.... Die Auswahl der Autoren zum Thema Heimat ... trägt dazu bei, ein breites Spektrum des angesichts der Globalisierung neu aufgenommenen Heimatdiskurses zu entfalten. Man findet wohl zurzeit keine vollständigere Entfaltung der Positionen als in dem vorliegenden Themenheft ..."

Badische Heimat 4/2007

Zu *der blaue reiter* Nr. 24 („ECHT SEIN"):

„.... ‚ECHT SEIN' und ‚Die Sehnsucht nach Authentizität' – so lautet der Titel des Heftes – als Thema in einer medial ... geprägten Welt ist auch die Reflexionsgrundlage von Joachim Kupkes Bildern. *der blaue reiter* präsentiert sich im Delfter Blau, Vermeer trifft auf Vogue, Magd auf Model, Barockmalerei auf Hochglanzdruck: Dieses Titelblatt ist ein Hingucker, sogar in der großstädtischen Bahnhofsbuchhandlung ...

Kupke ... passt wirklich gut in dieses formal wie inhaltlich gut gemachte Journal, das sowohl der hehren Aura der Philosophie als auch der der Kunst zu Leibe rückt. Zwar wendet es sich an ein gebildetes Publikum, wirkt aber nicht abgehoben, vermeidet deshalb Fremdwörter und erklärt Schlüsselbegriffe. Die Kunstreproduktionen – in jedem Heft begleitet ein anderer Künstler das Thema – liegen den Herausgebern genauso am Herzen wie die Textbeiträge qualifizierter, zuweilen auch prominenter Autoren. Don Quijote ist das Logo, kämpferisch der Titel (dem Aufbruch der Kunst in die Moderne entlehnt). 1995 zum ersten Mal erschienen, ist heute *der blaue reiter* das auflagenstärkste Philosophiejournal."

Böblinger Bote, 25. 1. 2008

„.... Echt sein ist zur Frage des richtigen Lebensstils geworden: keiner will eine Kopie sein, ein Schauspieler, der Leben nur simuliert, sondern jeder will echte Gefühle zeigen und authentische Erfahrungen machen ... Aber gibt es dieses wahre, authentische Selbst hinter den Masken der Konvention überhaupt? Die meisten Beiträge des Hefts stehen Rousseaus Forderung nach Echtheit eher kritisch gegenüber ... Der Vorstellung, man müsse nur die falsche, verlogene Hülle der sozialen Zwänge und Konventionen abwerfen und werde dann auf ein wahres Selbst stoßen, haben Sozialphilosophen von Helmuth Plessner bis Richard Sennett, aber auch Psychoanalytiker wie Jacques Lacan die These entgegengehalten, dass ... die Masken der symbolischen Ordnung das Echte nicht unterdrücken, sondern erst ermöglichen."

Stuttgarter Zeitung, 26. 3. 2008

Leserbriefe

Zu *der blaue reiter* Nr. 23 („Heimat"):

„Heute ist gerade das neue Heft ‚Heimat' gekommen ... Einerseits erschrecke ich, wenn schon wieder eine Sendung kommt (eine Plattitüde: wie schnell die Zeit vergeht!), andererseits ist jedes Heft wertvolle Nahrung, das die ‚geistige Heimat' möbliert. Ich hoffe, noch viele Hefte genießen zu können ..."

Hans Rudolf Heer, Zollikerberg

Klaus Erlach

Wozu das alles?

Die Frage nach dem „Wozu?" der Philosophie, ihrem Zweck also, erscheint in hohem Grade unangemessen. Stellt diese Frage nach dem Nutzen die Philosophie doch in einen Verwertungszusammenhang, den diese eher beleuchten denn bloß bedenkenlos erfüllen sollte. Wäre doch wenigstens nach dem Sinn des Philosophierens gefragt worden!

Die Universitätsphilosophen sind seit geraumer Zeit in die Defensive geraten. Sofern sie sich wissenschaftlich geben – und wenn sie heutzutage als seriös gelten wollen, sollten sie das auch tun –, müssen sie feststellen, dass die anderen Wissenschaften ihren Erklärungsraum auf ihre Kosten immer weiter vergrößern. Jene naturphilosophischen Fragen, welche die Philosophen einst spekulativ beantworteten, werden heutzutage empirisch exakt, sprich anhand von Fakten und Messergebnissen beantwortet. Von den Natur- und Technikwissenschaftlern in die Rolle des Lückenbüßers gedrängt, können Philosophen augenscheinlich bloß noch Pseudoerklärungen in jenen Bereichen liefern, die zu bearbeiten „echte" Wissenschaftler noch keine Zeit gefunden haben. An vorderster Front der Naturwissenschaften kämpfen heutzutage die Hirnforscher, die auch noch das ureigenste Terrain der Geisteswissenschaften, das Bewusstsein, den *nur* „denkenden" Philosophen erklärend entreißen möchten.

Schon allein um der Forschungsmittel willen sehen sich die Philosophen genötigt, sich den nützlichen Wissenschaftlern anzudienen. So wollen sie den von Forschungsprojekt zu Forschungsprojekt eilenden Fachwissenschaftlern das Denken abnehmen, damit deren Ergebnispräsentationen nicht nur auf PowerPoint-Folien, sondern auch auf methodischem Vorgehen beruhen. Auf diese Weise bieten sie an, die Natur- und Ingenieurswissenschaftler bei ihrem Wirken zur Verbesserung der globalisierten Welt zu unterstützen. Meinen doch die Universitätsphilosophen zu erkennen, dass die technische Praxis zwar richtig – weil erfolgreich –, das dahinter liegende Weltverständnis hingegen unvollständig, wenn nicht gar falsch ist. Diese Anbiederung erfolgt aus einem Gestus der Arroganz; der Arroganz nämlich, es doch besser zu wissen als die fachlich bornierten Natur- und Technikwissenschaftler. Deren Fachsprachen und Argumente wollen die Philosophen klären und in Ordnung bringen. Ironie bei einer solchermaßen nach Zweckmäßigkeit zugerichteten Philosophie: Um nützliche Magd zu sein, spielt sie sich als Herrin der Einzelwissenschaften auf. Aber: Sind die Techniker borniert genug, das nicht zu merken?

Ein weiteres Betätigungsfeld sind die sogenannten Bindestrich-Ethiken wie Bio-Ethik, Gen-Ethik, Medizin-Ethik und Wirtschafts-Ethik. Mit dem Bindestrich heften sich die Ethik namentlich und die Philosophen finanziell (mit normativer Begründungssophistik) an die jeweilige Fachwissenschaft und deren Gegenstandsbereich. So können beispielsweise Fragen der medikamentösen oder gentechnischen Leistungssteigerung von Gesunden nur durch wirklich professionelles Philosophieren in ihrer ethischen Dimension richtig eingeschätzt werden. Je mehr neue Technologien den moralischen Instinkt der Entwickler und Anwender überfordern, desto zweckmäßiger ist der passende Ethiker, der die Verknotungen des Glaubens und bloßen Meinens sorgsam durchtrennt und durch klare Stränge rationaler Argumentation ersetzt. Können doch aus der reichhaltigen Geschichte der Philosophie vielfältige Argumente herangezogen werden, um den Wechselbalg des bloß technisch Gewollten zum legitimen Kind des Allgemeinwohls (volonté générale) zu machen. Dies ist so erfolgreich, dass sich Naturwissenschaftler, Mediziner und Ingenieure in Ruhe auf ihre einträglichen Geschäfte konzentrieren können, ohne sich um deren ethische Fragwürdigkeiten und gesellschaftliche Konsequenzen selbst kümmern zu müssen.

Aber: Sind diese selbst verordneten Zwecksetzungen letztlich nicht ein gänzlich sinnloses Unterfangen? Wäre es nicht vielmehr ein sinnvoller Ausdruck philosophischen Denkens, genau diesen Anspruch nach Zweckmäßigkeit „kritisch", also Dogmen überprüfend, zu hinterfragen, um sich so, wenn auch ganz ohne Drittmittel, in eine geglückte Zweckfreiheit hinein zu retten?

Dr. phil. Dipl.-Ing. Klaus Erlach studierte Maschinenbau und Philosophie.

99

der einspalter

Johannes Röhl

Die Zähmung der Fernwirkung
Von der Anschaulichkeit der Mechanik zur mathematischen Feldtheorie

Abbildung:
Michael Faraday
Daguerrotypie,
zirka 1840

Abbildung mit
freundlicher
Genehmigung des
Science Museum,
London

Anders als Bewegung oder Kraft ist der Begriff des physikalischen Felds kein aus der Lebenswelt oder der Naturphilosophie der Antike bekanntes Konzept, sondern etablierte sich erst im Laufe des 19. Jahrhunderts.

Wir begegnen ihm weniger in der Alltagstechnik zwischen Hebel, Toaster und Computer, sondern eher in Science-Fiction-Filmen. Eine weitere Auseinandersetzung mit der Frage der Wirkungsweise von Feldern seitens der modernen Philosophie wäre wünschenswert.

Allgemein gesprochen kann man ein physikalisches Feld dadurch bestimmen, dass man in einem Raum jedem Punkt eine physikalische Größe, wie zum Beispiel einen Temperaturwert, zuordnet. Im Falle von Temperaturwerten wäre damit für das betreffende Zimmer ein Temperaturfeld definiert. Die physikalischen Größen können dabei ganz unterschiedlicher Natur sein: Es kann sich wie bei der Temperatur um solche handeln, die durch einen einfachen Zahlenwert repräsentiert werden (im Jargon der Physik nennt man das ein „skalares Feld"), oder um solche, die eine Größe und eine Richtung enthalten (oder noch komplexere Strukturen). Das Feld der Schwerkraft besitzt offenbar eine solche Richtung (nach „unten" beziehungsweise Richtung Erdmittelpunkt). Solche gerichteten Größen nennt man Vektoren. Die wohl wichtigsten physikalischen Felder, nämlich die der Grundkräfte, sind Vektorfelder. Ein Feld ist also eine Struktur, die über einen gewissen Raumbereich auf eine mathematisch erfassbare Weise eine Verteilung physikalischer Größen wie Temperatur oder Schwerkraft bestimmt. Felder werden durch materielle Objekte *verursacht*, die als „Quellen" des betreffenden Felds bezeichnet werden. Ein Stabmagnet ist die Quelle des charakteristischen Magnetfelds in seiner Umgebung, ein geladener Körper erzeugt ein elektrisches Feld, ein schwerer

Körper (wie die Erde) ein Gravitationsfeld. Und dieses Feld wirkt seinerseits auf Körper in seiner Umgebung ein (die Erde auf den geworfenen Ball). Mittels mathematischer „Feldgleichungen" lassen sich bei gegebener Verteilung von Quellen die Wirkungen eines Felds berechnen.

Das grundsätzliche philosophische wie physikalische Problem ist die Frage danach, wie die Übertragung von Wirkungen zwischen materiellen Objekten verstanden werden kann. Denn die Entwicklung der Modelle und Analogien für die physikalische Wirkungsübertragung führte schließlich zur Akzeptanz von Feldern als eigenständigen und vollwertigen Gegenständen der Physik. Eine weitere Auseinandersetzung mit der Frage der Wirkungsweise von Feldern seitens der modernen Philosophie wäre wünschenswert.

Da die Akzeptanz von Feldern zu einer Erweiterung des traditionellen Materiebegriffs geführt hat, kann man die Frage stellen, ob sie vielleicht als eine Übergangsform zwischen materieller und immaterieller Welt einzustufen sind. Es wird sogar vertreten, Felder könnten als etwas Geistiges aufzufassen sein und durch den menschlichen Geist beeinflusst werden.[1] Aus dem eigenen Erleben im Alltag sind wir alle am bes-

Wie soll Fernwirkung ohne Medium funktionieren?

ten mit der Wirkung durch unmittelbaren physischen Kontakt vertraut: Wir selbst ziehen und schieben Dinge herum, heben Lasten, werfen Steine in Fensterscheiben. Aber diese vertrauten Fälle sind nicht alles, was wir kennen. Magneten beeinflussen Gegenstände über Entfernungen hinweg, ohne unmittelbaren Kontakt. Der Mond bewegt große Wassermassen, wenn er die Gezeiten hervorruft. Bei der Wirkung durch direkten Kontakt fragen wir kaum nach einer weiteren Erklärung, das scheint uns unmittelbar einsichtig, aber wie kann etwas wirken, ohne Kontakt zu dem beeinflussten Gegenstand zu haben? Die folgende Anekdote illustriert die Ratlosigkeit des Alltagsverstands angesichts solcher Phänomene:

Zwei Bauern erleben in der russischen Provinz zu Beginn des 20. Jahrhunderts eine Vorführung des drahtlosen Telegrafen. Es wird demonstriert, wie man mit einer Person in Odessa, Hunderte von Kilometern entfernt, kommunizieren kann. Völlig erstaunt über diese Erfindung fragt Pjotr seinen Freund Iwan, wie das funktionieren soll. „Ganz einfach", sagt Iwan, „stell dir einen Hund vor, der so lang ist, dass er von Kishinew nach Odessa reicht. Du trittst dem

Hund hier auf den Schwanz und er bellt in Odessa. Verstehst du das?" „Ich denke schon", entgegnet Pjotr zögernd. „Gut", entgegnet Iwan, „und jetzt denk dir einfach den Hund weg!"[2]

Im Wegdenken des Hunds, der die Signalübertragung nachvollziehbar macht, ist unsere Schwierigkeit, solche „Fernwirkungen" zu verstehen, offenbar. Wie soll das „ohne Hund" funktionieren?

17. Jahrhundert: Plenumstheorie, Korpuskularphilosophie und Gravitation

Im 17. Jahrhundert, zur Zeit der Entstehung der modernen Naturwissenschaft, existieren zwei Modellvorstellungen der Wirkungsübertragung. Der an die Wiederbelebung atomistischer Ideen der Antike anknüpfenden Korpuskularphilosophie zufolge besteht Materie aus winzigen, harten billardkugelähnlichen Korpuskeln, deren Bewegungen, Stöße und komplexe Zusammenballungen im leeren Raum letztlich alle physikalischen Vorgänge erklären sollen. Dagegen lehnten Plenumstheoretiker (lat. „plenus" = voll) die Vorstellung eines leeren Raums ab und schlossen sich René Descartes' Konzeption der „res extensa" (res = Substanz, extensa = ausgedehnt) an, derzufolge die Materie als ausgedehnt verstanden wird. Descartes hatte damit eine rein geometrische Basis für die Naturwissenschaft vorgeschlagen. Der gesamte Raum wird als mit „feinstofflicher Materie" angefüllt gedacht, jede Wirkung wird in diesem verdünnten Medium kontinuierlich übertragen, da benachbarte Bereiche in Kontakt stehen. Beiden Ansätzen gemeinsam ist, dass Wechselwirkung und Kraftübertragung durch Kontakt, entweder durch direkte Stöße der Korpuskeln, durch Druck oder Sog des kontinuierlichen, den gesamten Raum erfüllenden Plenums erfolgen, und dass jede Art einer vom Ziel einer Bewegung ausgehenden Erklärung als Rückfall in die aristotelisch-scholastischen Vorstellungen des späten Mittelalters abgelehnt wurde. Der Stein fällt nicht zur Erde, weil er zu seinem „natürlichen Ort" strebt, wie es noch bei Aristoteles heißt, sondern er muss vom umgebenden Medium gestoßen oder „gesaugt" werden.

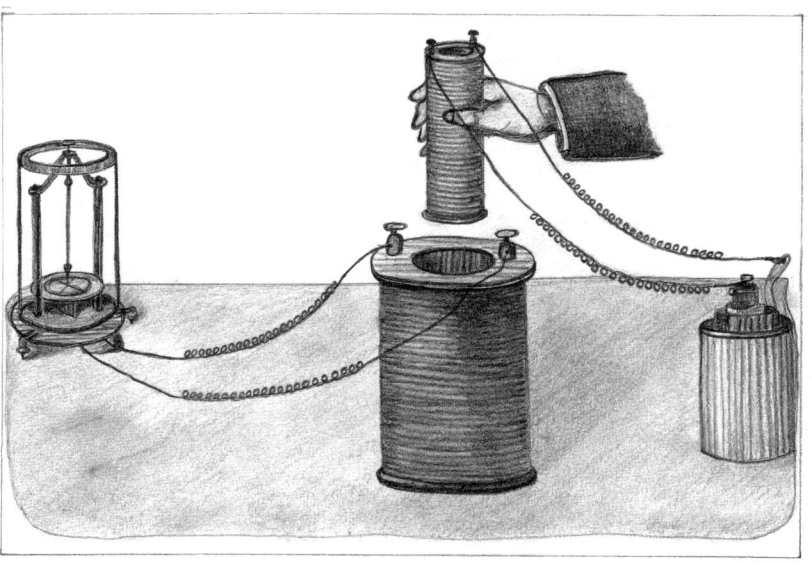

Newtons Gravitationstheorie löste auf überzeugende Weise die damals zentralen mechanischen Probleme (besonders natürlich die der Planetenbewegungen des heliozentrischen Systems), führte jedoch die „Fernwirkung" in die Physik ein. Newtons Theorie erfordert, dass die Gravitationskraft instantan (ohne Zeitverzögerung) eine Anziehung von Sonne, Erde und anderen Himmelskörpern bewirkt. Eine Kraftwirkung von Körpern durch den leeren Raum über astronomische Distanzen hinweg widersprach aber sowohl dem Wechselwirkungsmodell der Korpuskularphilosophie als auch dem der Kontinuumstheoretiker. Newton selbst war alles andere als glücklich über diesen Fernwirkungscharakter der Schwerkraft: „Dass die Schwerkraft für die Materie fundamental und wesentlich sein sollte, so dass ein Körper auf einen anderen über eine Entfernung durch ein Vakuum einwirken könnte, ohne ein Medium, durch das ihre Wirkung und Kraft von einem zum andern übertragen würde, scheint mir eine so große Absurdität, daß ich nicht glaube, daß jemand, der in naturphilosophischen Angelegenheiten kompetent denken kann, jemals auf sie verfallen könnte."[3] Aber er hielt es in diesem Falle für eher akzeptabel, sich auf die Angabe des mathematischen Gesetzes, das aus den Beobachtungen ableitbar war und fruchtbare Voraussagen lieferte, zu beschränken, als nicht durch Messungen gedeckte Spekulationen über den tieferen Wirkmechanismus der Schwerkraft anzustellen.

Die Korpuskularphilosophie konnte also die Fernwirkung nicht weiter erklären, sie widersprach ihrem Modell der Übertragung durch Druck und Stoß. Dagegen musste die konkurrierende Kontinuumstheorie von René Descartes, Christiaan Huygens oder Gottfried Wilhelm Leibniz ein nicht nachweisbares „feinstoffliches" Medium postulieren und hatte überdies große Schwierigkeiten, die mathematische Gestalt der Gravitationsanziehung durch eine Art Wirbelsog dieses Mediums zu rekonstruieren.

18. Jahrhundert: Fernwirkung, Dynamismus und Hydrodynamik

Der durchschlagende Erfolg der newtonschen Mechanik und Gravitationstheorie führte im Laufe der Zeit dazu, dass die Fernwirkung als Modell der Wechselwirkung akzeptiert wurde, da es sich mathematisch präzise fassen ließ, auch ohne dass eine anschauliche Vorstellung der Wirkungsübertragung damit verknüpft werden konnte. Der aus Serbien stammende, aber hauptsächlich in Italien als Astronom und Mathematiker tätige Jesuit Roger Joseph Boscovich (1711–1787) und der Königsberger Philosoph Immanuel Kant (1724–1804) vereinigten in ihren naturphilosophischen Konzeptionen Elemente sowohl der newtonschen als auch der kontinentalen Theorien in der Nachfolge von Descartes und Leibniz. Sie akzeptierten Fernwirkungs-

Abbildung:
Historischer Versuchsaufbau eines Experiments zur elektromagnetischen Induktion

Bleistiftzeichnung nach dem Original von Luitgard Meschenmoser kräfte, versuchten aber zu zeigen, dass das Korpuskelmodell revidiert werden musste. Wird nur Kontaktwirkung akzeptiert, so beruhen alle makroskopischen Vorgänge letztlich auf den Stößen der Mikrobestandteile. Da Druck und Stoß repulsiv wirken, ist zum einen schwer zu verstehen, wie Stöße der Korpuskeln eine anziehende Wirkung wie im Falle der Gravitation oder der magnetischen Anziehung haben können. Die Unvollständigkeit des Korpuskelmodells kann aber auch anhand folgender Überlegung verdeutlicht werden: Um eine gleichmäßige Bewegungsänderung der zurückprallenden Kugel zu ermöglichen, dürfen die Kugeln nicht, wie im Modell vorausgesetzt, unendlich hart, sondern müssen elastisch sein (wie Gummibälle). Eine elastische Kugel ist aber nichts anderes als ein Raumbereich, der um ein Zentrum herum mit einer jedem Eindringen Widerstand leistenden Kraft „angefüllt" ist. Nach Kant sind damit zwei Kräfte notwendig:

1.) Eine attraktive, welche die winzigen „Billardkugeln" zusammenhält, damit sie überhaupt als eigenständige Gegenstände fortbestehen und deren langreichweitiger Teil der Schwerkraft entspricht.

2.) Eine repulsive, die für die Undurchdringlichkeit der Korpuskel verantwortlich ist.

Boscovich vertrat ein ganz ähnliches Modell. Die Korpuskeln dürfen nicht als harte Kugeln, sondern müssen als punktförmige Kraftzentren verstanden werden. Bei einem Stoß überschneiden sich die Einflusssphären dieser Kraftzentren und nehmen so Einfluss aufeinander. Die Einflussbereiche der Kräfte bleiben auch bei diesem „Dynamismus" an die Kraftzentren, von denen sie ausgehen, gekoppelt. Es ist offen, inwiefern diese Einflusszonen schon als Felder im späteren Sinne bezeichnet werden können. Aber hier wird zum ersten Mal deutlich, dass es möglich ist, anstatt – wie im klassischen Korpuskelmodell – von bewegter Materie als Basis auszugehen und alle Wirkungen durch Druck und Stoß zu erklären, die *Kräfte* in den Mittelpunkt zu stellen und stabile Materie als eine Folge der räumlichen Verteilung von Kraftzentren und ihren Wirkungen zu verstehen.

Gleichzeitig entwickelten Physiker wie Daniel Bernoulli (1700–1782) und besonders Leonhard Euler (1707–1783) die ersten mathematischen Feldtheorien im modernen Sinne auf dem Gebiet der Hydrodynamik. Euler gelang es, Gleichungen für die Strömungsgeschwindigkeit einer idealen Flüssigkeit aufzustellen. Damit war die Übertragung der newtonschen Prinzipien von der Mechanik der Massenpunkte und starren Körper auf kontinuierliche Medien, also elastische Festkörper, Flüssigkeiten und Gase, vollzogen und einer mathematischen Beschreibung zugänglich.

19. Jahrhundert: Kraftlinien, Äthermodelle und die Durchsetzung der Feldtheorie

Zu Beginn des 19. Jahrhunderts lag ein (Fernwirkungs-)Kraftgesetz für die elektrostatische Anziehung vor (Charles Augustin Coulombs Gesetz in exakter Analogie zu Newtons Gravitationsgesetz), und André Marie Ampère gelang es, die Kräfte zwischen zwei stromdurchflossenen Leitern ebenfalls im Fernwirkungsmodell mathematisch zu erfassen. Die zunächst wichtigsten Entwicklungen ergaben sich aber in der Optik. Hier setzte sich, besonders aufgrund der Forschungen von Thomas Young und Augustin Jean Fresnel, die Wellentheorie des Lichts durch, die bereits Huygens gegen Newtons zwischenzeitlich dominierende Korpuskulartheorie vertreten hatte und die einen sogenannten Äther als Ausbreitungsmedium der Lichtwellen in Analogie zu Wellen in Flüssigkeiten, Gasen und Festkörpern forderte. Damit konnten mathematische Methoden parallel für die Optik und die Mechanik der elastischen Festkörper entwickelt werden. Die mechanischen Äthermodelle erfüllten, gleichwohl sie sich als falsch erwiesen, eine wichtige Funktion bei der Weiterentwicklung der Feldtheorie.[4]

Auf elektromagnetischem Gebiet gab Hans Christian Ørsteds Beobachtung der Ablenkung einer Magnetnadel in der Nähe eines stromdurchflossenen Leiters den ersten Hinweis auf einen Zusammenhang zwischen elektrischen und magnetischen Kräften. Michael Faraday (1791–1867) gelang es, diese Verbindung zu erhärten, was in seiner Entdeckung der Induktionsgesetze gipfelte: Die Änderung des „magnetischen Flusses" durch eine Leiterschleife induziert eine elektrische Spannung in dieser Leiterschleife. Nach diesem Prinzip funktionierten sowohl der Turbinengenerator als auch der Elektromotor. Damit war eine „Umkehrung" des von Ørsted entdeckten Phänomens gefunden: Schnelle Veränderungen des Magnetfelds haben ebenso eine elektrische Wirkung wie ein elektrischer Strom eine magnetische Wirkung hervorruft.

Faraday war ein brillanter Experimentator, der jedoch nur sehr begrenzte mathematische Fähigkeiten besaß und daher auf das anschauliche Hilfsmittel der elektrischen und magnetischen Kraftlinien angewiesen

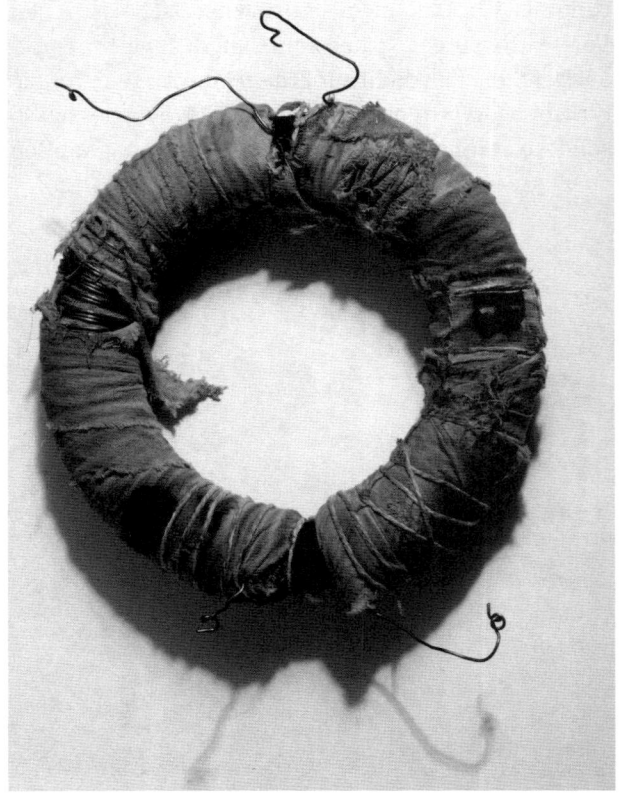

Abbildung:
Induktionsring
Nachbau des von
Michael Faraday in
seinen Experimenten zur elektromagnetischen Induktion
verwendeten
Induktionsrings

Mit freundlicher
Genehmigung des
Science Museum,
London

war.[5] Die winzigen „Kompassnadeln" der Eisenspäne um einen Stabmagneten zeigen durch ihre Orientierung die Richtung des magnetischen Felds an und geben durch ihre Verteilung ein Maß für dessen Stärke im Raum an. Faraday kam, obwohl er immer wieder schwankte, ob er die Kraftlinien nur als Hilfsmittel interpretieren sollte, schließlich zur Auffassung, dass sie Ausdruck eines substanziellen Kraftfelds seien. Dies begründete er anhand verschiedener Kriterien, etwa damit, dass sie kausal wirksam seien, dass die Kräfte durch materielle Veränderungen im Raumbereich beeinflussbar wären und dass die Kraftübertragung Zeit benötige (gegenüber einer instantanen Fernwirkung). Der Nachweis für die endliche Ausbreitungsgeschwindigkeit gelang Faraday selbst allerdings noch nicht. Eine weitere zentrale Entdeckung Faradays (1845) ist ein nach ihm benannter magneto-optischer Effekt: Die Polarisationsebene von polarisiertem Licht dreht sich, wenn es durch ein Medium gestrahlt wird, das sich in einem starken Magnetfeld befindet. Das war ein entscheidender Hinweis darauf, dass auch zwischen dem sichtbaren Licht und elektromagnetischen Feldern ein Zusammenhang bestehen muss.

Auf der Basis dieser experimentellen Ergebnisse und beeinflusst von Faradays Feldlinienmodell entwickelte James Clerk Maxwell (1831–1879) eine mathematisch ausformulierte Theorie, die sowohl die statischen als auch die dynamischen elektromagnetischen Phänomene und schließlich die Optik einheitlich beschreiben sollte. Der wichtigste Punkt dieser großen Vereinheitlichung der seinerzeitigen Physik war der theoretische Beweis, dass elektromagnetische Wellen möglich sind und dass ihre Ausbreitungsgeschwindigkeit der Lichtgeschwindigkeit entsprechen muss. Dabei verwendete Maxwell mechanische Modelle des Äthers als eines Mediums, in dem sich diese Wirkungen ausbreiten. Diese Modelle dienten hauptsächlich der Veranschaulichung; hätte man sie als realistische Darstellungen der „inneren Mechanik" des Äthers aufgefasst, hätte man sich bald in Widersprüche verwickelt. Maxwell hegte zwar die Hoffnung, dass die elek-

Die Allgemeine Relativitätstheorie löste das Rätsel der Schwerkraft.

trischen und magnetischen Felder sich als eine Art elastischer Spannungen des Mediums Äther erklären lassen würden, aber er erachtete es nicht als wesentlich für das Verständnis seiner Theorie und ging dazu über, den Feldern unabhängig davon eine zentrale Eigenschaft wie Energie zuzuschreiben: „Was die Energie des Feldes betrifft, möchte ich dagegen buchstäblich verstanden werden. Die einzige Frage ist: Wo befindet sich die Energie? Nach den alten Theorien befindet sie sich in den elektrifizierten Körpern, Stromkreisen und Magneten ... Nach unserer Theorie befindet sie sich im elektromagnetischen Feld, im Raum, der die elektrifizierten und magnetischen Körper umgibt, ebenso in diesen Körpern selbst, und sie besitzt zwei verschiedene Formen, die ungeachtet weiterführender Hypothesen

als magnetische und elektrische Polarisation beschrieben werden können, oder, nach einer sehr wahrscheinlichen Hypothese, als Bewegung und Spannung ein und desselben Mediums."[6] Wir sehen hier einen Übergang zu mathematischen Modellen anstelle mechanischer und einen Schritt zu der Akzeptanz des Felds als eigenständiger, nicht als Materie im Sinne der klassischen Mechanik verstehbarer Realität, die sogar Priorität gegenüber den materiellen Ladungen und Leitungsdrähten erhält. Die mathematische Erfassbarkeit und experimentelle Überprüfbarkeit fundieren diese Annahme und bewahren sie vor dem Abgleiten in beliebige Spekulation.

Heinrich Hertz gelang 1888, fast zehn Jahre nach Maxwells Tod, der Nachweis der von Maxwell vorhergesagten elektromagnetischen Wellen. Die Wellen haben eine endliche Ausbreitungsgeschwindigkeit (im Vakuum Lichtgeschwindigkeit), sie können eindeutig an Raumstellen zwischen Sender und Antenne nachgewiesen und in ihren „Bäuchen" und „Knoten" vermessen werden. Dies bedeutete den Sieg von Maxwells Feldtheorie über die Fernwirkungstheorien des Elektromagnetismus, die von kontinentalen Physikern wie Franz Ernst Neumann, Wilhelm Eduard Weber und auch Hertz' Lehrer Hermann von Helmholtz favorisiert worden waren. Aber noch immer wurde das Feld von den meisten Physikern als Spannungszustand des Äthers und die Wellen als Ausbreitung einer Störung in diesem Medium aufgefasst.

103

Nach der kompakteren und transparenteren Formulierung der maxwellschen Elektrodynamik durch Physiker wie Oliver Heaviside und George Francis Fitz-Gerald[7] schwand zunehmend das Bedürfnis, eine „tiefere" Erklärung der Feldgleichungen in der Struktur und Dynamik des Äthers zu suchen. Albert Einstein kommentierte diese Entwicklung später so: Eine mechanische Interpretation der Maxwell-Gleichungen „wurde eifrigst, aber erfolglos versucht, während sich die Gleichungen in steigendem Maße als fruchtbar erwiesen. Man gewöhnte sich daran, mit diesen Feldern als selbstständigen Wesenheiten zu operieren, ohne daß man sich über ihre mechanische Natur auszuweisen brauchte; so verließ man halb unbemerkt die Mechanik als Basis der Physik, weil deren Anpassung an die Tatsachen sich schließlich als hoffnungslos darstellte."[8]

Erst mit der Speziellen Relativitätstheorie Einsteins, die explizit ohne Äther auskam, wurde das elektromagnetische Feld endgültig als eigenständige physikalische Wesenheit anerkannt, die keines Trägers mehr bedurfte. Das führte zu einer Erweiterung der Gegenstände der Physik über „Materie in Bewegung" hinaus: Was schwingt bei der Ausbreitung elektromagnetischer Wellen durch den leeren Raum? Was ist das Feld? Das Kraftfeld *selbst* oszilliert, es trägt und transportiert Energie, daher muss es in dem Sinne „substanziell" verstanden werden, dass es keines zusätzlichen Eigenschaftsträgers bedarf.

Die Spezielle Relativitätstheorie verdeutlichte die in der maxwellschen Elektrodynamik schon implizit enthaltene Einheit des elektromagnetischen Felds: Elektrizität und Magnetismus sind nur mehr zwei Aspekte *eines* Felds, und es hängt vom relativen Bewegungszustand des Beobachters ab, ob der elektrische oder der magnetische Aspekt dominiert. Die Allgemeine Relativitätstheorie löste schließlich das über mehr als zwei Jahrhunderte bestehende Rätsel des Wesens der Schwerkraft. Newton und seine Nachfolger mussten notgedrungen den Fernwirkungscharakter, obwohl er ihren Intuitionen und Prinzipien widersprach, ohne weitergehende Erklärung der Wirkungs- und Ausbreitungsweise der Gravitation akzeptieren. Einstein erklärt die Wirkungsweise dieser Kraft durch ein konti-

nuierliches Feld zwischen den Massen. Hierbei werden Raum und Zeit beziehungsweise die vierdimensionale Raumzeit selbst als physikalisches Feld behandelt. Elektromagnetische Felder werden ebenfalls als „materiell" behandelt. Sie beeinflussen die Raumzeit ebenso wie sie die „grobsinnliche Materie" der Gestirne beeinflussen; auch die Lichtausbreitung erfolgt auf den durch die „verkrümmte" Raumzeit bestimmten Bahnen.

Faraday, Maxwell und seine Nachfolger zielten auf eine einheitliche Behandlung von materiegebundenen Quellen (Ladungen und Strömen) und Feldern. Alles, was es überhaupt gab, sollte durch substanziell verstandene Kräfte (Faraday) oder Spannungszustände eines einzigen allerfüllenden Mediums (Maxwell) beschrieben werden. Die nur wenige Jahre auf die Durchsetzung von Maxwells Theorie in den letzten Dekaden des 19. Jahrhunderts folgenden Entdeckungen der Mikrostruktur der Materie, des Elektrons und des Atombaus machten diesem Einheitstraum ein Ende. Die wichtigsten Ergebnisse der Quantentheorie, die „Quantisierung" (also die Einteilung in diskrete Portionen) fundamentaler physikalischer Größen wie der Energie, und die diskontinuierlichen Zustandsänderungen („Quantensprünge") im atomaren und subatomaren Bereich widersprachen der Einheitsidee sowie einer der zentralen Intuitionen, die zum klassischen Feld geführt hatten, dem Kontinuitätsprinzip, das heißt der These, dass die Natur keine Sprünge macht. Zwar ist die mathematische Struktur des Standardmodells der modernen Physik weiterhin die einer Feldtheorie, die nun nicht nur das Medium der Wechselwirkung, sondern auch die Materie selbst beschreibt: Die Elementarbausteine der Materie werden durch Feldgleichungen beschrieben, man kann hier von einem „Materiefeld" sprechen. Aber die Diskontinuitäten bleiben bestehen. Den charakteristischen Dualismus im Quantenbereich („Welle-Teilchen-Dualismus"), welcher der Materie einen Feldaspekt und dem Wechselwirkungsfeld einen korpuskularen Aspekt zuschreibt, kann man so vielleicht als weiteren dialektischen Schritt im Wechselspiel von Atomismus und Korpuskularphilosophie einerseits und der Plenumstheorie eines Kontinuums andererseits sehen.

Die Mechanik ließ sich nicht an die Tatsachen anpassen.

Die langsame Durchsetzung des Feldbegriffs lässt sich jedenfalls als eine allmähliche Ersetzung anschaulich-mechanischer durch mathematisch-abstrakte Modelle physikalischer Wechselwirkungen charakterisieren. Während Faraday im Anschluss an den Dynamismus Boscovichs bereits eine Vorstellung von Kraftfeldern als eigenständigen Substanzen vertrat, sogar dazu neigte, Materie als eine Art Bündel von Kraftlinien zu verstehen, behalfen sich selbst Pioniere der Elektrodynamik wie Maxwell und Lord Kelvin noch mit ingeniösen Modellen aus Zahnrädern und Gummibändern, um die eigentümlichen Eigenschaften des Äthers, des Mediums für die Weiterleitung des Lichts sowie der elektrischen und magnetischen Kräfte, zu erfassen. Auch hier begegnen wir einer fast ironischen Dialektik: Eine pragmatisch-positivistische Haltung, nämlich die vorübergehende Beschränkung auf die Gleichungen unabhängig von einer hypothetischen, „tieferliegenden" mechanistischen Deutung, führte langfristig zu einem Verständnis physikalischer Felder als realer Objekte, die durch ein mathematisches Modell beschrieben werden, und damit zu einer Erweiterung des Weltbilds der Physik.

Johannes Röhl studierte Philosophie, Physik und Mathematik an den Universitäten Gießen und Seattle. Seit 2003 ist er wissenschaftlicher Mitarbeiter am Zentrum für Philosophie und Grundlagen der Wissenschaft an der Justus-Liebig-Universität Gießen.

Anmerkungen:

1. Siehe hierzu auch den Beitrag von Rupert Sheldrake *Felder der Erinnerung. Die Theorie der morphischen Felder.* In: der blaue reiter – Journal für Philosophie Nr. 24. omega verlag, Stuttgart 2007. Nach der gängigen, im vorliegenden Text vertretenen Deutung erfordert die Akzeptanz von Feldern als physikalische Objekte eine Revision des traditionellen Materiekonzepts. Gleichwohl handelt es sich bei ihnen um physische, nicht um mentale Objekte.
2. Zitiert nach Lange 2002, Seite 1 (Übersetzung durch den Autor)

3. Newton an Bentley. Zitiert nach Berkson 1974, Seite 114 (Übersetzung durch den Autor)
4. Eine Diskussion prominenter mechanischer Äthermodelle und ihrer Schwierigkeiten findet sich in: Hunt 1991, besonders Kapitel 4
5. Zu Faradays Experimenten und seiner Feldtheorie vergleiche: Berkson 1974
6. Maxwell. Scientific Papers. Zitiert nach Berkson 1974, Seite 173 (Übersetzung durch den Autor)
7. In dieser Gestalt finden sich die „Maxwell-Gleichungen" in moderneren Lehrbüchern. Zum durchaus dornigen Weg der maxwellschen Ideen zu allgemeiner Verbreitung und Anerkennung vergleiche: Hunt 1991
8. Einstein in: Schilpp 1949, I, Seite 25 f.

Literatur:

– Berkson, William: Fields of Force. The Development of a World View from Faraday to Einstein. Routledge & Kegan Paul, London 1974
– Hacking, Ian: Einführung in die Philosophie der Naturwissenschaften. Reclam, Ditzingen 1996
– Hesse, Mary B.: Forces and Fields. The Concept of Action at a Distance in the History of Physics. London 1961 (Reprint Mineola, Dover 2005)
– Hunt, Bruce J.: The Maxwellians. Cornell University Press, Ithaca 1991
– Jammer, Max: Concepts of Force. Harvard UP, Cambridge 1957 (Reprint Mineola, Dover 1999)
– Kant, Immanuel: Metaphysische Anfangsgründe der Naturwissenschaft (1786). Akademie-Textausgabe. Band IV. Berlin 1968
– Lange, Marc: An Introduction to the Philosophy of Physics. Blackwell Malden, Oxford 2002
– Schilpp, P. A. (Hrsg.): Albert Einstein: Philosopher-Scientist. Evanston, Illinois 1949

105

Bücher · Bücher
Bücher · Bücher

der blaue reiter

Felix Philipp Ingold

**Russische Wege.
Geschichte – Kultur – Weltbild**

Wilhelm Fink Verlag, München 2007.
569 Seiten, € 48,00

Allgemeines über Kultur- und Sprach-räume zu sagen, schickt sich heute ei-gentlich nicht mehr. Verheerend waren die Spätwirkungen jener völkischen Ideologien, mit denen versucht worden war, „das Deutschtum", „die russische Seele", „den Engländer" oder gar „das jüdische Denken" zu erklären. Nach 1945 wagte zwar Martin Heidegger noch die These, man könne nur auf Griechisch und Deutsch wirklich phi-losophisch denken. Doch derartige Pauschalisierungen geraten heute zu Recht in den Verdacht, Überbleibsel jener romantischen Schwärmerei zu sein, die aus den Liedern den Charak-ter der Völker ablesen zu können glaubte.

Felix Philipp Ingold führt in seiner neuen Monografie eindrücklich vor, dass man auch heute noch über Kultur-räume im Ganzen sprechen kann, ohne sich in Klischees zu verlieren. Die „Räumlichkeit" der Kultur, ihre Bezie-hung zu den geologischen Bedingun-gen, zu den Landschaften und Wetter-lagen, denen sie entstammt, stehen dabei im Zentrum.

Damit verschärft Ingold eine Ten-denz der zeitgenössischen Philoso-phie: Die kulturalistische Wende sucht systematisch nach den Zusammen-hängen, in denen Denker und Gedan-ken stehen. Während die Brücken-schläge hier meist zur Literatur, Politik oder Kunst erfolgen, man philosophi-sche Texte beispielsweise auf ihre lite-rarischen und rhetorischen Mittel un-tersucht, geht Ingold noch einen Schritt weiter: Er führt uns auf die schlammigen Wege Russlands, auf die Felder, die bis zum Horizont reichen, zu den Flüssen, die sich wie Meere er-strecken. Er führt uns auch zu den Menschen, die sich durch Morast und Schnee kämpfen, die sich in diesem Meer aus Land verlieren wie die Schiff-brüchigen im Ozean. Dabei arbeitet In-gold präzise und prägnant heraus, wie sich russische Autoren und Philoso-phen zu diesem Kulturraum in Bezie-

Illustration:
CANIA

hung setzen. Mit sicherer Hand wird der Leser durch die Ausstellungsräume einer russischen Kulturgeschichte ge-führt, in der Malerei, Literatur und Po-litik ineinandergewoben sind.

Die russische Philosophie erweist sich dabei als eigenwillige Mixtur west-licher Einflüsse. Vor allem über den Umweg der Literatur wirkte sie zurück nach Westeuropa, hauptsächlich über Fjodor Dostojewskij, der für Friedrich Nietzsche, aber auch für Hans-Georg Gadamer und Paul Ricœur eine zentra-le Rolle spielte. Ingold kann zeigen, dass diese Mischung kultureller Im-portgüter nicht etwa als bloßer Mangel, sondern vielmehr als Charakteristikum der russischen Kultur zu verstehen ist. Schon Aleksandr Puschkin kann als afrikanischstämmiger Russe mit fran-zösischer Muttersprache als ein Sym-bol für diese Eigenheit gelten. In Russ-land ist man immer schon postmodern, spielerisch und rekombinierend ver-fahren, so die Pointe.

Ingold legt mit seinem gelehrten und fesselnden Buch eine Arbeit vor, die man nur bewundern kann. Es er-weitert allen Russlandreisenden, „Russ-landlesenden", Russlandliebenden den Horizont, verweist auf Hauptwege und Nebenwege, denen man nach Belieben folgen kann. Grundkenntnisse über die russische Kulturgeschichte werden al-lerdings vorausgesetzt; wer diese mit-bringt, wird nicht nur an überraschen-den Analogien, sondern auch an den historischen und disziplinären Quer-verweisen seine Freude haben. Alle, die sich für Russland und russisches Den-ken interessieren, dürfen dieses Buch nicht verpassen.

Felix Heidenreich

Johannes Thiele / Christian Steffen

**Die unterbrochene Moderne.
Schriften zur Verteidigung der
Kunst, Band XI**

AQUINarte, Kassel 2007.
54 Seiten, € 17,00

„Es ist merkwürdig, wie geistige Güter von den Menschen so vollkommen an-ders gewertet werden als materielle ..." Welchem an geistiger, an philosophi-scher Auseinandersetzung Interessier-ten wäre eine solche Einschätzung nicht vertraut?

Seit der Zeit von Franz Marc, der die-sen Satz 1912 unter dem Titel *Geistige Güter* im Almanach *Der Blaue Reiter* veröffentlichte, hat sich die Wertschät-zung der Kunst im Besonderen und die des Geistigen im Allgemeinen nicht zum Positiven verändert. Die Autoren,

Herausgeber und Verleger der AQUIN-arte presse scheint das nicht geschreckt zu haben, eher im Gegenteil. Haben sie es sich doch zur Aufgabe gemacht, „einen Raum zu schaffen, in dem ein Schriften- und Buchprogramm entwickelt werden konnte, welches vorrangig künstlerisch-ästhetischen Kriterien folgt und die schöpferischen Prinzipien eng mit existenziellen Fragen zu verknüpfen sucht", wie es im Werbeprospekt unter dem Motto „Vom Inhalt zur Form" heißt. Und, ganz im Sinne von Franz Marc: „Literatur wie Kunst überhaupt kann nur in einem höheren Raum entstehen – kann nur jenseits ökonomischer Interessen und Absichten erschaffen und erfahren werden."

Der vorliegende Band ist Teil einer Schriftenreihe über „die zentralen Aspekte und Prinzipien der Kunst", die mit dem documenta-Sommer 2002 in Kassel begonnen wurde. Mit *Die unterbrochene Moderne* präsentiert AQUIN-arte vier schön geschriebene Texte (*Prolog* von Gerald Aschenbrenner, *Die unterbrochene Moderne* von Johannes Thiele, *Diesseitig bin ich gar nicht fassbar. Paul Klee und die Vision des „Blauen Reiters"* und *Betrachtung eines Gemäldes* von Reinhart Moritzen), die um die Entstehung der Moderne, die ersten Schritte hin zur abstrakten Malerei kreisen. Unprätentiös, in klaren Worten wird der Weg der Befreiung der Kunst von der Abbildungsfunktion beschrieben, der weg führte von der Idee des Bildes „als offenem Fenster in die Sinnenwelt", hin zur Vorstellung, dass die Kunst nicht Sichtbares darstelle, sondern allererst sichtbar mache.

Überraschend Neues fördern die Autoren dabei nicht zu Tage. Hinlänglich bekannt ist, dass Wassily Kandinsky sich von den Ideen Rudolf Steiners inspirieren ließ. Wenig überrascht auch zu lesen, dass Franz Marc, der sich freiwillig an die Front gemeldet hatte, „hinter den Schlachten, hinter jeder Kugel" den Geist schweben sah, wohingegen für Kandinsky der Krieg ein einschneidendes, auch seine Kunst prägendes Ereignis war. Die These Steffens, dass Kandinsky „dem Krieg, von dem er sich, soweit es ihm möglich war, abgewandt hat, seine Karriere als Künstler" verdanke, ist allerdings etwas überdreht.

Mit der in kleiner Auflage von Hand gefertigten Broschur wollen die Autoren aber auch nicht einem fremd- und fachwortgestählten Fachpublikum neue Forschungsergebnisse vorstellen, sondern vor allem denen, die nicht mit den Entwicklungen der Kunst der Moderne vertraut sind, Anregungen zum Mit- und Weiterdenken über das Geistige in der Kunst an die Hand geben – und das ist ihnen mit unterschiedlichen Stilmitteln vorzüglich gelungen.

Auch wenn die Verhältnisse unserer Zeit das Gegenteil nahezulegen scheinen, auch wenn von den Wissen-schaften nur die des Geistes, die sogenannten Geisteswissenschaften, beständig genötigt werden, ihre Existenzberechtigung zu beweisen, bleibt entgegen der Verhältnisse nur mit den Verlegern, Herausgebern und Autoren von AQUINarte zu hoffen, dass Franz Marc recht behält mit seinem optimistischen Satz: „Der Geist bricht Burgen."

Erwin Merz

Frieder Lauxmann

Vom Nutzen des unnützen Denkens. Wie Philosophie auf die Welt einwirkt

Nymphenburger Verlag,
München 2007.
206 Seiten, € 17,90

Wider die reine Zweckrationalität – Frieder Lauxmann wendet sich in seinem neuen Buch gegen die Tendenz, das Denken dem ökonomischen Nutzen unterzuordnen, und liefert ein Plädoyer für den eigenständigen Wert der Geisteswissenschaften.

In der politischen Debatte um eine Reform des deutschen Studiensystems taucht ein Argument immer wieder auf: Die universitäre Forschung sollte praxisnäher werden (wobei Praxisnähe mit ökonomischer Verwertbarkeit gleichgesetzt wird). Die Geisteswissenschaften – und gerade die Philosophie – geraten dadurch in einen Rechtfertigungszwang, was ihre wissenschaftliche und gesellschaftliche Relevanz betrifft. Der promovierte Jurist Frieder Lauxmann stellt sich in seinem Buch der Aufgabe, die Philosophie gegen Vorwürfe der Nutzlosigkeit zu verteidigen und ihren eigenständigen Wert zu betonen.

Dies geschieht nicht unbedingt auf dem Weg einer durchgängigen Argumentation. Stattdessen zeigt der Autor anhand vieler Beispiele, wie Denken, das nicht in erster Linie an ökonomischer Verwertbarkeit orientiert und in diesem Sinne nicht zielgerichtet ist, langfristig zu bedeutenden Veränderungen führen kann. Dabei teilt er sein Buch in drei große thematische Abschnitte auf. Der erste Teil gibt historische Beispiele, die belegen, dass sich die großen Erneuerer des Denkens gegen den Zeitgeist stellten. Der zweite Teil zeigt, welche oft unbemerkten Gefahren ein Denken birgt, das sich allein der Nützlichkeit verpflichtet sieht, und der dritte Teil veranschaulicht, wie aus scheinbar unnützen Gedanken neue und wichtige Erkenntnisse gewonnen werden und damit langfristiger Nutzen wachsen kann. Abgerundet wird die

Darstellung durch ein „philosophisches Abc", in dem der Autor seine Grundüberzeugungen in gereimten Zweizeilern darstellt.

Lauxmann gelingt es überzeugend, seine Grundthese zur Geltung zu bringen: Die Philosophie widersetzt sich dem aktuellen Zwang zur direkten ökonomischen Verwertbarkeit; sie ist nicht am Nutzen orientiert, dabei aber nicht nutzlos, weil sie ein Denken einleitet, das neue Wege eröffnet, die zu langfristigem Nutzen führen können, und weil sie demjenigen, der sich ihr ernsthaft widmet, einen persönlichen Nutzen verschafft, „der sich nicht in Worten und Zahlen ausdrücken lässt", sondern in einem Zuwachs an Lebensqualität besteht. Diese These beleuchtet Lauxmann in den 30 kurzen Kapiteln des Buchs aus den unterschiedlichsten Perspektiven und regt dadurch zum Weiterdenken an.

So sehr man dem Anliegen des Autors als philosophisch interessierter Leser Sympathien entgegenbringt, es bleiben doch einige Punkte, die zu Rückfragen Anlass geben. Lauxmann preist sowohl diejenigen Denker, die sich nicht dem Nützlichkeitsdenken unterordnen, als auch diejenigen, die sich in ihrem Denken gegen den Zeitgeist stellen. Bisweilen stellt er es so dar, als seien diese beiden Arten des Denkens deckungsgleich. Dass dies nicht der Fall ist, zeigt sich aber am Beispiel Immanuel Kants, das der Autor selber anführt: Kant wird den Vertretern des Nützlichkeitsdenkens zugerechnet, obschon er mit seiner Philosophie durchaus gegen den Zeitgeist dachte und als ein großer Erneuerer des Denkens anzusehen ist. Zudem fällt es bisweilen unangenehm auf, wie Lauxmann persönliche Grundüberzeugungen einfließen lässt, ohne diese argumentativ zu untermauern, und dabei bisweilen in beinahe mystische Gefilde abdriftet.

107

bücher

Dennoch ist das Buch empfehlenswert. Es bietet Populärphilosophie im guten Sinn des Wortes. Durch die kurzen Kapitel und die anschaulichen Beispiele aus den unterschiedlichsten Lebensbereichen ist der Text gut lesbar und leicht verständlich. Wer philosophisch interessiert ist und anregende, aber nicht anstrengende Lektüreunterhaltung sucht, der ist bei Frieder Lauxmann genau richtig.

Jörg Löschke

Helmut Fink (Hrsg.)

Was heißt Humanismus heute?
Ein Streitgespräch zwischen Joachim Kahl und Michael Schmidt-Salomon

Alibri Verlag, Aschaffenburg 2007.
73 Seiten, € 5,00

Joachim Kahl und Michael Schmidt-Salomon haben mit *Weltlicher Humanismus. Eine Philosophie für unsere Zeit* (LIT-Verlag Münster) und dem *Manifest des evolutionären Humanismus* (Alibri Verlag Aschaffenburg) zwei Bücher mit einem sehr ähnlichen Anspruch herausgebracht. Beide Autoren versuchen, wissenschaftliche und philosophische Erkenntnisse zusammenzufassen und als geschlossene Weltanschauung vorzutragen.

Neben einer Einleitung und einem Nachwort des Herausgebers finden sich in dem vorliegenden Bändchen je eine Kritik von Kahl und Schmidt-Salomon am Gegenüber sowie jeweils auch eine entsprechende Replik. Die unerhörte Schärfe der Auseinandersetzung, die das gemeinsame schmale Buch prägt, lässt sich als der Streit zweier Konkurrenten erklären, vielleicht auch als Ausdruck rein persönlicher Gegnerschaft. Während Kahl sich damit zufrieden gibt, den Stil des *Manifests* von Schmidt-Salomon zu kritisieren und seinem Kontrahenten Häme vorzuwerfen, zielt Schmidt-Salomon bereits mit dem Titel seines ersten Beitrags („Der Humanismus mit der Bügelfalte") auf die Person, indem er nach der Versicherung persönlicher Sympathie die gepflegte Erscheinung seines Kontrahenten als Anzeichen dessen gelebten Spießertums deutet.

Trotz des Anspruchs, die Avantgarde zu bilden, beruft sich Schmidt-Salomon keineswegs auf die neueste Forschung, sondern schließt sich kritiklos an Richard Dawkins' mehr als dreißig Jahre alten Weltbestseller *Das egoistische Gen* oder an die längst durch den *Spiegel* popularisierten Thesen Wolf Singers an. Endlich, wenn er sich selbst einen Monisten nennt, bekennt er sich zu der Weltanschauung eines Ernst Haeckel, die ausgangs des 19. Jahrhunderts die Massen elektrisierte. Ein Avantgardist? (Monismus: Bewegung, die alles aus einem einzigen Prinzip heraus zu erklären versucht, in diesem Fall dem der darwinistisch verstandenen Entwicklung.)

Kahl wirft Schmidt-Salomon vor, „einen Animalismus, keinen Humanismus" zu vertreten, weil er den Menschen explizit als Tier bezeichnet. Und in der Tat schreibt dieser in seiner Replik: „Natürlich ist der Mensch ein Tier."

Natürlich hat Schmidt-Salomon insofern recht, als der Mensch *auch* Tier ist, aber was das spezifisch Menschliche ist und in welcher Richtung man suchen soll, das erfährt der Leser weder von ihm noch von Kahl – es findet sich nicht einmal eine Andeutung. Aber vielleicht ist es nicht fair, in einer schmalen Broschüre mehr zu verlangen als die bloße Kritik am Entwurf des Kontrahenten.

Im Grunde ist Schmidt-Salomons Fragestellung rein politisch. Im Bereich des Gesellschaftlichen ist diese Einschränkung der Moralphilosophie legitim, aber sie darf eben nicht auf alles das, was der Mensch mit sich selbst ausmachen muss, ausgedehnt werden. Erst der Alleinvertretungsanspruch eines solchen Utilitarismus ist problematisch. (Utilitarismus: In der englischen Philosophie mächtige Tradition, die alle ethischen Fragestellungen auf die Frage nach dem bloß Nützlichen reduziert.) Kahl versucht im Gegenzug zu zeigen, dass wir alle immer schon moralisch urteilen, dass also unser Weltverständnis immer auch bereits ein moralisches ist und dass wir uns von dieser vorgängigen Moralität unmöglich lösen können. Seinen ersten Beitrag schließt er mit dem programmatischen Satz: „Alte Werte bewahren und neue Werte schaffen."

Die Broschüre stellt nicht etwa zwei philosophische Konzepte, sondern zwei menschliche Grundhaltungen einander gegenüber. Während Kahl für sich „eine aufgeklärt wertkonservative Haltung" in Anspruch nimmt und auf Konsens zielt, sucht der Polemiker Schmidt-Salomon den Streit und liebt die Zuspitzung. Kahl gibt in seinen Beiträgen offene Flanken zu und signalisiert damit Gesprächsbereitschaft; Schmidt-Salomon glaubt, wie weiland Ernst Haeckel, die Antwort aller Antworten zu kennen, und ist jederzeit bereit, jedem „eine kleine Lektion" zu erteilen.

Wer polemische Auseinandersetzungen mag, der ist mit diesem Band vorzüglich bedient – allerdings geht die Polemik nur allzu oft auf Kosten der philosophischen Argumentation.

Stefan Diebitz

Tatjana Kruse

Wie klaut man eine Insel?

Leda Verlag, Leer 2007.
176 Seiten, € 8,90

Sie haben ein Faible für skurrile Geschichten und ebensolche Morde? Sie haben schon einmal einen Urlaub an der Nordsee verbracht? Sie haben den Philosophen und allen, die sich für solche halten, schon immer misstraut? Sie haben eine Tochter im heiratsfähigen Alter, und Sie planen eine längere Zugfahrt? Dann ist der Inselkrimi von Tatjana Kruse genau das Richtige für Sie!

Roland Büby, der tragische Held des Buchs, hält sich für eine neuzeitliche Wiedergeburt des antiken Diogenes, nur ohne dessen Bart, einen zum Philosophen Berufenen – „weil er für andere Studienfächer nicht taugte". Allerdings, wie von Absolventen eines Philosophiestudiums an deutschen Universitäten nicht anders zu erwarten, ist er erstens arbeitslos und zweitens noch nicht einmal ein „Westentaschen-Diogenes", sondern eben nur ein Verlierer. „Diogenes verschreckte und schockierte alle und jeden, indem er alles und jeden in Frage stellte, vor nichts und niemandem Respekt hatte und immer das Unerwartete tat. Konventionen und Normen galten für ihn nicht und Publikumsbeschimpfung betrieb er als Leistungssport. Zweifellos war Diogenes ein glänzender Unterhalter. Allein, Büby verschreckte niemanden. Allenfalls einen echten Anarcho, der bei seinem beigen Anblick sofort loszog und sich ‚Mehr Farbe ins Leben' auf die Stirn tätowieren ließ." Kein Wunder, dass Büby seinen Inselurlaub auf Borkum dazu nutzen möchte, unauffällig und ohne Schmutz zu hinterlassen aus

Illustration rechte Seite: Hans Beck

der blaue reiter

dem Leben zu scheiden. Doch macht ihn Arved von Trauentzien, verarmter Sprössling aus heldenhaftem Geschlecht, der sich mit einer alten, vergilbten Schenkungsurkunde als legitimer Besitzer der Insel ausweist und sich zum Herrscher derselben aufschwingen möchte, zum unfreiwilligen Helden. Statt erschossen in der Badewanne zu liegen, steht Büby, just im Vollzug seiner Selbstmordabsichten schamlos von der Wirtin unterbrochen, „mit einem Badetuch um die Hüften und einem Revolver in der Hand vor der Leiche des frischgebackenen Inselbesitzers".

Büby ist nicht das einzige Original – oder sollte man besser sagen: die einzige Karikatur – unter den Romanfiguren. Es gibt da auch noch einen bodenständigen Kriminalkommissar, der mit seiner Meinung über Philosophen nicht hinter dem Berg hält („Philosoph. War das überhaupt ein Beruf? Oder nur eine Ausrede, um sich in heißen Wortblasen zu ergehen, anstatt eine anständige Tätigkeit auszuüben?") und auch mit anderen berufsbedingten Lebensweisheiten zu glänzen vermag: „Ich mag Beerdigungen ... Sie haben eine Ehrlichkeit, die Hochzeiten in aller Regel fehlt."

Die Handlung ist, wie die Gedankengänge der Philosophen, auf amüsante Art viel zu verschlungen, als dass sie sich in Kürze zusammenfassen ließe. Nur so viel sei verraten: Das alles passiert, wenn jemand, des Lesens alter Urkunden unkundig, Borkum mit Britannien verwechselt.

Tatjana Kruse, bekannt geworden als Erfinderin der „Wuchtbrumme", hat mit Lust und viel Sinn für skurrilen Humor die antike Plaudertasche Diogenes von Laertio geplündert. Herausgekommen ist keiner der zahlreichen mit philosophisch Tiefgründigem gewürzten Standardkrimis mit den immer gleichen Handlungssträngen in wechselnden Verpackungen, sondern eher eine Groteske der eigenen Art. Kruse gewinnt ihrem blutigen Genre jede Menge Witz und Humor ab, drischt mit Recht und Vergnügen auf die lebensuntüchtigen Geistesgrößen ein, ihre Sprache ist schnell und metaphernsatt. Ein Kriminalroman, dessen Lektüre Eltern heiratsfähiger Töchter den Angstschweiß auf die Stirn treibt, wenn Letztere einen Philosophen als zukünftigen Schwiegersohn präsentieren und bei allen heiratsunwilligen oder glücklich verheirateten die Lachmuskeln strapaziert. Philosophisch ist der Krimi allemal, denn was könnte in unserer durch und durch von der Ökonomie, von Leistungsprinzip und Gewinnmaximierung beherrschten Welt philosophischer sein als – vordergründig – gescheiterte Existenzen?

Richard Bauer

Manfred Frank

Warum bin ich Ich? Eine Frage für Kinder und Erwachsene

Insel Verlag, Frankfurt 2007. 59 Seiten, € 12,80

Wenn, wie Aristoteles gesagt hat, das Staunen am Anfang der Philosophie steht, dann scheinen die Kinder mit ihrer unbefangenen Neugier wie geschaffen fürs Philosophieren, wenngleich ohne die Begrifflichkeit der „Großen". Adorno pflegte zu sagen, dass wir als Kinder alle Philosophen gewesen seien; nur sei uns dies später ausgetrieben worden.

Die wohl bekannteste Preisung des Philosophierens der Kinder stammt von Karl Jaspers. In seiner *Einführung in die Philosophie* schreibt er: „Kinder besitzen oft eine Genialität, die im Erwachsenenalter verloren geht. Es ist, als ob wir mit den Jahren in ein Gefängnis der Konventionen und Meinungen, der Verdeckungen und Unbefragtheiten eintreten, wobei wir die Unbefangenheit des Kindes verlieren. Das Kind ist noch offen im Zustand des sich hervorbringenden Lebens, es fühlt und sieht und fragt, was ihm dann bald entschwindet." Kinder sind eine Insel der Neugier, eine Quelle des Staunens, eine Flut von Fragezeichen, so schon Jean-Jacques Rousseau, wenngleich bei ihm die Kindheit auch „Schlaf der Vernunft" heißt und das Denken der Kinder ohne Erfahrungen, ohne einen festen Wissensbestand und ohne ausgereifte Logik „in der Luft" hänge.

Manfred Frank reiht sich kollegial in ein Projekt ein, das auch von anderen Disziplinen universitären Zuschnitts getragen wird: die Kinder-Universität. Kinder im Alter von sieben bis zwölf Jahren werden zu Vorträgen eingeladen, bei denen Professoren die kommunikative Probe aufs Exempel machen – denn man muss wirklich seinen Stoff durchdrungen haben, um klar und einfach Rede und Antwort stehen zu können vor einem Publikum, das sich nicht scheut, die angeblich „neuen" Kleider dem in Wahrheit nackten Kaiser abzusprechen.

Manfred Frank wählte eine Frage, die den Menschen zeitlebens umtreibt. Daher ist es eine Frage „für Kinder und Erwachsene". Und er wählte ein Thema, das ihm ermöglicht, das Spezifische des Philosophierens sichtbar zu machen. Er zeigt, was der Unterschied einer (natur-)wissenschaftlichen und einer philosophischen Fragestellung ist – und warum die Lösungen Sache der Wissenschaft,

nicht aber der Philosophie sind. Allein unter dieser Rücksicht ist sein Projekt schon spannend genug. Sein Thema: „Warum bin ich Ich?". Ein schöner Einfall des Verlags: Eine spiegelnde Folie auf dem Buchdeckel zeigt jedem, der zum Buch greift, das eigene Konterfei ...

In der Durchführung gibt es zwar Passagen, die nicht als kindgerecht bewertet werden können – dennoch, die Erwachsenen von morgen werden sich ihren Reim auch darauf machen können. Der liebevolle und immer auch heitere Tonfall erlaubt selbst bei Erläuterungen zur Grammatik ein vergnügliches Leseerlebnis. Die Vorlesung, die hier dokumentiert wird, belegt eindrucksvoll, dass man komplexe Zusammenhänge in sehr klaren Bildern darstellen und in verständlichen Worten beschreiben kann. Zum Beispiel wird die Möglichkeit diskutiert, dass einem das Selbst fremd wird, obwohl man sehr wohl noch „ich" zu sagen vermag. Denn: „Mit ‚ich' treffen wir also auch im schlimmsten Fall immer haargenau den Richtigen oder die Richtige; wir können da – scheint es – gar keinen Fehler machen." Weil es so „scheint", erzählt Frank nun an diesem Punkt der Abstraktion eine Reihe eindrücklicher Geschichten, die zum Nachdenken einladen. Sie bleiben sprechend, gerade weil sie nur ganz knapp kommentiert werden. Kinder können ja denken!

Am Schluss des Buchs wird deutlich, welches Verfahren Manfred Frank anwendet. Hartmut von Hentig legte es in die viel zitierte Formel: „Sachen klären – Menschen stärken"! Frank schließt nämlich sehr ermutigend, sehr poetisch: „Ich ist der helle Punkt, der Licht wirft auf alles andere in unserem Leben. Das scheint der Grund dafür zu sein, warum das kleine ICH-BIN-ICH so glücklich ist ... Es ist ihm ganz egal, warum es Ich ist; Hauptsache es ist Ich. Und dieses Glück wünsche ich euch allen ebenfalls – und von Herzen." Eine ebenso herzliche Empfehlung sei ausgesprochen: ein schönes Geschenk für Kleine und Große.

Thomas Gutknecht

109

Ubaldo Nicola

**Bildatlas Philosophie. Die abend-
ländische Ideengeschichte in Bildern**

Parthas Verlag, Berlin 2007.
582 Seiten, € 38,00

**Dieser Bildatlas lädt zum Schmökern
ein und führt so auf eine anregende
Reise durch die abendländische Ideengeschichte. Prägnante Texte führen zu
manch überraschender Entdeckung,
die zahlreichen Abbildungen regen die
Fantasie an. Leider sind die Bild- und
Textnachweise etwas spärlich.**

Der Bildatlas führt 280 Stichworte auf,
die in 25 Kapiteln gebündelt sind. Diese
Kapitel spiegeln grob einzelne Epochen
der Philosophiegeschichte in chronolo-
gischer Reihenfolge wider. Zu jedem
Stichwort gibt es eine Textseite (links)
sowie eine Bildseite (rechts). Die Texte
sind prägnant formuliert, interessant
zu lesen und gut verständlich. So wird
beispielsweise der Atombegriff Demo-
krits historisch passend am damals
aufkommenden Alphabet erläutert: die
Form der Atome (der Buchstabe A unterscheidet sich vom Buchstaben N);
ihre Position beziehungsweise Anordnung (der Buchstabe N hat einen anderen Sinn als der Buchstabe Z) sowie
ihre Ordnung (AMPEL unterscheidet
sich von LAMPE). Die zugehörigen
zwei bis fünf Abbildungen sind jeweils
so erläutert, dass sie auch mehr oder
weniger eigenständig „gelesen" werden können; es besteht aber auch ein
Bezug zum Text.
    Die Stichworte sind keineswegs ka-
nonisch oder erkennbar nach einheitli-
chem Muster gewählt. Man findet phi-

losophische Begriffe (Substanz, Seele,
Prädestination oder schön/hässlich)
genauso wie Namen (Homer), philosophische Disziplinen (Strukturalismus,
Naturphilosophie), spezifisch philosophisch belegte Gegenstände (Zirbel-
drüse, Der edle Wilde), philosophische
Diskurse (Leib-Seele-Problem, Turing-
Test) wie auch Themen aus verwandten
Gebieten (Sublimation, Unschärferela-
tion, Binärlogik, Körpersäfte, Schama-
nismus). Der Autor verwendet einen
eher weiten Philosophiebegriff, und
manchmal verirrt sich sogar ein asiati-
scher Gedanke (Stichwort „Zen") in
den Text. Jeder Text enthält zahlreiche
Verweise auf andere Stichworte. Dies
alles macht aus dem Buch ein reichhal-
tiges, anregendes Werk, das sich wun-
derbar zum Schmökern eignet. Dem
gezielten Nachschlagen jedoch verwei-
gert es sich konsequent, als Lexikon
wäre es ungeeignet. So entführt das allgemeine Stichwort „Museum" recht
speziell ins antike Alexandria und stellt
die Maschinen des Heron vor. Eine voll-
ständige Quellenangabe darf man bei
den Texten nicht erwarten, das würde
auch nicht zum Buchkonzept passen.
    Die über 800 Abbildungen sind
überwiegend schwarz-weiß, häufig
Zeichnungen sowie Wiedergaben von
Kunstwerken, Buchillustrationen und
ein paar wenige dokumentarische Fo-
tos. Das überaus reichhaltige Bildmate-
rial kann – was als sehr positiv hervor-
zuheben ist – als gleichwertig zum Text
betrachtet werden. Es handelt sich überwiegend um historische oder an historische Vorlagen angelehnte Abbildungen; im Falle der Kunst auch um Werke
von Künstlern, die sich mit philosophischen Themen auseinandersetzen. Nur
sehr selten finden sich erläuternde, vermutlich vom Autor erstellte Schemazeichnungen. Damit setzt sich der Bildatlas deutlich von anderen Publikationen
ab, die entweder einen nennenswerten
Anteil an für das jeweilige Buch erstell-
ten Schemazeichnungen oder bloß il-
lustrativen Abbildungen aufweisen.
Im Quellennachweis der Abbildungen
liegt leider auch das Manko des Buchs
– er ist unvollständig, vor allem weil
niemals der Standort des Originals an-
gegeben ist. Buchillustrationen und
Bilder berühmter Künstler lassen sich
natürlich trotzdem aufspüren, aber An-
gaben wie: „Anonyme spätmittelalterli-
che Illustration des Menschen als Mi-
krokosmos" (Woraus entnommen? Wo
einsehbar?) oder „fernöstliche Version
des *Homo ad circulum*" (Wo gedruckt?)
oder auch die fotografierte „Armillar-
sphäre" (Welche? Wo ausgestellt? Von
wem wann hergestellt?) lassen den Leser
hilflos zurück. Wer hat „Schrödingers
Katze" gezeichnet, und wer hat wann
und wo Nietzsche („Ich bin kein Mensch,
ich bin Dynamit") als fliegenden Su-
permann karikiert? All das würde man
von einem Bildatlas doch gerne wissen.

Fazit: Man erhält viel Buch und Lese-
spaß für vergleichsweise wenig Geld –
ein angenehm großes Format mit gut
bedrucktem Hochglanzpapier und einem biegsamen Pappumschlag, der
leider jedes Aufschlagen mit bleiben-
den Knicken dokumentiert.

Klaus Erlach

Constantin Rauer

**Wahn und Wahrheit. Kants Ausein-
andersetzung mit dem Irrationalen**

Akademie Verlag, Berlin 2007.
Zahlreiche Illustrationen,
377 Seiten, € 49,80

**Die Entwicklung Immanuel Kants in
den beiden Jahrzehnten vor der Nieder-
schrift der *Kritik der reinen Vernunft*
(1781) in einem anderen Licht erscheinen zu lassen, also zuvor unbekannte,
unbeachtete oder anders ausgedeutete
Motive aufzuzeigen, das ist die Absicht
von Constantin Rauer.**

Rauer versucht zu zeigen, dass die
Konzeption der kritischen Philosophie
aus Kants psychologischen Arbeiten
zwischen 1759 und 1770 hervorgegan-
gen ist. Von besonderer Bedeutung ist
dabei die Schrift *Träume eines Geiserse-
hers*, in der Kant das Werk des schwedi-
schen Visionärs Swedenborg als die
Halluzinationen eines Schizophrenen
entlarvt. Aber bereits zuvor gibt Kant
im nur wenige Seiten kurzen Aufsatz
Krankheiten des Kopfes eine systematische Darstellung der Defizite der Vernunft, aus denen sich im Umkehrschluss die positiven Leistungen einer
gesunden Vernunft ergeben. Laut Rauer hat sich aus der Theorie der Halluzi-
nation die kantische Erkenntnistheorie
entwickelt, aus Kants Analyse der Schi-
zophrenie ergab sich die Notwendigkeit einer Theorie der Einheit des Bewusstseins, und endlich soll sich aus
der Umschreibung der Paranoia, also
den verfestigten, den Kranken verfol-
genden Wahnvorstellungen, die Theorie eines allgemeinen Reichs der Zwecke ergeben haben.
    Es bedarf einer beträchtlichen Bele-
senheit und Textkenntnis, eine solche
Idee plausibel begründen und vortra-
gen zu können. Auch der Leser, der
sich in der Geistesgeschichte des 18.
Jahrhunderts auskennt, wird in diesem
Buch viel Neues finden. Rauer arbeitet
energisch die Kritik Kants sowohl am

der blaue reiter

Rationalismus Gottfried Wilhelm Leibniz' als auch am Empirismus David Humes heraus, und er führt den Nachweis, dass der oft behauptete Einfluss Humes auf die Konzeption der kritischen Philosophie nie bestanden hat.

Die Ableitung der kantischen Theorie aus psychologischen Arbeiten bringt den unbedingten Vorteil größtmöglicher Anschaulichkeit mit sich. Wer zuvor gewisse Passagen der *Kritik der reinen Vernunft* als zu abstrakt empfand, der kann sich jetzt an den Fehlleistungen der Vernunft deutlich machen, wozu die Vermögen der Vernunft dienen und was sie leisten. Eine wesentliche Hilfe sind dabei verschiedene Tabellen der Krankheiten, in denen der Autor die kantische Begrifflichkeit jener der Psychiatrie und der Psychoanalyse gegenüberstellt. Für solche Zuordnungen wird jeder dankbar sein, der sich nicht in deren Terminologie auskennt.

So überzeugend und verdienstvoll die Darstellung der aus der Psychologie stammenden Motive Kants auch ist, mit der Darstellung Kants als Vorläufer der Psychoanalyse geht Rauer jedoch zu weit. Er setzt viel zu unvermittelt Kants Begriff des Unbewussten mit jenem Freuds gleich. Denn „unbewusst" hat vor Freud meist nur „unterhalb der Wahrnehmungsschwelle" bedeutet oder war nur der Gegenbegriff zu „deutlich". Es ist möglich, dass Kant auch Gebiete berührt, die Freud mit seiner Theorie anspricht, aber zwischen beiden Denkern liegen in jedem Fall Welten.

Die Theorien der Psychoanalyse, die in weiten Kreisen der Medizin auf energischen Widerspruch stoßen, werden von Rauer an keiner Stelle kritisch hinterfragt, sondern an ihnen werden die Sätze und Einsichten Kants wie an einem absoluten Maßstab gemessen. Unter dieser Voraussetzung sind auch Rauers Interpretationen der psychologischen Arbeiten Kants mit Vorsicht zu genießen, denn es scheint zum Beispiel durchaus fraglich, ob Kant eine Theorie der Projektion vorgelegt hat. Und versteht Freud Kant wirklich richtig, wenn er den kategorischen Imperativ mit dem Tabu oder dem Über-Ich vergleicht?

Trotz dieser und anderer Einwände: Constantin Rauer ist das Kunststück gelungen, einen ganz eigenen Ansatz zur Interpretation Kants vorzutragen. Schon deshalb ist das schön ausgestattete Buch wichtig (für alle Kantforscher wohl Pflicht); darüber hinaus ist die preisgekrönte Dissertation ebenso belehrend wie anregend, und die nicht einfache Lektüre – dabei hat sich der Autor Mühe gegeben und anschaulich formuliert – ist allemal lohnend und empfehlenswert.

Stefan Diebitz

Otfried Höffe

Lebenskunst und Moral oder Macht Tugend glücklich?

Verlag C. H. Beck, München 2007.
391 Seiten, € 24,90

Macht Tugend glücklich? Otfried Höffe gibt einen umfassenden Einblick in die Theorien zweier der wichtigsten Denker der Philosophiegeschichte und einen Überblick über aktuelle Diskurse der praktischen Philosophie.

Höffe arbeitet weiter am Projekt der Versöhnung der Theorien von Immanuel Kant und Aristoteles. Im gewöhnlichen moralphilosophischen Diskurs gelten deontologische und eudaimonistische Ethiktypen als Gegensätze. Während Erstere unter Vernachlässigung der tatsächlichen Gegebenheiten moralische Pflichten mit kategorischer (unbedingter) Geltung in den Mittelpunkt stellen, untersuchen Ansätze des zweiten Typs die Frage, welche Art von Leben man unter den gegebenen Umständen führen soll, um glücklich werden zu können. Die Vertreter deontologischer Ethiken werden gerne für griesgrämige Moralisten gehalten, eudaimonistische Ethiker sehen sich dem Vorwurf der Moralvergessenheit ausgesetzt.

Höffe zeigt in seinem Buch, dass dieser angebliche Gegensatz nicht so gravierend ist, wie gemeinhin angenommen wird. Mithilfe handlungstheoretischer Überlegungen zeigt er Gemeinsamkeiten beider Theoriefamilien auf. Dabei teilt sich das Buch in drei große Abschnitte: Der erste Teil führt in das grundlegende Argumentationsmuster des Buchs, „Ethik plus Handlungstheorie", ein. Der zweite Teil untersucht eudaimonistische Ethiken, und der dritte Teil widmet sich der deontologischen Ethik nach Kant, die auf dem anspruchsvollen Begriff der Willensfreiheit gegründet ist. Mancher Leser wünscht sich vielleicht, dass die Auseinandersetzung mit weiteren Ethiktypen ausführlicher ausgefallen wäre; so werden etwa Utilitarismus und Diskursethik in nur wenigen Seiten abgehandelt. Dies sollte man jedoch dem Autor nur bedingt anlasten – Höffes Ziel besteht nicht darin, einen generellen Überblick über die Geschichte des moralischen Denkens zu liefern, sondern darin, den kantischen Standpunkt gegen verschiedene Einwände zu verteidigen. Dabei gelingt es Höffe in überzeugender Weise, mögliche Gegenargumente vorwegzunehmen und in sein Argumentationsmuster zu integrieren.

Das Ergebnis der Untersuchung besteht in der Einsicht, dass Glück nicht im Gegensatz zur Moral steht. Zwar ist Moralität keine hinreichende Bedingung zum Erreichen des eigenen Glücks – sie ist nach Höffe jedoch eine notwendige Bedingung hierfür, da moralisches Handeln zu einer tiefen Selbstachtung führt, ohne die Glück nicht erreichbar ist. Wer sich wegen unmoralischen Handelns selbst verachtet, dem nützt weder Reichtum noch äußerliche Anerkennung, er wird nicht glücklich werden.

Zu fragen ist freilich, ob Tugend, verstanden als kantische Moralität, alleine schon glücklich machen kann. Dann wäre dies ein hinreichender Grund für alle Menschen, die Moralität für sich als bindend zu akzeptieren. Höffe genügt es zu zeigen, dass Moralität keinen Widerspruch zum Glücksstreben enthalten muss. Dieses Ergebnis wird jedoch den moralischen Skeptiker vermutlich nicht überzeugen. Wer sich auf die Moral nicht einlässt, der wird entweder keine Selbstachtung aus ihr gewinnen können oder er wird sich nicht selbst verachten, wenn er moralische Regeln gänzlich zurückweist. Ob eine solche moralskeptische Position im praktischen Selbstverständnis von Personen überhaupt lebbar ist, ist eine andere Frage.

Philosophisch Interessierten bietet Höffe einen gut geschriebenen und umfassenden Einblick in die Theorien zweier der wichtigsten Denker der Philosophiegeschichte und einen Überblick über aktuelle Diskurse der praktischen Philosophie. Der Autor verspricht im Vorwort, dass seine Studie auf „unnötige Gelehrsamkeit" verzichtet – und hält Wort: Er zeigt zwar ein hohes Maß an Gelehrsamkeit, diese geht aber nicht auf Kosten der Lesbarkeit. Dennoch handelt es sich nicht etwa um eine bloße Einführung in die Moralphilosophie. Das Werk stellt einen wichtigen Beitrag zur akademischen Debatte dar. Und Höffes durchgängiges Argumentieren gegen jede Form von ethischem Relativismus ist in der heutigen Zeit wohl wichtiger denn je, zeigt sich doch, dass interkulturelle moralische Diskurse möglich sind, da es mehr übergreifende moralische Grundüberzeugungen gibt, als in der tagespolitischen Debatte gemeinhin gesehen werden.

Jörg Löschke

111

Michael Pauen

Was ist der Mensch? Die Entdeckung der Natur des Geistes

Deutsche Verlags-Anstalt,
München 2007.
272 Seiten, € 19,95

Die Ergebnisse der modernen Hirnforschung, die mithilfe moderner technischer Hilfsmittel ein immer differenzierteres Bild der Funktionsweise des wichtigsten menschlichen Organs vermitteln, haben in den letzten beiden Jahrzehnten zu einer intensiven Debatte zwischen Naturwissenschaftlern und Philosophen geführt. Zahlreiche Hirnforscher werten die Ergebnisse ihrer Forschungen dahingehend aus, dass das traditionelle Selbstverständnis des Menschen grundlegend revidiert werden müsse. Zur Erklärung des menschlichen Bewusstseins dürfe nicht länger auf eine experimentell nicht nachweisbare, immaterielle Instanz wie zum Beispiel die Seele oder den Geist zurückgegriffen werden. Vielmehr könne man alle individuellen Entscheidungen, einschließlich unserer moralischen Überlegungen, auf neuronale Prozesse zurückführen.

Die meisten Philosophen verteidigen weiterhin das traditionelle Menschenbild. Sie verweisen auf die spezifische Würde des Menschen sowie auf seine besonderen Fähigkeiten und gehen von einer prinzipiellen Grenze naturalistischer (an Naturgesetzlichkeiten orientierter) Erklärungen aus. Zudem befürchten sie, dass die Ergebnisse der Neurowissenschaften zu einer Auflösung der Differenz zwischen Mensch und Tier und damit schließlich zu einer Degradierung des Menschen führen.

Michael Pauen möchte zur Überwindung dieser beiden sich radikal gegenüberstehenden Positionen beitragen. Ziel seines Buchs sei es, so formuliert es Pauen in seinem abschließenden Resümee, deutlich zu machen, dass unser Selbstverständnis als bewusste, selbstbewusste und freie Personen nicht durch die Hirnforschung bedroht ist, sondern dass diese vielmehr unser Verständnis wichtiger menschlicher Fähigkeiten erweitert.

In seinem umfassenden historischen Überblick zum Leib-Seele-Problem kommt er zu dem Ergebnis, dass die Biologie viel plausibler vitale Prozesse von Organismen erklären könne als dieses mit der Berufung auf eine immaterielle Seele, die Lebenskraft oder einen göttlichen Schöpfungsakt möglich sei. Wenn nun biologische, aber auch insgesamt naturwissenschaftliche Theorien immer häufiger an die Stelle der Berufung auf immaterielle Instanzen und experimentell nicht überprüfbare Erklärungen getre-

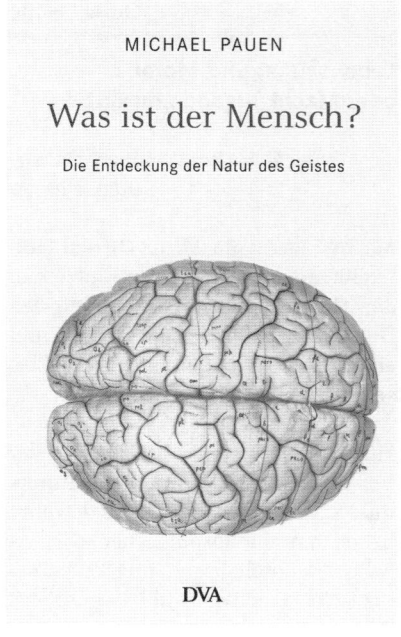

MICHAEL PAUEN

Was ist der Mensch?

Die Entdeckung der Natur des Geistes

DVA

ten seien und sich damit „die Ansichten, was prinzipiell unerklärbar ist, bislang verändert haben, dann wäre es naiv, weitere Veränderungen für die Zukunft auszuschließen". Allerdings würden diese naturwissenschaftlichen Fortschritte nicht zwangsläufig zu einer Veränderung unseres Menschenbilds führen.

Entscheidend zur Auflösung des scheinbar unauflöslichen Gegensatzes zwischen Hirnforschern und Vertretern des traditionellen philosophischen Menschenbilds ist die Feststellung des Autors, dass man die Fähigkeiten Bewusstsein, Selbstbewusstsein und Willensfreiheit in unterschiedlichen Graden besitzen kann. Damit wendet er sich gegen die Auffassung, dass die Frage nach „dem" Ich oder „dem" freien Willen mit einem eindeutigen Ja oder Nein beantwortet werden kann. So wie an die Stelle der übernatürlichen Konzeptionen von Lebenskraft nicht eine einfache natürliche Konzeption getreten sei, sondern eine Vielzahl von biologischen Theorien über die verschiedensten Aspekte des Lebendigen, so dürften auch die traditionellen Konzeptionen „des" freien Willens und „des" Ich Platz machen für zahlreiche neue psychologische und neurobiologische Theorien über Willensfreiheit und Selbstbewusstsein. „Diese Theorien werden wesentlich differenziertere Antworten geben. In Zukunft wird man erfahren, in *welchem Maße* Menschen frei, selbstbewusst oder bewusst sind und eventuell auch, *welche Art* von Bewusstsein, Selbstbewusstsein oder Verantwortungsfähigkeit sie besitzen." Die endgültige Antwort auf die Frage nach dem Wesen des Menschen, so die Schlussfolgerung des Autors, werde vermutlich weiter auf sich warten lassen.

Pauen argumentiert inhaltlich überzeugend und sichert seine Aussagen mit historischen Bezügen und der Einbe-

ziehung neuerer naturwissenschaftlicher Erkenntnisse ab. Seine Ausführungen sind durchgängig verständlich formuliert; die Lektüre des Buchs setzt keine spezifischen philosophischen oder naturwissenschaftlichen Kenntnisse voraus. Das Buch kann all denen nachdrücklich empfohlen werden, die sich für die bereits von Kant formulierte Kernfrage der Philosophie interessieren: „Was ist der Mensch?"

Ludwig Heuwinkel

Elmar Waibl / Franz Josef Rainer

Basiswissen Philosophie in 1000 Fragen und Antworten

UTB Verlag, Stuttgart 2007.
224 Seiten, € 12,90

Endlich das passende Buch zum neuen Bachelor-Abschluss im ETCS-Punktestudium! Tausend Fragen für das Multiple-Choise-Wissen mit einer Merksatz-Antwort und eine offene Frage an den Rezensenten, ob das denn sinnvoll sei.

Das Ansinnen, mit 1000 Merksätzen einen „innovativen Zugang zum Wissen" zu schaffen, klingt reizvoll. Philosophie lernbar machen – auch wenn das gar nicht geht, wie Kant zu Frage 13 (wer wird denn hier gleich abergläubisch sein?) zitiert wird: „Es gibt keine Philosophie, die man lernen kann, man kann nur lernen, zu philosophieren." Das Konzept: Zu jeder Frage ein eindeutiger Merksatz als Antwort, manchmal ergänzt um eine Erläuterung (häufig ein Zitat oder ein Beispiel). Dahinter hätte ein dialogisches Prinzip stecken können. Es scheint aber eher ein auf niedrigem Niveau gescheitertes Lexikon zu sein. Um das zu zeigen, sei eine Typologie der Fragen entwickelt.

Typ 1 – die „Was ist?"-Frage
Das ist der häufigste Fragentyp. Gefragt wird zum Beispiel „Was ist das ‚Sein'?" oder „Was sind ‚Werte'?". Oder schwächer „Was besagt der ‚Rechtspositivismus'?". Oder eingeschränkt „Was bezeichnet bei Heidegger die ‚ontologische Differenz'?". Hierbei sind ausgewählte lexikalische Stichworte formal in Frageform gelistet, worauf ein Satz folgt, der in einem Lexikon als erster Satz stehen könnte. Manche Abschnitte wirken auch wie ein Glossar. Bei der extremen Verkürzung sind Einseitigkeiten – von den Autoren eingestandenermaßen – unvermeidbar. Nur fragt

man sich, weshalb man eigentlich kein richtiges Lexikon zur Hand genommen hat.

Typ 2 – die „Wer wird Millionär?"-Frage

Mit diesen Fragen kann man mit Freunden einen lustigen Abend verbringen. So Frage 103: „Wie heißt ein/e Anhänger/In des Agnostizismus? – Agnostiker/In." Beachten Sie die Schreibweise! Zu einfach? Dann Frage 759: „Wie hat der Schriftsteller Gottfried Benn (1886–1956) Nietzsches Philosophie genannt? – Das ‚Erdbeben der Epoche'." Ist das wichtig? Beantworten können sollte mensch aber Frage 508: „Welchen Zeitraum umfasst die Philosophie des ‚Deutschen Idealismus'? – 1790–1831 (das Todesjahr Hegels)." Oder Frage 93: „Wer hat ... Kant aus seinem ‚dogmatischen Schlummer' geweckt? – David Hume." Hätten Sie's gewusst? Ist das überhaupt wichtig? Die Frage nach der Relevanz wird offensichtlich bei Frage 935: „Mit welchem Werk ist der Geschichtsphilosoph Oswald Spengler (1880–1936) bekannt geworden? – Mit *Der Untergang des Abendlandes*, 1918–1923." Was weiß man denn nun? Also noch mal nachfragen mit Nummer 936: „Welche Phasen durchläuft nach Spenglers ‚Kulturkreislauftheorie' jede Kultur? – ‚Frühzeit', ‚Sommer', ‚Herbst' und ‚Winter'." Aha.

Typ 3 – die „Ketten"-Frage

Komplexe Zusammenhänge sollen durch Abfolge mehrerer Fragen geklärt werden. So lernen wir über den Begriff „Person" in den folgenden Fragen doch nur eine fokussierte Auffassung. 790: „Von welchen Kriterien macht Singer den ‚Personenstatus' abhängig?", 791: „Auf wen geht diese Auffassung zurück?" und 792: „Wie definiert Kant ‚Person'?". Da hätte ein Lexikon auf gleichem Raum ungleich mehr geleistet. Und den unerfahrenen Leser an die Hand nehmen kann eine Einführung besser als die doch sehr monoton-trockenen, weil meist lexikalischen Fragelisten.

Typ 4 – die „Antwort"-Frage

Manches ließ sich scheinbar nicht als Frage formulieren, so zum Beispiel Nummer 939: „In welchem Werk hat der spanische Philosoph und Soziologe José Ortega y Gasset (1883–1955) seine geistesaristokratische und demokratische Auseinandersetzung mit der modernen Massenkultur vorgelegt? – In *Der Aufstand der Massen* (*La rebelión de las masas*, 1930)." Hier liegt das Wissenswerte doch hauptsächlich in der Frage. Wozu dann der Aufwand?

Typ 5 – die „Was Sie schon immer über Philosophie fragen wollten und nicht zu wissen wagten"-Frage

Frage 14: „Worin besteht für Bertrand Russel (1872–1970) der Wert der Philosophie? – Philosophie ist ‚food for the mind'."

Na dann guten Appetit!

Klaus Erlach

Anton Hügli / Curzio Chiesa (Hrsg.)

Was ist Philosophie?
Qu'est-ce que la philosophie?

Schwabe Verlag, Basel 2007.
257 Seiten, € 47,50

Der Band enthält Beiträge eines Symposions, das die Schweizerische Philosophische Gesellschaft im Mai 2006 in Neuchâtel veranstaltet hat. Leitfragen hierbei waren, wie Anton Hügli und Curzio Chiesa in ihrem Vorwort ausführen, die nach dem „spezifischen Gegenstandsbereich" der Philosophie, nach deren „Abgrenzung ... zu den Einzelwissenschaften" sowie nach den „Beziehungen zwischen der Philosophie und anderen Wissenszweigen".

Herbert Schnädelbach, dessen Beitrag den Band eröffnet, stellt unter dem Titel „Was ist Philosophie?" diese als konzeptuelle Orientierung im Bereich des grundlegenden Denkens, Erkennens und Handelns vor: „Um den Kernbereich der Philosophie abzustecken, muss man versuchen, das Besondere und Eigene der Tätigkeit zu bestimmen, die man ‚Philosophieren' nennt. Es handelt sich dabei um eine besondere Art des Denkens, um Nachdenken, und so kann die Philosophie als eine Kultur der Nachdenklichkeit gelten."

Gerhard Seel beschreibt die Philosophie dagegen als „ein völlig verrücktes Unternehmen": „Sie stellt Fragen, die der gesunde Menschenverstand nie stellen würde, radikale Fragen, die in der menschlichen Existenz, in der

‚conditio humana' selbst verankert sind und die man daher sich nicht ersparen kann zu stellen." Die Antwort auf die Frage „Wozu Philosophie?" fällt entsprechend paradox aus: „Der Nutzen der Philosophie beruht auf ihrer Nutzlosigkeit." Die Existenzberechtigung der Philosophie rechtfertigt also nicht irgendein vermeintlicher Nutzen, „sie gründet sich in der Fraglichkeit der menschlichen Existenz selber".

Eine historisch-systemtheoretische Antwort auf die Frage „Was ist Philosophie?" gibt Harry Lehmann. Für Lehmann ist die „Relation zwischen Wissenschaft und Philosophie ... eine historische, die sich im Rahmen eines Ausdifferenzierungsmodells rekonstruieren lässt. Von ihrem Ursprung her hat sich die Philosophie in der Antike als Wissenschaft definiert – aber in gleicher Weise war sie auch Theologie, Lebenskunst und Politikberatung. In Abhängigkeit von der gesellschaftlichen Dominanz und Prägekraft dieser Bereiche konnte im Mittelalter die Theologie und in der Neuzeit die Naturwissenschaft zum Anlehnungskontext der Philosophie werden, sprich zu jenem Kontext, in dem man sich auf absolut plausible Leitideen berufen konnte. In der Moderne wird offensichtlich, dass es Anlehnungskontexte im eigentlichen Sinne des Wortes ... überhaupt nicht mehr gibt." Wenn die Philosophie sich aber nicht mehr über die traditionellen Anlehnungskontexte begründen kann, „kann sie ihren Begriff einzig und allein noch in einer Funktion finden, die von keiner anderen Disziplin als von ihr selbst erfüllt werden kann". Die Folge davon ist, „dass die Philosophie ihren Eigenwert in der Umschreibung der gesellschaftlich relevanten Selbstbeschreibungsgrammatik findet. Diese These ist nicht mehr rekonstruktiv, sondern konstruktiv, sie analysiert nicht nur, was die Philosophie einmal war, sondern auch, was aus ihr geworden ist."

Insgesamt enthält der Band in seinem Thementeil „Was ist Philosophie?" zwölf Beiträge (drei davon sind in französischer Sprache), die alle aus ihrer Perspektive eine Antwort auf die gestellte Frage geben. Die Beiträge sind als fachphilosophische Arbeiten einzustufen, das heißt sie setzen zum Teil gewisse Vor- und Sprachkenntnisse (neben Französisch auch noch Englisch) voraus. An die Beiträge schließen sich eine Würdigung Helmut Holzheys, eine Rezensionsabhandlung und drei Rezensionen an – darunter eine Rezension von Harry Lehmanns Dissertation *Die flüchtige Wahrheit der Kunst. Ästhetik nach Luhmann* (München 2006). Wer etwas Zeit und Ausdauer mitbringt, wird an dem Band seine Freude haben.

Thomas Bach

113

Illustration:
Hans Beck

ABO · Förder-ABO · ABO · Förder-ABO

Philosophie ist eine brotlose Kunst. Um eine Philosophiezeitschrift, zumal eine so aufwändige wie die vorliegende, am Leben zu erhalten, bedarf es einer Vielzahl großzügiger Mäzene, Abonnenten, Förderabonnenten...

Das Jahresabonnement des *blauen reiters* (zwei Ausgaben) kostet € 26,90 – Sie sparen € 4,90 gegenüber der Einzelbestellung. Das Förderabonnement für Freunde des Geistes kostet € 47,50 (alle angegebenen Preise verstehen sich zuzüglich Porto- und Versandkosten).

Und so bekommen Sie Ihren *blauen reiter* direkt zu Ihnen nach Hause geschickt: Einfach den Bestellschein ausfüllen (oder kopieren und dann ausfüllen) und senden an:

**omega verlag Siegfried Reusch e. K.
Cheruskerstraße 9 · D-70435 Stuttgart
Tel.: 07 11 / 87 907 46 · Fax: 07 11 / 87 907 44**

Bestellen können Sie auch per E-Mail unter:

bestellen@omegaverlag.de

Weitere Informationen sowie ein Bestellformular finden Sie unter:

**www.derblauereiter.de
www.omegaverlag.de**

In der Schweiz ist *der blaue reiter* lieferbar über:

B+M Buch- und Medienvertriebs AG
Hochstraße 357 · CH-8200 Schaffhausen
Tel.: 00 41 / (0) 52 / 64 354 30
Fax: 00 41 / (0) 52 / 64 354 35

Bibliografische Information der Deutschen Nationalbibliothek

Die Deutsche Nationalbibliothek verzeichnet diese Publikation in der Deutschen Nationalbibliografie; detaillierte bibliografische Daten sind im Internet über http://dnb.d-nb.de abrufbar.

Impressum

**der blaue reiter –
Journal für Philosophie**
Ausgabe 25 (1/2008)

omega verlag Siegfried Reusch e. K.
Cheruskerstraße 9
D-70435 Stuttgart
Tel.: 07 11 / 87 907 46
Fax: 07 11 / 87 907 44
E-Mail: info@omegaverlag.de

Homepage: www.derblauereiter.de
www.omegaverlag.de

Bankverbindung:
Baden-Württembergische Bank
BLZ 600 501 01 · Kto.-Nr.: 1 268 944

Herausgeber

Dr. phil. Dipl.-Chem. Siegfried Reusch,
Prof. Dr. Dr. Otto-Peter Obermeier,
Prof. Dr. Klaus Giel

Chefredakteur

Siegfried Reusch

Stellvertretender Chefredakteur

Frank Augustin

Redaktion

Klaus Erlach, Thomas Bach, Manfred Matheis, Elke Uhl, Klaus Keul, Karl-Heinz Mamber, Stefan Gammel, Udo Grün, Rüdiger Vaas

Bildredaktion

Monika Reutter, Beate Reutter

Freie Mitarbeiter

Sabine Toussaint, Thomas Gutknecht, Richard Seidel, Elke Reichmann, Wolfgang Foldenauer, Ralf Kretzschmar-Auer, Anne Guth, Otto Pannewitz, Uta Kaune, Markus Rapp, Andreas Luckner, Luzia Schuhmacher

Künstlerin dieser Ausgabe

Anne Büssow lebt und arbeitet in Hinteruhlberg / Frankenhardt.

Gestaltung

s + p mediendesign
Bismarckstraße 50 · 70197 Stuttgart
www.schenkundpartner.de

Korrektorat

Elisabeth und Martin Pohl

Druck

Offizin Chr. Scheufele, Stuttgart

V. i. S. d. P.

Siegfried Reusch

© omega verlag Siegfried Reusch e. K.,
Stuttgart 2008

ISSN: 0947-6563
ISBN: 978-3-933722-22-5

Bestellschein

Hiermit bestelle ich je _____ Exemplar/e

☐ Nr. 4 ☐ Nr. 6 ☐ Nr. 7 ☐ Nr. 8 ☐ Nr. 9 ☐ Nr. 10 ☐ Nr. 11 ☐ Nr. 12
☐ Nr. 13 ☐ Nr. 14 ☐ Nr. 15 ☐ Nr. 16 ☐ Nr. 17 ☐ Nr. 18 ☐ Nr. 19 ☐ Nr. 20
☐ Nr. 21 ☐ Nr. 22 ☐ Sonderband – Philosophie im Gespräch ☐ Nr. 23 ☐ Nr. 24
☐ Nr. 25 ☐ Nr. 26 ☐ Nr. 27 der Zeitschrift **der blaue reiter – Journal für Philosophie**
Einzelpreis: bis Ausgabe 23 € 15,10; sfr 27,50 / ab Ausgabe 24 € 15,90; sfr 29,50
☐ Abonnement, € 26,90 / Jahr ab Nr. _____
☐ Förderabonnement, € 47,50 / Jahr ab Nr. _____

Bücher

☐ Reschika, Richard: **Nietzsches Bestiarium**. Der Mensch – das wahnwitzige Tier. Bildband, gebunden, DIN A4, 144 Seiten, € 42,50
☐ Große, Jürgen: **Die Philosophen**. Gebunden, 224 Seiten, € 22,90
☐ Zoglauer, Thomas: **Tödliche Konflikte**. Moralisches Handeln zwischen Leben und Tod. Gebunden, 320 Seiten, € 22,90
☐ Diebitz, Stefan: **Glanz und Elend der Philosophie**. Gebunden, 352 Seiten, € 27,90
☐ Hörisch, Jochen: **Vorletzte Fragen**. Mit Bildern von Ruth Tesmar. Bildband, gebunden, DIN A4, 96 Seiten, € 39,90
☐ Schneider, Peter: **Theorie an der Bar**. Gebunden, 128 Seiten, € 14,90
☐ Große, Jürgen: **Durch Tag und Nacht**. Gebunden, 192 Seiten, € 23,90

Sekt / Weinbergpfirsichlikör

☐ Geschenkkarton mit 1 Flasche Sekt „Symposion", € 15,90
☐ Geschenkkarton mit 3 Flaschen Sekt „Symposion", € 43,90
☐ Geschenkkarton mit 2 Flaschen Sekt „Symposion" und einer Flasche Weinbergpfirsichlikör „Symposion", € 43,90

Der verbilligte Abonnementspreis gilt nur für den aktuellen Jahrgang bis zum Erscheinen der zweiten Ausgabe des entsprechenden Jahres. Alle Preise zzgl. Porto und Versand. Stand 11.2007

Auslieferung für die Schweiz:
Buch- und Medienvertriebs AG
Hochstraße 357
CH-8200 Schaffhausen

Diese Bestellung kann innerhalb von 14 Tagen schriftlich widerrufen werden bei: omega verlag Siegfried Reusch e. K. Cheruskerstraße 9, 70435 Stuttgart. Das Abonnement gilt immer für ein Jahr (zwei Ausgaben) und verlängert sich automatisch. Es ist kündbar bis sechs Wochen vor Jahresende für den folgenden Abonnementszeitraum. Gerichtsstand und Erfüllungsort ist Stuttgart.

omega verlag

Siegfried Reusch e. K.
Cheruskerstraße 9 · 70435 Stuttgart
Tel.: 0711 / 87 907 46 • Fax: 0711 / 87 907 44
www.omegaverlag.de • www.derblauereiter.de

_____
Name, Vorname / bei Geschenkabonnement bitte Liefer- & Rechnungsadresse angeben

_____
Straße, Hausnummer

_____
Land, Postleitzahl, Wohnort

_____   _____
E-Mail   Telefon

Ich möchte auf folgende Weise bezahlen (bitte ankreuzen):

☐ gegen Rechnung oder
☐ bequem per Bankabbuchung

_____   _____
Name der Bank   Bankleitzahl

_____
Kontonummer

_____
Datum, Unterschrift